JN113127

「未来のカリキュラム」をどう創るか

金子　真理子編著

創風社

はじめに

学校はどのような知識を子どもたちに伝え，教えるべきだろうか？

教え－学ぶ関係性において伝達され，共有される知識を，教育的知識と呼ぶ。学校で教えられる教育的知識は，子どもには，学ぶ対象であり，所与のものとして受け取られがちである。また，教える側の教師にとっても，それは学習指導要領や教科書，あるいは受験体制や，その学校の伝統や慣習などによって枠づけられているので，おいそれと変更できるわけではない。こうして教育的知識は，一定の安定性を保ち，自明視されつつ受け継がれてきた。

本書があえて問いたいのは，いま学校で教えられている教育的知識が，子どもが生きていく上で糧となるような，価値ある知識になっているだろうか，ということだ。これは，知識の多寡というより，どのような知識が何のために必要とされているかという，知識の質，その目的や方向性，そして機能に関する問題である。

契機の一つとして，東日本大震災と原発事故は，私たちがリスク社会の中にすでに生きていたことを気づかせた。筆者が震災後に教師たちから聞きとった言葉のなかには，これまで自明視されてきた学校の形態や機能を問い直すような気づきが潜んでいた（金子 2012）。

ウルリヒ・ベックは，チェルノブイリ原発事故と同年に刊行した本の中で，科学技術がリスクを作り出してしまうということ，たとえば放射能のようなリスクは知覚されないこと，リスクの認知は知識に依存すること，リスクの定義づけは社会的，政治的に操作されうること，それゆえにリスクの定義をめぐる疑惑や争いが生じるということを論じている（Beck，訳書 1998）。このような社会が到来したとすれば，私たちは多種多様な知識の中身を吟味した上で，自らが納得する科学的知識に頼らざるを得なくなる。それは，個人に多大な負担を課す社会である。

だからこそ，何のために学ぶのかが，今までとは異なる文脈からも問われてくる。学校は，子どもが社会の現実に向き合いながら，将来にわたって不安や不確実性に主体的にかかわっていくための基礎となる知識を伝えていかなければならない。学校は同時に，一人ひとりの子どもが自分の意見や想い，不安や疑問を声に出し，考えていくのを助けるような環境を提供すべきであろう。

本書の執筆者たちは，ともに教員養成に携わるなかで，このような危機感を共有し，学校における教科カリキュラムが，こうした状況に対応するものになっているだろうかと話し合ってきた。そして，理科と社会科を中心にそのあり方を検討しようと，2018 年から「学びの目的に関する研究 ——「理科」と「社会科」の間——」という共同研究を開始した。

この間，東日本大震災の爪痕は深く，原子力発電所の事故処理は続いていて，2023 年には「処理水」の海への放出が始まった。また，私たちはコロナ禍も経験した。2019 年の終わり頃から世界中に広がった新型コロナウイルス感染症の死者数は，公式統計に限っても，2023 年 3 月 10 日までに世界で 6,881,955 人を数え[1)]，日本では同年 5 月 9 日までに 74,694 人が報告されている[2)]。さらに，2016 年の熊本地震に続き，2024 年 1 月には能登で，再びマグニチュード 7 クラスの地震が発生した。また，2 章や 4 章で言及するように，気候変動，生物多様性の喪失といった地球環境問題が喫緊の課題として存在する。

このような出来事の連鎖のなか，私たちは，過去や現在のカリキュラムを検討しながら，私たちが支持しうる「未来の社会」へとつながるカリキュラムについて考えるようになった。羅針盤にしたのは，序章と 5 章で詳しく述べる「未来のカリキュラム」という概念である。M.F.D. ヤングによれば，「未来のカリキュラム」の概念は，「未来の社会の概念，それを作りだし維持するためのスキル，知識，姿勢，そしてこのような社会を現実的に可能なものとするような，知識の諸形態間の関係」を含んでいる。それゆえに，カリキュラム論争は，「異なる目的をめぐるものであり，私たちが 21 世紀に期待する各々に多様な社会観」をめぐる論争となる。(Young, 訳書 2002，pp.10-11.)

この概念によって，次のような問いが喚起されよう。私たちは，現存するカリキュラムのなかに，どのような「未来のカリキュラム」を見出すことができるのか。それは，いかなる社会的文脈のなかで，どのような未来を志向して生まれるのか。そして人々は，これをどのように受け取っていくのか。このように「未来のカリキュラム」という概念は，私たちの問題の射程を，カリキュラムそのものから，そこに埋め込まれた目的へ，さらには，新たなカリキュラムを創ったり変革したりする営みの検討へと，広げてくれるのである。

本書は，以上のような問題意識を緩やかに共有しながら，専門を異にする執筆者によって，各自の持ち味を生かしながら書かれたものである。それぞれの

専門分野は，下記の通りである。序章・5章：金子真理子（教育社会学），1章：小林晋平（宇宙物理学，素粒子物理学，物理教育），2章：坂井俊樹（歴史教育，韓国教育，教師教育），3章：三石初雄（教育内容・方法論，教師教育論），4章：原子栄一郎（環境教育）。

序章では金子が，教育的知識とカリキュラム，および学校の社会的機能について，主に社会学的な見方を示した上で，分析視角として「未来のカリキュラム」という概念を提示する。1章から5章は，各々が具体的な授業実践や教科書等を事例として取り上げながら，そこに表現されている教育の目的とカリキュラムについて検討していく。なお，カリキュラムという概念は序章で示す通り多義的なものであり，各章によってとらえ方にばらつきがあることを断っておきたい。

1章では小林が，主観を重視した物理・理科の教育実践を，2章では坂井が，これからの地球社会に向き合う歴史・社会科の教育実践を，それぞれ提案している。3章では三石が，西表島の教師が取り組んだ「ヤマネコ学習」を紹介・分析し，それがどのような教育内容と方法ならびにカリキュラム論を背景として生まれたのかを検討する。4章では原子が，現代環境教育の世界標準であるESD（持続可能な開発のための教育）の根本課題を「持続不可能な社会を支えている教育を考え直し，その向きを変えること」ととらえ，その具体化を環境教育の視点から考察する。5章では金子が，イギリスの科学の教科書を事例に，「未来のカリキュラム」が構想され，具現化され，変容していった社会的プロセスを追うことで，「未来のカリキュラム」をどう創るか，それをどう維持できるのか，カリキュラムを決めるのは誰か，という問題に迫る。

「学びの目的に関する研究」代表　金子真理子

記：　本研究は，JSPS 科研費 18K02411 の助成を受けた。

注：

1）ジョンズ・ホプキンス大学コロナウイルスリソースセンター（The Johns Hopkins Coronavirus Resource Center）が集計した，全世界のパンデミック開始以来のCovid-19による死者数。同大学は，2021年1月22日から2023年3月10日まで，世界各国で公式発表された感染者数や死亡者数を集計し，ウェブサイトでほぼリアルタイムで公表してきた。https://coronavirus.jhu.edu/map.html（2024年2月1日閲覧）

2）新型コロナウイルスの「5類移行」にともない，これまでの「全数把握」による毎日の感染者数の発表は2023年5月8日が，死者数の発表は同年5月9日が，最後となった。2023年5月9日までの死者数の累計は，2020年以降の全期間について厚生労働省が集計したデータをまとめた，NHKのウェブサイトを参照した。https://www3.nhk.or.jp/news/special/coronavirus/data-all/（2024年2月1日閲覧）

参考文献：

Beck, U.1986, *Risikogesellschaft*, Suhrkamp-verlag,（= 1998，東廉・伊藤美登里訳『危険社会—— 新しい近代への道』法政大学出版局）

金子真理子 2012「リスク社会と教師—— 新たな「日常」に向けて——」『発達』第130号

Young, M.F.D. 2002, *The Curriculum of the Future : From the 'New Sociology of Education' to a Critical Theory of Learning*（=大田直子監訳 2002『過去のカリキュラム・未来のカリキュラム—— 学習の批判理論に向けて——』東京都立大学出版会）

目　次

「未来のカリキュラム」をどう創るか

序章　教育的知識・カリキュラム・教師

金子　真理子

1　教育的知識の社会的構成

序章では，教育的知識とカリキュラム，および教育の社会的機能について，社会学的に検討した後で，カリキュラムを創りかえる教師の実践に注目する。そして最後に，カリキュラムを分析する時の視角として，「未来のカリキュラム」という概念を提示する。それではまず，教育的知識から見ていこう。

私たちは，仕事や勉強で必要な知識や技術だけでなく，国内外の政治・経済のニュースから，芸能界の話題，流行っている商品，近所の特売情報，スマホの使い方まで，世の中にある膨大な知識に囲まれ，社会のなかで生きている。そのなかでも，教え－学ぶ関係性において伝達され，共有される知識を，教育的知識 (educational knowledge) と呼ぶ（岡本 2018，p.386）。

本節では，教育的知識のなかでも，主に学校という場において伝達・共有される知識について検討していく。その特徴は，公教育の目的にもとづいて体系化・組織化されている点にある。公教育について，安彦忠彦はその対概念である私教育と対比させて簡潔に述べている。私教育とは，大人が自分や関係する子弟に対して自由に行っているもので，たとえば家庭教育・地域社会の教育・企業内教育・塾や予備校などの教育が含まれる。しかし，近代になって，その一部を国や地方自治体などの公権力が切り取り，国家的な見地から，政治的・経済的・社会的な要請をもとにして，意図的・計画的・組織的な教育を行うようになる。これが公教育である。（安彦 2012）

それゆえ，学校で教えられている知識は，世の中にあふれる様々な知識のなかから，子どもに伝達・共有されるにふさわしいとされている知識がふるいにかけられ選別されたものである。ただし，誰が教育的知識を選ぶのかというと，答えは必ずしも単純ではない。

第一に，学校が公教育の枠組みのなかで存在している以上，学校で教えられる知識は，国家によって選別されている。戦後日本では，学習指導要領がほぼ

10年周期で改訂され，学校で教えられる教科や授業時数が変化してきた[1]。その改訂は，文部科学大臣の諮問機関である中央教育審議会での審議・答申に沿って行われる。近年では道徳の教科化（「特別の教科　道徳」の設置）が実施されたことなどが記憶に新しい。さらに，小学校・中学校・高校の教科書についても，民間で著作・編集されたものが，文部科学省による教科書検定によって審査され，そこで合格したものだけが教科書として認められている。このように，特に各教科の教育的知識に対しては，国家による関与と統制が働いている[2]。

第二に，教育的知識に対する国家の関与の背後には，様々な社会的勢力からの政治的・経済的・社会的な要請がある。それが顕著に表れた事例に，中学校歴史教科書の記述をめぐる論争が思い起こされよう。岡本の言葉を借りれば，「現代において学校は，国家制度の一部として成立しており，学校教育は国民教育としての側面を持つことから，国民国家を取り巻く政治的文脈が，学校知に対してもその維持や変更を促すかたちで影響を及ぼしている」（岡本 2018, p.386）。

第三に，教育的知識は，教室における教授―学習過程を通して伝えられる。このことに目を向けると，教師が教えるのは必ずしも教科書通りではないし，生徒も教師の言うことをそのまま受け取るわけではない。すなわち，教師と生徒，それぞれの解釈によって，そこで実際に伝達・共有される知識は変わってくる。こうした過程に切り込んだのは，解釈的パラダイムに基づく研究である。たとえば，1970年代にイギリスで勃興した「新しい」教育社会学（New Sociology of Education）は，それまでブラックボックスとされてきた学校の内部過程にアプローチし，そこで何が行われていて，それがいかなる社会的文脈とどのような関係をもつのかを中心的課題とした。その嚆矢といわれるヤングによるリーディングス（Young 1971）は，教育的知識は常に教師の解釈を通して伝えられ，さらに教室における教師と生徒の相互作用によって再定義され「構築される」ものであるという見方を示した（渡邉 2018, p.388）。

ここでいう教育的知識は，教科内容のような顕在的知識だけでなく，教師の使うカテゴリーや評価枠組みなどの暗黙知をも含んでいる。このリーディングス所収のケディ論文（Keddie 1971）は，幅広い能力の子どもが入学してくるイギリスの総合制中等学校で観察を行い，その内部に設けられた能力別クラス編成が，教師の評価枠組み，さらには教師生徒関係のあり方を枠づけていることを明らかにした。教師は，生徒がどのクラスに属しているかによってその生徒の能力を規格化してとらえる傾向があり，生徒がたとえ同じ答えを述べたとしても，それがどのクラスの生徒かによって異なる解釈と処遇を行うというのである。こうして，能力別クラス編成という組織形態に枠づけられた教師の評価枠組みが，教師と生徒の相互作用のなかで暗黙知として運用されることで，生徒たちの能力形成に影響を及ぼすだけでなく，その評価枠組みまでもが伝達・共有されてゆく。ヤングらの試みは，このような顕在的および潜在的な教育的知識が人々の解釈過程のなかで社会的に構成されるプロセスを明らかにした。そしてそのなかに，社会統制のメカニズムを見いだしたのである。

誰が教育的知識を選ぶのかについては，図１に示すように三つの位相がある。①社会的勢力による政治的・経済的・社会的な要請，②国家，③学校・教室における教師と生徒の解釈過程である。教育的知識は，学校の外からも内からも社会的に構成されているといえる。

図１　誰が教育的知識を選ぶのか

２．カリキュラムとは何か

2.1　カリキュラムという概念

前節では，学校という場で伝達・共有される教育的知識の成り立ちを三つの位相で検討してきたが，このような教育的知識は，カリキュラム，教授法，評価などの過程を通して，子どもに伝えられる。カリキュラムとは，教育目的に即して教育的知識を選び出し，配列し，編成したものである。そのもっとも基本的でフォーマルなものは教育課程といえよう。教育課程とは，「学校教育の目的や目標を達成するために，教育の内容を子供の心身の発達に応じ，授業時数との関連において総合的に組織した学校の教育計画」[3]であり，学習指導要領を基準として，各学校がこれを編成する。すなわち，教育課程は，学校が教育実践に先立ち，組織的に定める教育計画を表している。

しかし，英語のカリキュラム（curriculum）の含意するところは，以上のように各学校で組織化された教育課程だけではない。カリキュラムは，ラテン語で「競争路」を意味するcursumを語源としている。ここからも示唆されるように，カリキュラムは，子どもの日常の学習だけでなく，その結果にもとづく進級・進学の機会と経路をも枠付けるような知識の配列であり，ある学年・学校段階での学習が次の学年・学校段階での学習の内容と機会を枠付け制約するといった教育機会のシークエンス（連鎖性）をも含む概念である（藤田1997, p.56）。

また，1960年代後半以降，解釈的パラダイムに基づく方法論の広がりとともに，学校で何を教えようとしているかだけでなく，生徒が実際にどのような経験をし，結果として何を学んでいるかという「経験されたカリキュラム」に注目が集まるようになった。たとえば生徒は，学校が提示する教育的知識を十全に習得しているとは限らない。たとえば，ある時間の算数の授業内容が半分もわからず，不十分な知識のまま，次の時間の算数の授業を受けなければならない生徒もいるかもしれない。すなわち，教師が教える教育的知識と，生徒が獲得する教育的知識の間にはズレがある場合も少なくないのである。

また，子どもの視点からみると，学校という空間，教室という空間のなかで，教師が必ずしも意図しないメッセージや知識をも日々受け取っている可能性がある。もしかすると，子どもが教科内容以上に学んでいるのは，「授業が終わるまで座って聞く」という規範，忍耐強さ，あるいは従順性などかもしれない。これらは，意図的に編成され明示的に伝達される知識体系を表す「顕在的カリキュラム」に対し，「隠れたカリキュラム」と呼ばれている。隠れたカリキュラムとは，学校における制度や慣行，教授－学習過程において発見されたもので，「学校が暗黙のうちに，しかし効果的に教え込む規範や価値，教師が[教育の]目的や目標を云々する際にふつうは話題にしない規範や価値」（Apple訳書1986, pp.158-159）のことである。

カリキュラムという概念は以上のように拡張してきたが，顕在的カリキュラムにせよ，隠れたカリキュラムにせよ，社会的に構成されている点は同じである。また，顕在的カリキュラムとみられる教科カリキュラムの中にも，隠れたカリキュラムは混在する。それは次のようなことである。

2.2　カリキュラムによる社会統制

アップルは，学校は，「技術的知識の産出を最大化し，生徒たちを現代社会の要請する規範体系へと社会化するという複雑な歴史的役割を比較的スムースに果たしつづけ」てきたと指摘し（Apple 訳書 1986，p.156），その鍵こそ，教科カリキュラムにおける対立（コンフリクト）の取り扱い方にあるという。たとえば，学界では，複数のパラダイムの対立・競合・代替が常態であるのに対し，学校が理科で教えるのは，「実証主義的理念型と呼ばれている科学観に近いもの」である（同上，p.167）。また，社会科においても，「社会を基本的に協業的な体制とみなして」おり，その指導方針はたいていの場合，「対立，とりわけ社会的対立は，われわれがふつう社会と呼んでいる社会的諸関係のネットワークの本質的特徴ではないという基本的なイデオロギー的前提」に立っている（同上，p.175）。アップルによれば，このような性質を持つ教科カリキュラムが，「隠れたカリキュラム」として機能し，現行の社会秩序をあたかも合意に基づいているかのように当然視させることで，本質的に保守的な見方や政治的無力感を生徒に学ばせているというのだ（Apple 訳書 1986，pp.155-197）。そうだとすると，教科カリキュラムがまるで唯一中立的な絶対的真理として自明視される時こそ，以上のような「隠れたカリキュラム」が作動する点に，注意を払わなくてはならないだろう。

欧米を中心に展開されてきたカリキュラムの社会学は，教育的知識の編成・伝達・獲得過程にみられる，社会統制のメカニズムを究明してきた。そして，これを変革することで，社会変革の可能性を見ようとしてきたのである。（Young 訳書 2002，Apple・Whitty・長尾 1994，等）

2.3　学校の社会的機能とカリキュラム

次に，学校の社会的機能とカリキュラムの関係について触れておきたい。近代以降の社会では，学校は，その社会の普遍的価値を伝達することによって子どもをその社会にふさわしい成員に育てるという社会化機能と，教育を通して子どもを選抜し社会的地位や役割に配分してゆくという選抜・配分機能を担ってきた。子どもがそこで教育的知識を獲得することは，成績や単位認定，さらには学歴という資格にもつながっている。つまり，学校は，カリキュラムを通して，子どもを社会化すると同時に，選抜・配分してきた。それだけではない。学校はカリキュラムを通して，その社会で何が正当な知識とされているのかを人々に伝え，教育的知識の獲得状況にもとづいた選抜･配分のプロセスと結果を，人々に納得させ受け入れさせてきた。学校は，このように社会化，選抜・配分，正当化という3つの社会的機能をもつようになったが，これらの過程はすべて，カリキュラムによって統制されているといえる。

カリキュラムの社会学的研究は，あたかも中立なものとして自明視されがちなカリキュラムを所与とみなさず，そこに働く権力を問題化してきた。アップルは言う。「大半の学校，特に都市中心部の学校の生徒は，現行の社会秩序の正当化に役立つような物の見方を教わっている。なぜなら，学校では，変革や対立という側面や，それに価値とか制度の単なる享受者であるだけでなく創造者でもあるという側面が徹底的に無視されているからである」（Apple 訳書 1986, p.193）。こうした状況を変革するために，彼が社会科と理科において提案したのは，社会科では「社会的対立の積極的かつ根本的な機能」について，また理科では「科学的な業績や論争の本質」について扱うことであった（同上，p.162）。アップルは，学校の社会化機能を，そのものさしであるカリキュラムを変革することで，翻って社会変革のために利用しようとしたという点で，学校の社会化機能に期待を寄せるものであることは変わりない。

一方で，学校の選抜・配分機能の肥大化が社会化機能の空洞化をもたらすという見方もある。ドーアは，1976 年に刊行した著書の中で次のように指摘している。「学校教育と称するものすべてが教育であるとは限らない。その少なからぬ部分は単なる学歴稼ぎに過ぎない。（中略）しかもその学歴稼ぎの内容たるや，単なる学歴稼ぎ以外の何ものでもない場合のほうが多い―形式的，冗長で，不安と退屈に満ち，探求心と想像力を窒息させる，要するに反教育的なのだ」（Dore2008 訳書，p.xviii）。

たしかに，学校の選抜・配分機能が肥大化すると，何をなぜ学ぶのかという教育の中身が，生徒や教師にとって二の次になる傾向は否定できない。そうなれば，教育的知識の選択や編成が，保守的であろうがなかろうが，あるいは，その時々の政治・経済・社会の要請によって容易に左右されても，それに従うだけになるだろう（金子・早坂 2018）。ドーアは，「学校にこの社会的選別の機能と教育の機能との一人二役を負わせたままにしておいて，選別機能が教育機能を圧倒することを防げると信じている点で教育改革者の考えが甘すぎる」

(Dore2008 訳書，p.xix）と喝破したが，学校が二つの機能を放り出すことは難しい。それならば，生徒の意識がたとえ学歴稼ぎにあったとしても，何をなぜ学ぶのかという目的に対する関心を呼び起こし，一人ひとりが学ぶことの意味や喜びを知ることができるようなカリキュラムを考えなければならないのではないだろうか。以下では，日本に目を戻してさらに検討していきたい。

3　カリキュラムを創りかえる

3.1　初期生活科の教科書からみえる教育的知識の定式化

アップル（Apple 訳書 1986）は，教科カリキュラムの内容自体が，本質的に保守的な見方を生徒に学ばせていると指摘したが，戦後日本のカリキュラムにおいても，このような特徴はあるだろうか。それがよくわかる事例として，小学校の教育課程に生活科が新設された時，教科書検定の前後で教科書の記述がどのように変化したかを分析した，三石初雄の研究が興味深い（三石 1992）。

1989（平成 1）年の学習指導要領の改訂によって，小学校低学年の社会科と理科が廃止され，生活科が新設された。新しく導入された生活科の目標は，この学習指導要領において，次のように示された。「具体的な活動や体験を通して，自分と身近な社会や自然とのかかわりに関心をもち，自分自身や自分の生活について考えさせるとともに，その過程において生活上必要な習慣や技能を身に付けさせ，自立への基礎を養う。」

三石は，1992 年度に小学校学習指導要領が全面実施されるにあたり，1991 年 7 月に公開された検定申請本（いわゆる白表紙本）と見本本（検定済み教科書見本）とを比較した。検定による変更点をみると，安全，生活習慣，公衆道徳，はさみやスコップの持ち方などの基礎的技能などに多くの注意が払われていた[4)]。典型的な例は，採択率の高かった T 社の 1 年生用教科書の冒頭，見開き 3 頁に描かれた通学風景の絵に見られる。検定申請本では，子どもたちが校門前の道路を思い思いに登校する姿が描かれていたが，検定時の「登下校の安全指導の面から問題」というコメントによって，見本本は次のように変わった（三石 1992，pp.95-96.）。

まず，道路が歩行者専用道路であることを明示し，道路標識を入れ替え，横断歩道をなくした。道路の真ん中をボールをもって元気よく駆けていく小学生の姿が消え，その小学生がいなくなった空間には「おはよう」の文字が入っている。同じように，路地から走って出てくる子どもの姿が消え，その子に向かって手を振っていた二人組が誰に手を振っているのかがわからなくなっている。その他にも，柵越しに犬に手を出していた子どもは検定後には手を振る姿に，道端のタンポポをしゃがみこんで見入っていた子どもは立ち上がって眺めている姿に変更されるなど，多くの修正が入った。三石は，「その結果，［絵としての━引用者注］全体のバランスを崩し，子どもたちが喜び勇んで学校に通う姿，道草する姿は後方に押しやられてしまっている」（三石 1992，p.96）と分析した上で，交通安全への配慮はもちろん手抜きがあってはならないが，「子どもたちが安心して通学し，学び，遊べる環境・条件を大人として用意することへの配慮を，より優先的に考えてしかるべきではないだろうか」（同上，p.97）と指摘した。

教科カリキュラムは学習指導要領や教科書において定式化されているため，教える側も学ぶ側もそれを所与のものとして受け取りがちである。しかし，隠れたカリキュラムは，先に述べたように，教育的知識の編成・伝達・獲得過程のいたるところに潜んでいる。アップルがとりわけ指摘したのは，顕在的カリキュラムとみられる教科カリキュラムのなかにも，隠れたカリキュラムが紛れ込むということである。隠れたカリキュラムは，それ自体，意図的・明示的に伝達されるものではないため，ふだんは見えにくい。それがよくみえるのは，上述のように教育課程のなかに新たな教科が誕生した時などではないだろうか。

学習指導要領の解釈がまだ安定せず，教科書に載せる知識も定式化されていない時だからこそ，教育的知識の選択や配列の仕方が検討の俎上に上り，教科カリキュラムを構成するときの隠れたカリキュラムが見えたのである。三石は，初期の生活科教科書の分析を通して，教育的知識の定式化がなされた瞬間を切り取ったことになる。そこで見いだされたのは，「子どもたちが喜び勇んで学校に通う姿，道草する姿」は後方に押しやられ，「生活上必要な習慣や技能を身に付けさせ」ることが「自立への基礎を養う」ことであるという定式化である。

3.2　教師による対抗的実践

生活科の教育的知識が以上のように定式化され，編成されつつあるなか，「生活科を創りかえる」という対抗的実践が，教師と研究者が集まる研究会によって取り組まれた。前述の三石（1992）もその一部となっている教育科学研究会・臼井・三石編（1992）は，生活科の課題・問題点を究明し，子どもたちの生活を重視する視点から，教師が地域・家庭・文化とのかかわりに根ざした授業を行うことで，カリキュラムを創りかえることを提案した。

ここでは，そのなかから小学校教師の松本美津枝が，小学校1年生の子どもたちに行った実践を取り上げたい。それは次のような授業である（松本 1992, pp. 20-34）。

松本のクラスのよしのりが夏休みの水泳指導に来る往路で，足を骨折する交通事故にあった。松本が事故現場に駆けつけると，地区の副区長さんが「言ってたんだ毎日。ここに停止線がなくちゃ駄目だ，横断歩道の標示と止まれの標識が最低必要だってな。子どもなんてとび出すんが商売なんだ。スクールゾーンもまだできていない。事故が起きなきゃいいが，とずっと思っていたんだ。こんな狭い道の上に，見通しは全然きかねぇんだからなぁ。」とつぶやいた。松本は，夏休み中，再発防止を考え続け，二学期早々に，事故当日の経過や人々の動き，よしのりや家族のいたみなど，子どもたちと事実を明らかにしていこうと考えた。事故を目撃していた二人の子どもが書いた作文や，上述の副区長の言葉をもとに，子どもたち自身が考え，事故現場のT字路を検証したり，救助に関わった人たちにも話を聞いていく。子どもたちは健気に「かけないで歩こう」と誓っているが，松本がこれでいいのか迷っていた矢先，学級のある父親が電話をくれた。その父親によると，彼が仕事で行っていたロンドンでは，基本的には人間優先の通行で，車が人を守っているという。日本にも人間を大事にする交通常識ができていたら……。松本がこの話をすると，子どもたちは「いいねぇ」と応じる。

以上のように，この授業は，子どもたちへの「安全指導」だけにおわらず，事故の原因を，社会や文化の問題として捉えていくものとなった。さらに松本（1992）は，最終節で次のように述べている。

> この学習は，生活科が創設されたから取り組んだのではない。たとえ生活科がなくても今回のような，子どもたちと学校生活をしている間に起きた，人間の命に関わる大事な出来事は，当然，取り上げられずにはすまされない。
>
> もともと，低学年の学習や活動は，ほとんどすべて，生活に直接関係する。生活の事実から出発することで，はじめて学習や活動が成立すると言ってもいい。学習のね

らいや視点や内容によって，算数・国語と名づけたり，社会科と銘うったり，学級活動や道徳とことわったり，生活科と唱えたりするのは，学校や教師の都合で，学習者であり生活者である子どもには関わりない。

子どもの成長にとって大事なのは，生活の中で起こる数や量の関係のおもしろさや，意志を伝える言葉や文字の大切さだろう。これが算数や国語の出発点になる。

また，子どもの成長にとって大事なのは，一人ひとり全く違う生活でありながら，その底には，人間共通の願い（個や命の尊重）がひそんでいると気付くことだろう。どうしたら理想とする生活を実現できるか考え，行動することだろう。

さらに，人間の全生活を可能にする自然との共存，人間と人間との共生への考えを深めていくことだろう。あえて言えば，このようなものが生活科の対象となるのだろう。（松本 1992，p.33-34）

松本は，子どもの成長にとって大事なものは何かという観点から，生活科の対象となるものを示唆している。それは，当時の学習指導要領で言及された「生活上必要な習慣や技能を身に付けさせ」ることではない。そうではなく，「一人ひとり全く違う生活でありながら，その底には，人間共通の願い（個や命の尊重）がひそんでいると気付くこと」「どうしたら理想とする生活を実現できるか考え，行動すること」「人間の全生活を可能にする自然との共存，人間と人間との共生への考えを深めていくこと」である。松本は，あえて言えばと断りながら，このようなものが生活科の対象となるのだろうと述べている。このように，カリキュラムを創りかえるとは，教師自身が教育的知識の選択や配列に関わるだけでなく，目的を捉え直すところから出発する試みなのである。

歴史を振り返れば，カリキュラムの保守的な面を克服しようと，教師らによる対抗的実践が行われてきた。19 世紀末から 20 世紀初頭において展開されたアメリカの革新（進歩）主義の教育運動において，デューイ（John Dewey）を中心とする教育改革者たちは，カリキュラムを「学びの経験の総体」と再定義し，カリキュラムの改造を学校教育の改革運動として展開した（佐藤 2006，p. 69）。教育方法学者の佐藤学は，この系譜のカリキュラム概念に基づき，これを「教室における授業や学びの創造と一体であり，年度初めの 4 月に作成されるものではなく，年度終わりの 3 月に完成されるもの」とし，このような「学びの経験の総体」としてのカリキュラムを「教師がデザインし実践するプロセス」を，事例に則して紹介している（佐藤 2006，p.67-79）。

3.3　異なる社会を想像／創造する

これまで述べてきたことをまとめよう。アップル（訳書 1986）の主張を敷衍すると，学校における教科カリキュラムは，社会における対立や矛盾を十分に扱えていないがために，現在の秩序を正当化するだけで，子どもたちにそれとは異なる社会を想像／創造できなくさせている。このような傾向は，教育的知識が定式化されていく瞬間を切り取った三石（1992）による教科書分析においても見出された。象徴的だったのは，通学風景を描いた教科書の絵から，「子どもたちが喜び勇んで学校に通う姿，道草する姿」が排除されたことである。子どもたちへの「安全指導」はもちろん大切だが,「子どもたちが安心して通学し，学び，遊べる環境・条件」（三石 1992，p.97）を社会が用意できていれば，教科書の記述は，また違ったものになったかもしれない。

これに対し，松本（1992）のクラスの子どもたちは，そのようなオルタナティブの可能性を含めて考えていた。この実践が興味深いのは，「個や命」を大切にするということが，一人ひとりの心構えの問題に還元されなかったことだ。すなわち，自分一人が注意して事故や災害にあわないように行動すればすむという話ではない。「個や命」は，これを守り大切にする社会の実現なくして守られない。

昨今の国際情勢をみても，ひとたび戦争が起これば個々人が自分の身は自分で守ろうと努力しても如何ともしがたい事態が起こりうる。それは，戦争だけでなく，公害，原発事故，温暖化をはじめとする地球環境問題でも同じことがいえるだろう。

「個や命」を大切にするということは，以上のような問題を生み出してしまう社会とは異なる社会を想像／創造することによってはじめて可能になるとすれば，松本（1992）の授業実践は，そのような未来を志向したカリキュラムといえる。小学校 1 年生が,「個や命」を大切にすることを，個々人の資質や努力，心構えなどを超えた，社会の問題として捉え直すことができたことにあらためて驚く。それは，松本が「子どもたちと学校生活をしている間に起きた，人間の命に関わる大事な出来事」を見過ごさず，「よしのりのじこからおそわる」計画を立て，子どもたちとともにカリキュラムを創っていく過程の中で可能になったのだ。

4　未来のカリキュラム

以上では，松本の授業実践を，異なる社会を想像／創造するカリキュラムと位置づけたが，それは最初から構想されたものではなく，ひとりの教師が授業をするなかでたどり着いたものだった。これに対し，ヤングによる「未来のカリキュラム」という概念は，誰もがこの概念を念頭に置くことで，こうしたカリキュラムを構想し，意図的に生み出すことを促すような概念である。ヤングは次のように説明している。

> 未来のカリキュラムの概念は，未来の社会の概念，それを作りだし維持するためのスキル，知識，姿勢，そしてこのような社会を現実的に可能なものとするような，知識の諸形態間の関係，学術的学習と職業的学習の間の関係，理論と実践の間の関係，教科間の関係などを含んでいる。どの場合も，関連性の原則は諸々の関係を規定する教育上の目的という問題を投げかけるのである。それゆえ，カリキュラム論争は，異なる目的をめぐるものであり，私たちが21世紀に期待する各々に多様な社会観をめぐるものであり，またそれがいかに多様なカリキュラム概念に埋め込まれているのかということについての論争となる。（Young 訳書 2002，pp.10-11.）

以上のように,「未来のカリキュラム」という概念は, 過去や現在ではなく,「未来の社会」との関連で，カリキュラムを分析したり論じたりする視角を提供してくれる。このような見方に立つと，私たちの目は，おのずとカリキュラムの目的に向くだろう。つまり，そのカリキュラムが，どのような社会像を（顕在的あるいは潜在的に）理想とし，どのような目的に基づいているのかが重要になる。それゆえカリキュラム論争は，ヤングの言うように，「異なる目的をめぐるもの」であり,「私たちが21世紀に期待する各々に多様な社会観をめぐるもの」となるだろう。

ヤングによれば，カリキュラムは，「他のあらゆる形態の社会組織と同じぐらい，歴史における人々の行為の産物」であり，ゆえにそれは「所与のもの」ではなく，「変わりうる」のだという（同上，p.33)。さらにヤングは，「問題は目標にあり，現存のカリキュラムが，どのくらい私たちが支持しうる未来の社会を表現し，またその変化を望む過去の社会を表現しているかという程度にある。」

と述べている[5)]（同上，p.33）。このパースペクティブは，私たちがカリキュラムを分析したり論じたりする時にも，あるいは，カリキュラムを変革したり創造したりする時にも，私たちの判断の基準や根拠として生かせるはずだ。

私たちは，現存するカリキュラムのなかに，どのような「未来のカリキュラム」を見出すことができるのか。それは，いかなる社会的文脈のなかで，どのような未来を志向して生まれるのか。そして人々は，これをどのように受け取っていくのか。このように「未来のカリキュラム」という概念は，私たちの問題の射程を，カリキュラムそのものから，そこに埋め込まれた目的へ，さらには，新たなカリキュラムを創ったり変革したりする営みの検討へと，広げてくれるのである。

この概念を手にして本書を読むと，各章がそれぞれ，未来の社会を志向したカリキュラムを扱っていることに気づくだろう。また5章では，イギリスの科学の教科書の変化に注目し，事例に即して「未来のカリキュラム」という概念を運用しているのであわせて確かめてほしい。

本書は，社会的で多義的な意味を持つものとしてカリキュラムを捉え，カリキュラムの変革や創造はいかにして可能か，という問題に光をあてる。佐藤（2006）や教育科学研究会・臼井・三石編（1992）をはじめとする教育研究は，教師がカリキュラムを創りかえる，あるいは，デザインし実践するプロセスを，カリキュラム変革の主戦場とみてきた。本書の各章が紹介する教育実践も，こうした試みに連なるものといえる。ただし5章では，教師，学校，地域を超えて，教科書の上に「未来のカリキュラム」が具現化された事例を扱う。それぞれが論じている対象や位相は異なるが，カリキュラムを決めるのは誰か，「未来のカリキュラム」をどう創るか，という問題への多様なアプローチとして，読んでもらいたい。

注

1）学習指導要領の変遷については，田中・水原・三石・西岡（2023）等が参考になる。

2）ただし，1947（昭和22）年に出された戦後初の「学習指導要領　一般編（試案）」は，自らを法的拘束力のない試案として位置づけ，次のように述べている。「この書は，学習の指導について述べるのが目的であるが，これまでの教師用書のように，一つの動かすことのできない道をきめて，それを示そうとするような目的でつくられたものではない。新しく児童の要求と社会の要求とに応じて生まれた教科課程をどんなふうにして生かして行くかを教師自身が自分で研究して行く手びきとして書かれたものである」（文部省「学習指導要領　一般編（試案）」)。その後，1951年に改訂された学習指導要領も「試案」として出されたが，それより後の学習指導要領からは，「試案」の文字が削除された。

3）文部科学省ウェブサイト上の「教育課程企画特別部会　論点整理　4．学習指導要領等の理念を実現するために必要な方策」（2015年11月）参照。https://www.mext.go.jp/b_menu/shingi/chukyo/chukyo3/siryo/attach/1364319.htm（2023年12月15日閲覧）

4）当時，生活科教科書の検定結果が公表されると，「画一的な内容の生活科教科書」（『内外教育』1991年7月2日），「新設『生活科』中身は横並び」（『朝日新聞』1991年7月1日）等の見出しで報じられた。この時の検定意見の例を挙げると，乗り物で「きゅうに　とまったので，あわてて　ぼうにつかまりました」という記述に対し，「常につかまっていることが安全上必要」なので「不適切」，水遊びで互いに相手の耳のあたりに水をかけている絵に対し，直接耳に水があたって危険なので「配慮してほしい」，虫を箸でつまむ絵に対し，生き物に親しみ，大切にするという点から「不適切」，等があったという。（三石1992，p.94）

5）ただし，ヤングの関心は，新しい知識の内容というより，知識の諸関係の新しい形態にあった（Young 訳書2002，p.10）。彼の分析の背景にある一般的な仮説は，孤立的で狭く専門分化され，非常に階層化が進んだ「過去のカリキュラム」から，より関連し合っていて，幅広く，階層化の程度が低い「未来のカリキュラム」への変化であるが，ヤングは以上の変化を阻む障害やカリキュラム論争を含めて追究している（同上，p.25)。

参考文献

安彦忠彦2012「公教育と私教育を区別して論じよ!」(WASEDA ONLINE，2012年3月5日）

Apple, M.W.1979, *Ideology and Curriculum*, Routledge & Kegan Paul Ltd. (=1986,『学校幻想とカリキュラム』日本エディタースクール出版部)

Apple, M.W.・Whitty, G.・長尾彰夫1994『カリキュラム・ポリティックス』東信堂

Beck, U.1986, *Risikogesellschaft*, Suhrkamp-verlag,（= 1998，東廉・伊藤美登里訳『危険社会—新しい近代への道』法政大学出版局）

Dore, R. P. 1976, *The Diploma Disease*, George Allen & Unwin Ltd. (= 2008，松居弘道訳『学歴社会—新しい文明病』岩波書店)

藤田英典1997「学校と社会」藤田英典・田中孝彦・寺崎弘昭『教育学入門』岩波書店

金子真理子・早坂めぐみ2018「学歴社会と〈教育の機会均等〉」山﨑準二編『教育原論』学文社

Keddie, N. 1971, "Classroom Knowledge" , in Young, M. F. D. ed., *Knowledge and Control*, Collier-Macmillan, pp.133-160.

教育科学研究会・臼井嘉一・三石初雄編1992『生活科を創りかえる』国土社

松本美津枝1992「生活の中の問題を自分で見，手で調べる—八月三日のあさ，ぼくとお

かあさんは―」教育科学研究会・臼井嘉一・三石初雄編『生活科を創りかえる』国土社，pp.20-34.

三石初雄 1992「生活科の教科書は，画一的？」教育科学研究会･臼井嘉一･三石初雄編『生活科を創りかえる』国土社，pp.93-111.

岡本智周 2018「学校知と権力」日本教育社会学会編『教育社会学事典』丸善出版 , pp.386-387.

佐藤学 2006「カリキュラムをデザインする」秋田喜代美･佐藤学『新しい時代の教職入門』有斐閣，pp.67-79.

田中耕治・水原克敏・三石初雄・西岡加名恵 2023『新しい時代の教育課程 [第 5 版]』有斐閣。

渡邉雅子 2018「学校知と権力」日本教育社会学会編『教育社会学事典』丸善出版 , pp.388-389.

Young, M.F.D. ed.1971, *Knowledge and Control*, Collier-Macmillan.

Young, M.F.D. 2002, *The Curriculum of the Future : From the 'New Sociology of Education' to a Critical Theory of Learning*,（＝大田直子監訳 2002『過去のカリキュラム・未来のカリキュラム―学習の批判理論に向けて－』東京都立大学出版会）

第1章　学ぶ喜びを享受できる教育へ向けて
―― 物理学における主観の重要性と受け止める力の育成について ――

小林　晋平

1　「自分事（じぶんごと）」にならない学び

1.1　その質問は「意識が高い」のか？

以前，東京のある公立小学校から5年生のキャリア教育の授業にゲスト講師として招かれたとき，大変印象深い出来事を体験した。私が宇宙物理学と物理・理科教育を専門に研究していること，宇宙の始まりが知りたくてこの道に入ったことなどから始まり，私の研究テーマである「ブラックホールの中には何があるのか」や「宇宙に果てはあるのか」といったトピックや，物理学者になるにはどんな方法があるのかなどをひと通り話し，授業の最後に質問を受け付けたときのことである。ある生徒が私に「年収はいくらですか？」という質問をしたのである。もし皆さんが同じ質問をされたら，どのように答えるだろうか？

私はそこで，「答えてもいいんだけど，もっと大事なことがあってね，あなたのお父さんやお母さんの年収はいくらか知ってる？」と返答した。その意図は「人に質問する前に自分について答える方が礼儀だ」ということではもちろんない。私が続けて言ったのは，「それは知らなくても無理もないんだけど，たとえば自分が1ヶ月生きていくのにいくらくらいかかるか，考えたことある？実はそれがわからないと，どのくらい働いたらいいのか，どのくらい稼げばいいのかもわからないんだ。それを知らずに誰かの給料を知っても，何の役にも立たないでしょう？」という言葉である。

小学校5年生から「年収はいくらですか？」という質問が出ることに，「小学生のくせにお金のことなんか気にするのか」という批判的な意見を持つ人もいるかもしれないし，逆に「その年齢からそんな質問ができるなんて，なんて意識が高いんだ」と驚いた人もいるかもしれない。しかし，私はそんなことよりも「こんな「空っぽの質問」をさせてしまうことの何がキャリア教育なのだろう」と感じた。そもそもキャリア教育とは「生き方を根底から考える」機会である。その一環としてさまざまな職業について調べるのはともかく，いま自分にどのくらいの金額が必要で，これからの人生でどのくらい必要になるかを知ることなしに他人の年収を聞いても，わかることはせいぜい職業ごとの年収の平均値であり，それを元にした「儲かる仕事ランキング」くらいであろう。「いま，自分はどうなのか」という出発点を確認することから始めなければ，手に入るのは無意味な知識の羅列ばかりになってしまう。それらは自分とは関係ない「遠い国のできごと」であり，そんなものをいくら集めても自分の生を輝かせることはできない。私たちに必要なのは「自分を抜きにした世界の様相」ではなく，「自分も生きているこの世界の手触り」である。どんな客観的事実も，「結局のところ，自分にとってその事実は何を意味するのか？」まで落とし込めなければ「面白く」ないのだ。

1.2 物理に対するイメージ：なぜわかりにくいのか？

しかしながら，翻って考えてみると私の専門である物理学や物理教育についても同様のことが言えることに気づかされる。果たして私たちの教育は，生徒や学生にとって「自分事」になっているだろうか？無論，資格や学歴取得のための学びという意味では「自分事」であろう。「今やっておかないと後で大変なことになるよ」という脅し型の教育は，そうした学びとは「相性がいい」。しかし，私がここで言いたい「自分事」はそういうものではない。ただ実体験をさせることとも違う。むしろ「そういえばそれって疑問だな」という感覚を抱かせることに近い。社会や環境から要求されるものではなく，身体を持っていれば誰でも無意識に感じてしまうこと，それに気づかせ，そこを出発点とする教育が実現できているだろうか？

残念ながら，いつの間にか「無意味なリスト」を与えるだけになっている可能性を示唆する証拠もある。図 1-1 は，文部科学省の「平成 27 年度高等学校学習指導要領実施状況調査」[1] における「各科目の学習（勉強）が好きだ」という質問に対する高校 2 年生および 3 年生の回答である（国立教育政策研究所教育課程研究センター，2015, p.62)。このグラフにあるように，「そう思わない」と答えた生徒の割合は，物理基礎で突出して高く，50.7% にも達する。この割合は，

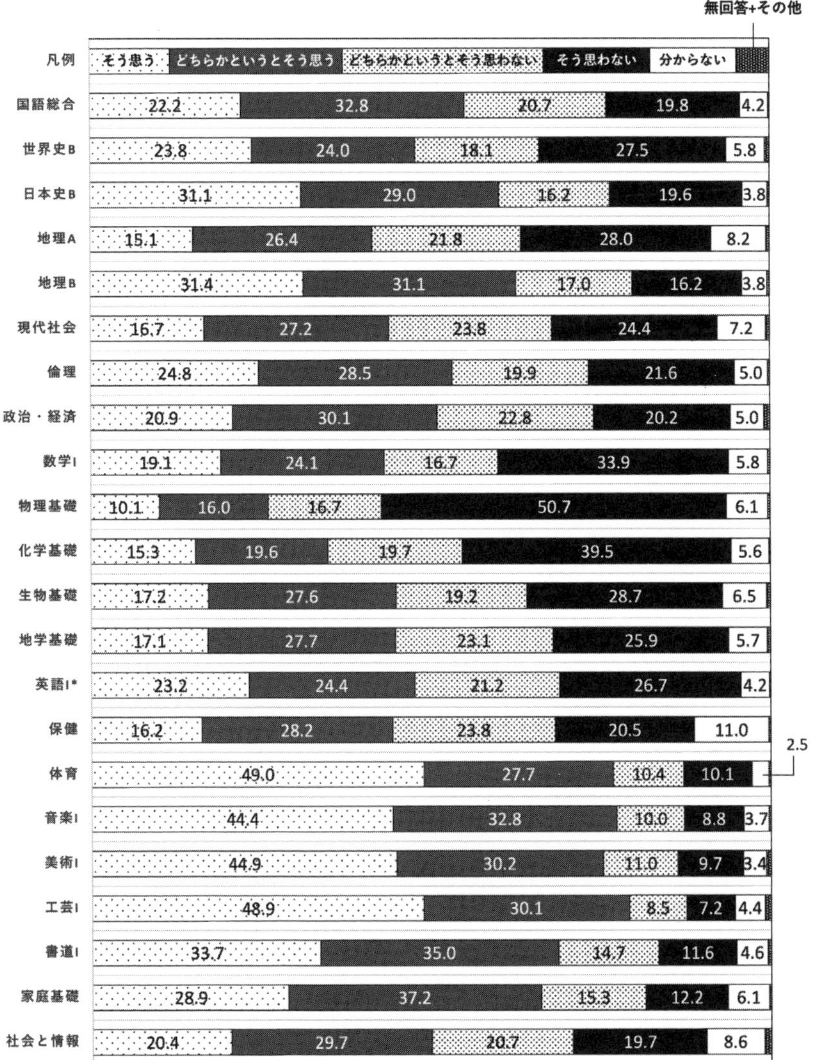

図 1-1「各科目の学習（勉強）が好きだ」という質問に対する高校生の回答分布

注）グラフのなかの数値は割合（%）。「英語 I*」は「コミュニケーション英語 I」を表す。

（出所：国立教育政策研究所教育課程研究センター，2015,「平成 27 年度高等学校学習指導要領実施状況調査」p.62 を元に筆者加工。いずれの科目も「その他」と「無回答」を加えたカテゴリーは 1% 以下。）

化学・生物や数学といった他の理系科目と比べても非常に高いことがわかる。

類似のアンケートを私も自身が所属する東京学芸大学で取り続けてきた。本学には1年次科目の「入門セミナー」という授業がある。大学での学びについてのガイダンス的授業で，私はその中で「物理学への誘(いざな)い」という回を担当している。本学は教員養成系大学であるが，理科専攻の学生は入学後に物理学，化学，生物学，地学，理科教育学のいずれかの教室を選択して配属される。他の4つの教室もそれぞれ「○○学への誘い」を用意しており，学生たちは週替わりで理科の5分野について，「○○学とは何か」について導入的な授業を受ける。

「物理学への誘い」を担当して10年近くになるが，この授業では「物理の難しさとは何か」，「物理の面白さとは何か」，「万人が物理や理科の物理分野を学ぶ必要はあるか」という3つの問いを投げかけ，学生に議論してもらうところから始める。上記の5教室で同じ質問をしているが，学生から上がる声は教室ごとに特徴がある。

さすがに物理学教室所属のほとんどの学生は物理に対して良い印象を持っているものの，他教室の学生は物理に対して良いイメージを持っているとは言い難い。私が多数行ってきたサイエンスイベントなどで一般の方から寄せられる物理への「苦情」も含め，物理に苦手意識を抱く原因として上がるのは概ね以下の4つである。

- ・数式や公式が多く，数学が得意でないとついていけない
- ・力やエネルギーなど，目に見えないものを扱っているからわかりにくい
- ・摩擦がないなどの非現実的な設定が多く，実生活と結びつかない
- ・教員の教え方がよくない

最後の「教員の教え方がよくない」は大変重要な問題であるが，この問題は別の機会に論じることとし，残り3つの「クレーム」について考えたい。これらは物理学の特性に関係しており，ある意味で「それが物理なのだ」と言えなくもないからだ。

確かに，物理で扱う「力」や「エネルギー」といったものは目に見えず実態をつかみにくい。たとえば，机に手をついてグッと押すとき，机から反発されて手のひらに力を感じるが，そのリアリティとは裏腹に，力を目で見ることは

できない。電流も同じで，電流が「導線中の電子の流れ」であることはよく知られているが，私たちが実際に目にするのは電流計の針が振れる様子であって，電子そのものではない。

目に見えないものを扱うことは何も物理に限った話ではなく，化学で扱う原子や分子も目に見えないし，生物で扱う細胞も目に見えないではないかと思われるかもしれない。しかし，力やエネルギーは顕微鏡などの補助器具を使ったとしても見ることができない。力やエネルギーは，それがないと辻褄が合わないという状況証拠から，その存在を認めるしかないものである。もちろん物理学もその出発点は目に見える現象なのだが，現象の普遍性に注目し，背景にある法則を抽出する過程でどうしても話が抽象的になる。加えて物理法則の多くは数式で記述されることが多く，数学を得意としない生徒にとってはさらに抽象度が増す。

実は，物理が得意な学生でも数式の意味をきちんと理解していることは少なく，数式を場当たり的に組み合わせ，何らかの数値を出しているだけの者は多い。私たち物理学者は数式を解くところは物理の一部分であり，数値が出ただけでは「まだ物理になっていない」という自戒の念を込めた言い方をするのだが，数式を解いて得られた答えを物理的に解釈したり，物理法則を自身の身体感覚として腑に落ちるところまで考え続けたりする高校生や大学生は稀である。たとえば同じ初速で物体を飛ばした場合，空気抵抗が無視できるならば，地面からの角度を45度にすると最も遠くまで届くということはよく知られている。しかし，本当にそうなるかどうか，自分でボールを投げて確認した経験を持つ人はほとんどいない。ちなみに，より現実的な状況下ではもう少し低い角度の方がより遠くまで飛ぶため，実際にやってみると45度のときが最も遠くまで飛ぶわけではないことがわかる。よく「古典は知られるが読まれない」と言われるが，これをもじって「物理は知られるが試されない」とでも言えばよいだろうか。

学校で学んだことを自らの実感に引き寄せないというのは何も物理に限ったことではないが，物理は特にそれが顕著であることが，前述の「平成27年度高等学校学習指導要領実施状況調査」における「理科の学習をすればふだんの生活や社会に出て役に立つ」という質問への回答に見ることができる。図2-2より，理科が役に立つと答える割合は，比較対照群の小学校では69.7%（「そう思う」35.7%，「どちらかといえばそう思う」34.0%），中学校では54.1%（「そう思う」19.5%，「どちらかといえばそう思う」34.6%）に対し，高校ではいずれの科目も軒並み低下している。その中でも「物理基礎」については，役に立つと答えた割合は「そう思う」10.2%，「どちらかといえばそう思う」23.4%と，もっとも低い（国立教育政策研究所教育課程研究センター，2015, p.71）。なお，同じ質問について，高校の「音楽Ⅰ」に対する回答をみると，「そう思う」12.1%「どちらかといえばそう思う」24.0%，「どちらかといえばそう思わない」28.5%であり（同上 , p.72），「物理基礎」に対する回答分布とほぼ同じである。一方，同じ調査で「音楽Ⅰ」を好きだと答えた割合は，図 1-2 にあるように 7 割（「そう思う」44.4%＋「どちらかといえばそう思う」32.8%）に達している。音楽は「役に立つ」かどうかはさておき多くの生徒に好かれているが，物理は役にも立たないし，好きでもないと感じている生徒が多いということだ。

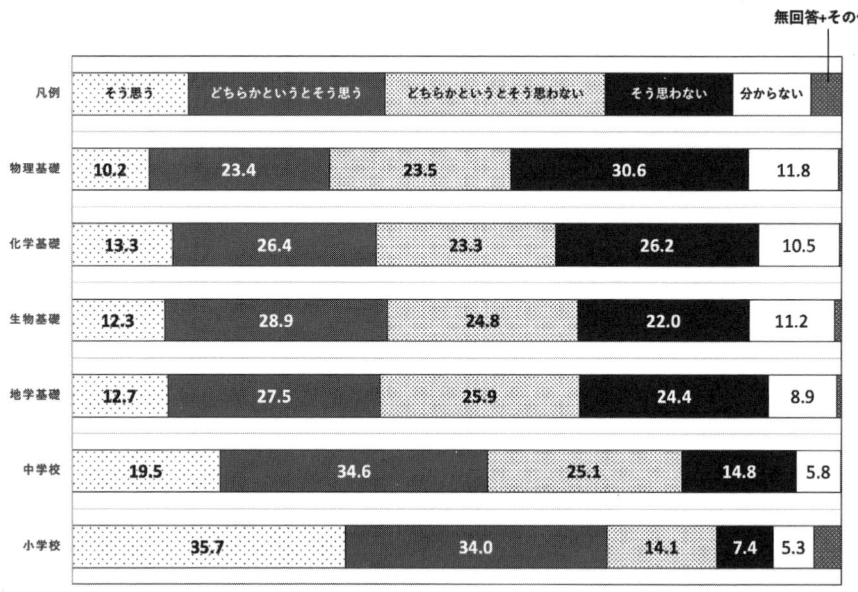

図 1-2 「【理科】の学習をすればふだんの生活や社会に出て役に立つ」という質問に対する回答分布

注）グラフのなかの数値は割合（%）。

（出所 国立教育政策研究所教育課程研究センター，2015,「平成 27 年度高等学校学習指導要領実施状況調査」p.71 から筆者加工。）

1.3「探究活動」はこの現状を改善するか?

こうした物理ばなれ（広くは理科ばなれ）とも関連するが，令和４年５月に経済産業省から「未来人材ビジョン」という報告がなされ，一時期 twitter（現X）で話題になった（経済産業省，2022）。これは，「2030年および2050年に起こると考えられる産業構造の転換を見据え，これからの日本に必要とされる人材」について「未来人材会議」という有識者会議で議論された内容をまとめたものである。この報告では，一定年齢以上では東南アジアのいくつかの国よりも日本の方が安い賃金で働いていることや，出世が遅いことなどが示されていたため，日本がすでに先進国とは呼べない状況になっていることが改めて浮き彫りにされてしまった。その意味では悲観的な意味で SNS を賑わせてしまった資料とも言えるのだが，その中で教育に関してもページが割かれ，特に理系教育に関する報告と提言がなされていた。

そこではまず，OECD 加盟国の子ども達について数学・理科のリテラシーが示され，日本は数学・理科ともトップレベルであるにも関わらず，「将来理科や数学を使う職業につきたい」と思う子どもが少ないことが指摘されている。その理由を『未来人材ビジョン』では，「探究的な（正解のない）理科学習が少なく，子どもたちが「科学の楽しさを感じる」機会に乏しいのではないか」と述べている（p.74）。続いていくつかの先進的な探究活動を行っている学校の取り組みを紹介し，「答えのない「本物」の社会課題と，教科書レベルの知識を行き来しながら，教員や研究者の伴走で本格的な研究を進める中学・高校も生まれている」（p.76）との記載がある。

この資料では，なぜ「探究的な（正解のない）理科学習が少な」いと，子どもが科学の楽しさを感じる機会に乏し」くなるのか，その根拠は示されていないが，「探究的な」もしくは「正解のない」理科学習があれば，科学の楽しさを感じることができるはずだと考えたくなる気持ちはわかる。理科知識の有用性を実感することで楽しくなるだろうというわけだ。しかし，私には気に掛かることが二つある。

一つ目は，物理なり，その他の理系科目なりを探究活動で使うというとき，多くの探究活動が実験に基づく研究的なものになりやすいという点である（蒲生，2020, p.69）。確かに，中高でも理科好きな生徒であれば実験的研究に興味を持つことは予想される。しかし，理科については小学校までは好きという児童が多く，中学や高校の定量化された理科に入った途端に興味を失うことがわかっており，「実験は好きだが，理科は嫌い」という生徒が多い（文部科学省, 2014)。むしろそうした数学を用いた定量化に興味を持てないからこそ，中学や高校に入って理科嫌いが増える可能性もある。たとえ物理（や理科）の有効性に納得したとしても，それを好きになるかどうかはまた別の話である。事実，物理教育研究においても，さまざまな教授法において，成績が上がったときですら，思考の過程の重要性を学習者が認識できない場合，ほとんどの場合は物理を学ぶことにむしろ後ろ向きになってしまうことがわかっている（Redish E.F.2003= レディッシュ , 訳書 , 2012, pp.165-168)。つまり私たちは「単なるわかりやすい説明」だけでは学びに向かうほどの興味を持つことができず，自分の思考プロセスを追い，その重要性を認識しなければ学ぶことに積極的にはならないのである。自然科学系のエキスパートを早期育成することだけが目標であれば，極端な話，「好きな人はもっと好きに，嫌いな人はもっと嫌いに」でも構わないかもしれないが，教育の目的はそれだけではない。

二つ目の懸念は,「教科書的な学び」を「正解のわかっている理科学習」とし,「探究的でない」としてしまっている点にある。同資料には「答えのない「本物」の社会課題と，教科書レベルの知識を行き来しながら」という文言もある。どうやら社会課題の方が「本物」であり, 教科書で学ぶ内容はそれよりも一段劣る,もしくは簡単であると考えられているようだ。「学校のお勉強なんて社会に出れば……」という，学校教育に対する紋切り型のセリフを聞くこともあるが，学校での学びが「いま，自分はどうなのか」から始まらなければ，自分に関係のない話の羅列なのだからそう言いたくなっても当然だろう。しかし実際には，教科書に載っている知識は人類が長い時間をかけて解き明かし，まとめ上げてきた人類の叡智であり，教科書「レベル」とされる知識こそ，社会課題を考える際の強固な土台となるものである。「未来人材ビジョン」が知識を軽視しているわけではないが，反知性主義，反教養主義に影響されているとも受け取られかねない「教科書軽視」の傾向が散見される（もちろん大切なのは「教科書を教える」ことではなく,「教科書で教える」ことであり，教科書に拘泥しているわけではない)。同じ『未来人材ビジョン』ではさらにAI教材の必要性やサードプレイス（学校・家庭以外の学習場所）の重要性が説かれ,「教員に探究や研究を指導する役割が期待されてこなかった中，学校だけに多くの役割を求めるのは現実的ではない」(p.82),「イノベーションの創出や事業の変革が企業の生き残りのために不可欠となる時代が訪れている」(p.88) と続く。そこには，真に子どもたちに科学なり学問なりの楽しさ，面白さを伝えたいという想いよりも，次世代を担う子ども達が，イノベーションによって経済をうまく回してくれるようになるのではないかという希望的観測と問題の先送りがある。

そうした大人の事情もこの社会を破綻させないために避けて通れないものだとしても，それが透けて見える「探究的な学習」によって子どもたちは積極的に科学に取り組むようになるだろうか？ここに，そもそも「探究的とはどういうことか？」という難問がある。探究活動の目標とするところとして文科省が『高等学校学習指導要領（平成 30 年告示）解説 総合的な探究の時間編』で上げるのは，以下の通りである。

> 探究の見方・考え方を働かせ，横断的・総合的な学習を行うことを通して，自己の在り方生き方を考えながら，よりよく課題を発見し解決していくための資質・能力を次のとおり育成することを目指す。
>
> (1) 探究の過程において，課題の発見と解決に必要な知識及び技能を身に付け，課題に関わる概念を形成し，探究の意義や価値を理解するようにする。
>
> (2) 実社会や実生活と自己との関わりから問いを見いだし，自分で課題を立て，情報を集め，整理・分析して，まとめ・表現することができるようにする。
>
> (3) 探究に主体的・協働的に取り組むとともに，互いのよさを生かしながら，新たな価値を創造し，よりよい社会を実現しようとする態度を養う。
>
> (文部科学省，2018, p.475)

以上より，少なくとも「探究 ＝ 研究」でないことはわかる。どういう状態になったら探究的なのかは明示されていないが，探究とは探究的であること，すなわち何をするかより物事に取り組む姿勢のことである。自らの動機づけを出発点とし，目的も方法も自分で考え，「何か」や「誰か」から動機づけされたものでない活動は「純粋な」探究活動である。何らかの社会活動や芸術活動も探究活動になるだろうし，本来は部活動やそのほかの学校での課外活動も探究活動になりうる。仮に最初の動機づけが学校教育から与えられたものであっても，途中から自分の動機に「すり替われば」，それも探究活動として成立する。こうしてみると，探究活動をすれば物理なり理科なりに興味を持つ（または職業としてそれらを用いる）人が増えるという論理は順番が逆であるとわかる。物理や理科そのものを「自分事」としてとらえることからそれが探究的に深められていくのであって，それを抜きに物理や理科の有用性を強調されても，「確かにすごいけど…」ということにしかならない。大学以降の研究と比較しても遜色のない探究活動も存在するが，そうしたものですら，「自分事」から出発したものではなく，「こういうテーマが好まれるらしい」という動機で行われたものも見受けられる。残念ながらそうした「外からの動機づけ」で行われる探究は「お行儀」がよく，どこか息苦しい。

1.4　マニュアル化された実験活動：はみ出すことが許されない物理

『未来人材ビジョン』は探究活動にクローズアップしているが，それ以外の学校の授業はどうだろう？一方的な知識伝達型の授業が探究的でないとみなされるのはある程度納得がいく（実際はそうしたタイプの授業でも「自分事」にすることはできる。具体例は3節で述べる）。そうした座学形式の知識詰め込み型教育の反省から，現行の授業では実験に多く時間を割くようになっている。先にも述べたように，理科嫌いでも実験の授業を好む生徒は多い。しかし，実は実験の授業だからといって必ずしも探究的ではないのである。例として小学校5年理科の「振り子」の実験について取り上げる。

「振り子」の実験では，ガリレイによって発見された「振り子の等時性」について学ぶ。等時性とは，振り子の振動の周期が振り子の長さのみで決まり，振り子につけられたおもりの質量や，最初にどのくらいの角度で振り始めたかにはよらないという性質である。実際には，等時性が成り立つのは鉛直方向からおよそ40度より小さい角度で振り始めたときだけであり，高校ではその点も必ず言及する[2)]。

小学校で振り子を取り上げるのは，等時性そのものよりも，「振り子の長さ」「つけられたおもりの質量」「最初に振り始めたときの角度」という3つの要素のうち，何が周期を決めているのかを絞り込む方法を学ぶためである。たとえばおもりの質量と最初の角度を固定し，振り子の長さだけ変化させたとき，周期がどうなるかを観察する。この解析法を条件制御と呼ぶ。

振り子は「複雑に絡み合ったものの中から本質を引き抜き，普遍的な法則を見出す」という，科学のお手本のようなものであり，探究的な学びを提供することもできる教材である。しかし，教科書で書かれている振り子の実験では，振り始めの角度や振り子の長さなどが指定されており，しかもそれが「15度，30度」や「10度，20度，30度」のように等差的な値を取っていることが多い。しかし先述のように振り子の等時性は微小な角度であれば成り立つため，角度は6度でも17度でも23度でも構わない。およそ40度以下であれば何度でもよいのだが，そうした自由度はない。「親切」すぎて探究的でないのである。

また，児童たちは往々にして45度よりも大きい角度で振り始めたがるが，先述のように，振り始めた角度がおよそ40度より大きくなると周期がその角度に依存するようになる。すると等時性が破れ，教科書通りの結果が得られないことになるが，そうした体験は新しい学びの良い契機になる。そうした「はみだすこと」こそ主体的に世界と関わるきっかけであり，それを制限するなら，教育の方がむしろ自然に親しむことを阻害していることになる。

ところが文部科学省が提供している実験の手引書『小学校理科の観察，実験の手引き 詳細』を見ると，大きな角度で振り始める場合も実験例として提示しながら，「おもりの重さや振れ幅が，おもりの1往復する時間に関係すると予想や仮説をもった児童の中には，実験の誤差をおもりの1往復する時間が変化したととらえる児童がいる。これは，自分の予想や仮説に合うようにデータを処理しているからである。」（文部科学省，2011，p.110）と記されていた。探究的な姿勢を妨げるばかりか，物理学的に正しくない主張が掲載されていることは正直驚きである[3)]。

はみ出すことで生徒は主体的になるが，それを授業として成立させるためには「はみ出しても大丈夫」と思えるほどに教員がその分野について深く理解している必要がある。そして，教員自身が「はみ出した」経験を持っていなければならない。ところが教員が受けてきた教育が，そうした行為を禁止するものだったという問題がある。それは何に端を発するのか。私は「主観を尊重しない教育」があったのではないかと考える。次節ではこの点を考える。

2　なぜ物理の学習から主体性が失われてしまったのか

2.1　客観性信仰と素朴概念という批判

再び私の体験に基づく話になるが，私は現在の職場である東京学芸大学に移る前，国立群馬工業高等専門学校で教員を務めていた。工業高等専門学校（高専）は大学と同じ高等教育機関であるが，学生の年齢は異なり，高校1年生から大学2年生に相当する学生が在籍する（高等教育機関であるため，児童や生徒ではなく，学生と称する）。

その1年生の初回の授業では毎年「物理って何がしたい学問だと思う？」という質問をしていたのだが，学生からは「世界の真理を見極めたい！」といった回答がよく寄せられた。そこには物理に対する期待のようなものも見えており，嬉しく思うと同時に，「そのイメージで物理を学び始めるとがっかりするだろうな」とも感じていた。というのも，そうした大上段に構えた目標があることは否定しないが，実際にできることといえば，よく言えば「実証性・再現性・客観性」という「科学的なものの見方」に沿った地に足のついたこと，悪く言えばとても地味で比較的単純なことばかりだからである。

期待が大きいだけに裏切られた時のショックも大きいのかもしれないが，物理に苦手意識を持っている学生は非常に多かった（小林，2013, 2015など）。物理をわかりにくくしている要因は先に挙げたようにいくつかあるが，力やエネルギーのように目に見えないものを扱うため，素朴概念が邪魔をするという問題もある。素朴概念とはたとえば，物体を真上に（鉛直上方に）投げ上げると物体はある程度まで上昇し，やがて下に落ちてくる。このとき，「上に向かって進んでいる間は，上向きの力を受けているのではないか」といった考え方のような，私たちがそれまでの人生経験から培ってきた「自然現象はこうなっているのだろう」という「自分なりの考え」である。「重いもののほうが軽いものよりも早く落ちるのではないか」とか，「一定の力で物体を引っ張ると，物体の速度は一定になるのではないか」など，さまざまなものがある。それらを表す語としても，「素朴概念」以外に「誤概念」や「子どもの科学」などがあり，使い分けは簡単ではない（新田，2012）。

素朴概念を払拭し，「正しい」概念を再構築することは極めて難しく，物理の試験で高得点を取る生徒や学生であっても，「計算はできるが，その物理に納得しているわけではない」ということはしばしばである。そこで素朴概念と矛盾するような現象を体験させ，葛藤を起こすことで「正しい」概念を再構築するための方法が多数提案されている。それは教育にとって当然のあり方だと思われるのだが，ことは単純ではない。先述のように，実はほとんどの方法において，正しい概念を理解することが，物理を学習することのモチベーションを増進することにはつながらない。わからなければ面白くないのは間違いないにしても，わかったからといって必ずしも面白くなるとは限らないのである。

元々，素朴概念という考え方は正しい概念の獲得を妨げる邪魔者というより，「子どもが世界と関わる最初のきっかけ」や「子どもが世界を見るための自分なりのフィルター」という意味であり，好意的に捉えられていた（Osborne R. and Freyberg P., 1985= オズボーン - フライバーグ，訳書，1988, p.218）。そうしたきっかけがなければ世界と関わることもないわけで，原初体験として重んじられてもいたし，そうした「素朴概念を持つのはなぜか」という研究も，そのようになる人間という存在を出発点としたものであった。つまり，「そうだよね，そう思うよね」と，その視点をまずは受け止めるところから出発していたのである。しかし，現代における多くの指導では，間違った概念を払拭し，正しい概念を理解させることに重きを置く「啓蒙的指導」が主になっている。

教員が，自らも物理を理解していなかったときのことを忘れてしまうことはよくあるが，その状態での指導は教科書や指導要領にある内容を教えることに傾注しすぎる「上からの指導」である。これは座学の講義でも，生徒のディスカッションを中心とした授業でも，教員が自分の経験の内側に視点をとらない限り同じことである。自分の思考過程や，困難を乗り越えてきた過程をトレースし，自分も生徒や学生と同じように躓いていたことを思い出せば，もっと素朴概念を大事にすることができるだろう。しかしそれをせずに「正しい答え」を教えることのみを目標としてしまうと，生徒からすれば自分には物理の才能やセンスのようなものがなく，「劣った考え方」を持っているのだという気持ちが植え付けられてしまう。その結果，たとえ理解したとしてもなんとなく劣等感に支配されてしまう。

「正しい答え」に導こう，導くべしという考えは現代の「客観性信仰」とも関連がある。村上靖彦が『客観性の落とし穴』で指摘するように，現代では自分の主観に基づく意見が受け入れられにくくなっている。定量化された数字やエビデンスなど，皆が納得する「客観的な解答」だけが正しいという風潮である（村上，2023）。数値化された情報は「他者と共有できる」という特徴を持ち，客観的だと見なされやすい。しかし，数値化された情報にも切り取り方の主観は必ず入るし，共有できる情報の方が他者と共有しにくい主観的情報より優れているとも限らない。小論文と感想文は違うものだが，どちらかのほうが優れているというものでもないだろう。問題なのは主観的な主張を自由にしにくくなっていることにある（細川，2021）。現代にはSNSで相互に監視し合い，平均化を促すシステムも存在する。そのせいで実際に存在するのかどうかもわからないものに怯え，忖度しながら意見を言う状況になっている。怯えるから余計に，ありもしない「無難な客観」に頼ろうとする。これが客観性信仰である。

そもそも真の意味での客観性はどこにも存在しない。物理法則ですら全て何らかの前提の上で成り立つ経験則であり，どんな状況でも必ず成り立つ法則は存在しない。たとえばニュートン力学は光速に近い速さで動く物体には適用できないし，水素原子程度のスケールにおいても成立しない。前者は相対性理論で扱わなければならないし，後者では量子力学の範疇で考える必要がある。そして相対性理論や量子力学もまた，あらゆるスケールで成立する理論かどうかはわかっていない。物理学に限らず，あらゆる科学理論は条件付きで成立する有効理論である。しかも観測者は必ず何らかの影響を対象者に及ぼす。「完全な客観」はどこにもなく，理論には適用範囲があることを知らなければいけない。

2.2 『華氏451度』の世界：最適化の落とし穴

「客観性信仰」は，学びの最適化とも関係がある。最適化というと，「個別最適な学び」が連想される。「個別最適な学び」は，今の教育課程において，次のような文脈で現れる（文部科学省初等中等教育局教育課程課，2021，p.1）。

> 学習指導要領において示された資質・能力の育成を着実に進めることが重要であり，そのためには新たに学校における基盤的なツールとなる ICT も最大限活用しながら，多様な子供たちを誰一人取り残すことなく育成する「個別最適な学び」と，子供たちの多様な個性を最大限に生かす「協働的な学び」の一体的な充実が図られることが求められる。

子どもたちの多様性を認め，誰一人残すことなく育成する教育は，当然手間も時間もかかる。そのためのICT活用でもあるわけだが，問題はその行先である。ゴールも多様であれば問題ないのだが，現実の教育はゴールをほとんど単一のものにしてはいないだろうか。つまり，「客観的な正解に向けて最速で進むための個別最適化」になっている可能性である。

個別最適な学びとは，現時点での自分を惰性的に延長させることではない。まして集団として社会や時代から押し付けられたものに最速で辿り着くことでもない。近視眼的な目的を置くのではなく，むしろ無目的にフローする中で，与えられた状況をさばいていく力を身につけるためのものである。フローに身を委ね，与えられたものからブリコラージュ的に（有り合わせのもので，臨機応変に）生きる指針を決めていくことは決して，「来るSociety5.0に対応できる人になる」といったことを意味しない。なぜならそれは，その時代で正しいとされているものに従うことではなく，その時代において客観的とされるものによって排除されてしまうものに目を向け，むしろ流れに抗う行為だからである。こうした振る舞いは，現在の自分にとって最も居心地のよい場所を探すこととは対極である。

たとえそこまでいかなくとも，自分のコンフォート・ゾーン（快適なところ）を離れ，少し居心地の悪いところに身を置くこと，すなわち窮屈な「型」を自分に課すからこそ「型破り」ができるようになる。対して現時点での自分にカスタマイズされた「最適な学び」だけを追求していくと，究極的には我流でしか学べないことになる。それでも受験のように，出題範囲が決まっていて，できる限り短い時間で期待された解答を出すことが求められるものを目標とするなら問題はない。そうした系は外部からの擾乱がある開放系ではないし，機械的な反復練習だけで成果を上げることができる内容で構成されているから，自分にとって心地よい環境で，誰にも乱されず学習（というよりも練習）を進めることが大切だからだ。しかし，私たちが直面しているのはそういうものではない。条件や枠組みが時々刻々変化し，外部とのやりとりも常に行われる中で，その都度対応する力である。そのためには自分の軸を自覚し，それを固めていく必要がある。そこには主観を追求した先に現れる，万人と共有できる，良い「問いが形成される土台」（宮野，2021, p.30）が現れるのだが，それは「わかりやすい正解」のような薄い客観性とはまったく異なる。

この強固な土台については次節で詳しく述べるが，その例として民俗学者の宮本常一が『忘れられた日本人』の最初に紹介している対馬のエピソードを紹介する（宮本，1984, pp.11-21）。この地域には重要なことは話し合いで決める慣習があるのだが，その話し合いが特徴的で，公民館のようなところに集まり，三日三晩泊まり込みで話し合うというのである。話し合いの途中には，主題とは関係のない雑談も続く。ところがそうした話し合いを行うと，不思議と三日三晩ののちには結論へと収束し，そこで決まったことは皆が納得して守るというエピソードである。

私たちが議論をする目的は，なにも相手の論の瑕疵を見つけて論破するためだけではない。研究の過程で論理の整合性を検証するためにそのような議論をすることもあるが，私たちが日常の場面で議論しなければならないのは，「あちらを立てればこちらが立たず」という事態が発生しているときである。それについて「これなら，まあいいか」と皆が言える妥協点や落とし所を見つけるために私たちは議論をする。体力的な限界を迎え，議論が自然収束するところまで話すことはそのための知恵であり，そこに至ると皆が納得する「強固な土台」が出来上がるのである。

当然ながら，このやり方は時間がかかる。Society5.0 的な，ハイスピードを必要とする時代にそぐわないと言われるかもしれない。しかしその考え方は本末転倒ではないだろうか。そもそもなぜ Society5.0 的な生き方が求められているのか。スピードを過剰に求めるこの傾向は，コスパ（コストパフォーマンス），タイパ（タイムパフォーマンス）至上主義とも合致する。近年さまざまなメディアで指摘されているように，現代では「ファスト教養」なるものがはびこり，映画や音楽も早送りや早回しで視聴する人が非常に多い（稲田，2022，レジー，2022 など）。私も自分が出演したＥテレのバラエティ番組「思考ガチャ！」にて「動画を早回ししてしまうワケ」としてこの問題を取り上げた[4)]。その中で映像学の北村匡平・東京工業大学准教授は，早回しは「飛ばすでもなく，すべてを見たい，知りたい。しかし時間はもったいないという最も欲深いやり方」であると指摘した。しかもできるだけ手軽に知識を手に入れ，深く思考する苦労はしたくないというわがままぶりも見て取れる。

このようにスピードに追い立てられ，真の教養からは逃げていく現代の様子は，レイ・ブラッドベリが描いた『華氏 451 度』の世界そのものである（Bradbury, R., 1953= ブラッドベリ，訳書，2014）。『華氏 451 度』の舞台は近未来，本を所有することが禁じられた世界である。主人公のモンターグは本を隠し持っている人から本を取り上げ，それを燃やすファイヤーマンという仕事に就いている。そのモンターグが命懸けで本を隠し持つ人と出会い，なぜこうした世界が訪れたのかを語る上司や，スピードやダイジェスト的で刺激だけを追求したメディアや薬物に溺れる人々などとの関わりから少しずつその世界に疑問を持ち，行動を起こしていくという SF 小説である。哲学者の戸田山和久が解説したように，『華氏 451 度』は本を所有し，知識を蓄えることが独裁的に禁止された世界を描いた，ディストピア小説ではない（戸田山，2021）。モンターグの上司が語るように，この世界はスピードに毒された人々が時間をかけて知性を育てることを拒否し，自ら招いたものなのである。これはコスパ・タイパを求める現代と同じであり，すでに私たちは『華氏451度』の世界にいるともいえよう。

『華氏451度』のような世界で物理を学ぶとすればどうなるか。物理は素朴概念と実際の結果が一致せず，わかりにくい。加えて第1節でも述べたように，物理は役に立つ「らしい」のであって，実際どのように役立つのか納得している生徒はほとんどいない。ならば公式の丸暗記をし，試験の合格や資格取得を目指す方がコスパ・タイパがよいということになるだろう。

学校で出会う「教科」はどれも，「学校でなければ，おそらく出会うことのなかったもの」だろう。その意味ではどれも，すぐに役立つものではない。ではなぜそれを学ぶのかといえば，たとえ自分が物理なら物理を使わなかったとしても，物理を使っている人，もしくは物理が使われている内容について一定の理解を示し，それが社会にとって有意義かどうかを考える足掛かりを持っている人になる必要があるからである。どの科目も何らかのことを考えるためのケーススタディになりうるという実利もあるが，それ以上に大切なのは，「誰かが大事にしていることを尊重できる器を育てる」ことにある。言うなればそれぞれが持つ主観を排除せず，一旦受け止めて考えてみる余裕を持つことだ。後の節で詳しく取り上げる，この受け止める力のことを教育学者の神代健彦は著書『「生存競争（サバイバル）」教育への抵抗』（神代，2022）において「享受能力」と呼んでいる。

社会学者の宮台真司氏が言うように，以前の日本には地縁や血縁というものが機能しており，少なくともその縁で結ばれた者同士には紐帯が存在していた。しかし，新自由主義の「今だけカネだけ自分だけ」的発想（堤，2023,p.46）が幅を効かせるにつれ，そうした紐帯すら崩壊し，気がつけば家族単位の結びつきすら壊れかけている。やがて自分以外「みな風景」（宮台・藤井，2022, p.31）となってしまうかもしれない。「興味のある人だけ学べばいい」の普及によって極端に人との摩擦を怖がるようになってしまったこともあり，私たちは主観を述べることに臆病になってしまった。誰からも文句が出ないと思われる，当たり障りのない「客観」を求めるようになってしまったのである。

そうした百科事典的な客観を求めることは単なる知識の詰め込みであり，それに抵抗する形で探究活動のようなものが望まれてきたのではなかったか。体験を通じ，主観という自分のフィルターを通すことなしに得られた知識は，生成AIなどの発達により今後ますます「使えない知識」になる。「誰か専門家がそう言っているらしい」という知識だけを集めた，うわべだけの科学的態度はむしろ，厳しく遠ざけるべきものである。ではどうしたら，当たり障りのない客観ではない，自分事から出発した学びができるのだろう？　次の節ではその「叩き台」として私の実践例を紹介する。

3　主観を取り戻す：道具としての物理学から一旦離れてみる

3.1 主体的に生きるための学問

教壇に立ったことのない人でも，授業の導入部がいかに大切であるかは容易に想像がつくだろう。教員と生徒が目的意識を共有できれば，あとは教員がいちいち何かを指示しなくても生徒が勝手に学習を進められるようになる。その意味で，どうやって目的意識を共有するか，すなわちどんな導入部を作るかは極めて重要なことであるが，前の二つの節で私が述べてきたことはこれよりもさらに一段深いところに関係している。すなわち，「学びを自分事にする」ということは，「なぜ今日，ここで，この単元のこの内容を学ぶのか？」に納得しながら学習を進めるということではなく（もちろんこのことも非常に重要だが），「そもそもなぜ自分は学ぶのか？」という，人にとって学びとは何かという問題に関わることである。ここまで深いレイヤーに下がることで初めて，物理学における主観や主体性を取り戻すことができると思われる。というのも，「なぜ今日，ここで，この単元のこの内容を学ぶのか？」という問いにはどうしても「役に立つ·立たない」という意識が働いているからだ。そのレイヤーではまだ，「その学びは重要であるらしい」という「当たり障りのない客観」に基づく議論になってしまうのである。そこで学問が持つ，「役に立つ・立たない」という社会的有用性から一旦離れ，学問としての物理学に戻ってみたい。

いうまでもなく，あらゆる学問はこの世界に対する何らかの視点を持ち込み，その範囲の中で法則や規則を見出すものである。そこから普遍性と多様性が浮き彫りになる。では，私たちがそうしたものを求めてしまうのはなぜだろうか。単にそれによって私たちの暮らしが便利になったり，豊かになったりするということだけではあるまい。私はそれが，私たちは常に「遅れてきたプレーヤー」

だからではないかと考える（小林，2018)。誰にとっても，世界は生まれる前から存在し，生まれたと同時にその世界で生きていくことを余儀なくされる。その自然の法則も社会の規則も，私たちが生まれるより前から存在し，それに従って生きていかなければいけない。たとえるなら，ルールを知らない競技に突然放り込まれ，プレーをさせられているようなもので，どうやったら勝てるのか，何がペナルティなのかもわからないまま，とにかくプレーし続けるしかない。そんな環境に自分が置かれれば，「これは何の試合なのだろう。どんな競技で，どうやったら勝てるのだろう」と疑問に思っても無理はない。生きていくことは，それに似ている。

自分がルールもわからない競技をさせられれば，何とかしてそのルールを理解し，主体的に行動できるように誰しもあがくだろう。学問とはまさに，この世界で生きていくという，よくわからないプレーを主体的に行うためのものではないだろうか。もちろん，学問によって競技，すなわち世界の全貌がわかるわけではない。しかし古今東西，多くの人類が，そうやって自分が放り込まれた世界を少しでもわかろうとしてきたことは間違いない。その取り組みは「この世界は美しい」（あるいは極めてうまくできている）という結論に結びつくこともあれば，「世界は優しくない」（あるいはあまりうまくいっていない）という実感に結びつくこともある。しかし，いずれも主体的にこの世界を生きる，人間としての自分を取り戻すための営みである（むしろ初めて手に入れるための営みというべきかもしれない)。実は，その営みの先に結実したものこそ学校で学んでいることであり，「教科書レベル」と低く見られるものどころか，人類が苦心して掴み取った叡智の結晶である。この点を学校教育で強調すべきではなかろうか。というよりも，本来の学問が持つ輝きとも呼べるものを発現させれば必然的に学校での学びが輝き出す可能性がある。そのための具体的方法として，私は「貫く視点」と「俯瞰する視点」を意識した授業を実践してきた。前述の「振り子の等時性」を例に，これらについて説明する。

3.2「振り子」の貫く視点：源流を考えるという深化

第１節で述べたように，振り子の等時性を小学５年生で学ぶ意義は，指導要領的に言えば現象に本質的に関わる物理量を見出すための手法，すなわち条件制御の習得にある。振り子の等時性そのものや，周期が振り子の長さの平方根に比例するという知識を得ること自体はその副産物である。では，条件制御の習得以上に振り子について学ぶ意義はあるだろうか。ガリレイによる等時性の発見により振り子が時計に使われるようになったことは，話の枕として教科書にも書かれている。時計として使えるから振り子は有用だったという歴史的事実である。しかし，現在では振り子時計は作られてもいない（振り子時計のように見せた時計はあるが，内部に電動モーターが入ったものしか制作されていないそうである)。その意味では，等時性以外に振り子について学ぶ意味はなさそうにも思える。

だが，振り子を学校物理でなく「物理学」の範疇まで広げて考えると事情は一変する。高校で学ぶように，振り子は単振動という運動の基本的な例である。単振動とは，等速で円運動する物体の影の動きである。この運動は，図 1-3 のように数学で学ぶ三角関数の sin（サイン), cos（コサイン）を用いて表される。単振動は周期運動のもっとも基本的なものだが，多くの周期運動はいろいろな単振動を重ね合わせれば表現できることが知られている。

そうした振動の重ね合わせが現れた現象のひとつが虹である。虹の元となる光は電磁波と呼ばれる波の一種で，電場と磁場が振動しながら互いを生成し，進んでいく波であるが，それらの運動もまた単振動の集合である。波の山から山，谷から谷までの長さを波長と呼ぶが，光の波の波長が異なると私たちの目には色が異なって見える。さまざまな色の光が重なると白色光に見えるが，それがレンズや水滴などによって屈折し，色ごとに少しずつ異なる角度でずれて進むことによって，色別に分かれたものが虹である。このため虹という現象を理解しようとすれば，振り子の単振動について理解しておく必要がある。虹を形作る光に限らず，水分子の振動である水面波も，空気分子の振動である音波も，地面を伝わる地震波も，あらゆる振動体の運動の基本には振り子の振動がある。

また，振り子の振動は原子や分子など，ミクロの世界を理解するためにも必須である。原子はそれぞれが特定の色の光を出したり吸収したりすることが知られているが，なぜそうした現象が起きるかは量子力学を用いることで説明できる。原子内の電子などの状態はシュレディンガー方程式という方程式を解いて得られる波動関数から定まるが，波動関数は振り子の振動を表す sin, cos で書かれた関数が複雑になったものであり，その基本はやはり振り子にある。

小学校の授業を作る際，仮にこうした話を知っていたらどうなるだろうか？当然ながら小学生に量子力学を理解させることができるわけではないし，無論

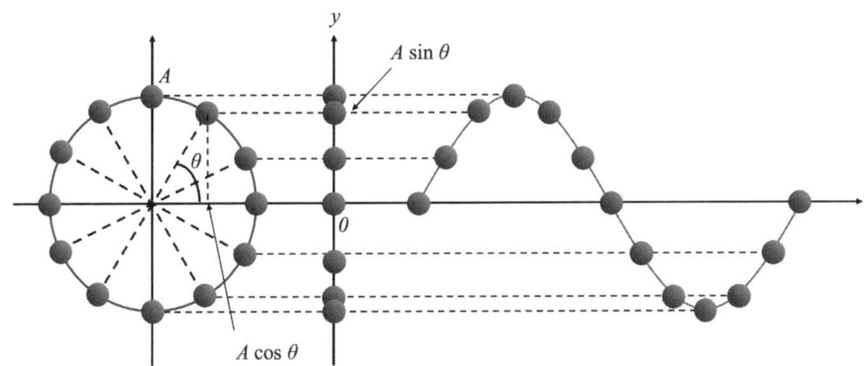

図 1-3　単振動，sin, cos，およびその背後にある等速円運動
（出所：筆者作成）

その必要もない。しかし，今授業で学んでいることが単に「条件制御」という手法を習得するだけのものでなく，まして「振り子の等時性」という事実を知るためだけのものでもないとわかれば，授業の展開は自ずと変わってくるのではなかろうか？振り子の源流には「波動・振動という周期運動」という世界があることを教員が知っていたら，単に実験して等時性を確認するだけの授業ではなくなるのではないかと思うのだ。少なくとも教員自身が，今教えていることの背景を深く理解していることは極めて大きい。教科書に載っているガリレイのエピソードだけでなく，虹の話やミクロの世界の話もするかもしれない。

また，周期性と時計の関係を強調することもできる。これは単に時計の歴史を追うという意味ではなく，「時計として使えるものの物理的本質はどこにあるか？」という意味で源流を辿るものになる。一過性の現象は時計としては使えないが，日時計でも水時計でも，繰り返す（ことができる）現象であれば何でも時計になりうる。極端な話，腹時計も時計になるのだ（便利かどうかはともかくとして）。ではその中でなぜ振り子が時計として広く使われるようになったのか。ここで初めて等時性の発見が歴史の中で果たした役割が見えてくる。「振り子の長さを等しく揃えておけば，同じ周期で振動する振り子」ができるということは，世界に「共通の尺度」をもたらしたのである。これがいかに革命的な発見であったかは容易に想像できるだろう。日時計のように季節ごとにずれることもなく，腹時計のように不正確な時計でもなく，誰にも共通の時間の尺度が作れるようになったのだ。ちなみに振り子の紐の長さを 25cm にすると周期はおよそ1秒となる。つまり「紐の長さが25cmの振り子が1回振動する間の時間を1秒とする」という，時間の定義すら可能になったことを意味する（これはたとえであって，1秒の実際の定義ではない）。

このインパクトを強調することができれば，より精密な時計の進化について授業を展開することができるようになる。歴史的には，振り子時計は1920年代にクォーツ（水晶）時計が発明されるまで，最も正確に時を刻む時計として使われていた。水晶には，電圧をかけると一定のペースで振動する性質がある。これを圧電効果という。この振動のペースは非常に精度がよく，狂いが生じにくい。そこでこれを組み込んだ時計が作られたのである。振り子時計はどうしても摩擦などで少しずつ減衰したり，周期が狂ったりすることが避けられなかったが，クォーツ時計はそうした誤差が非常に小さいのである。

狂いが少ない時計を作りたいという欲求の先に，原子時計が誕生した。これは原子や分子から出る光（スペクトル線）が一定のペースで振動していることを利用した時計である。現在最も精度の高い原子時計は3000万年に1秒程度の誤差しか生じない。この方向での研究はさらに発展し，現在では光格子（ひかりこうし）時計というものも開発された。原理は割愛するが，これは300億年で1秒の誤差しか生じない。宇宙が生まれてから現在までが138億年であるから，宇宙年齢だけ経過しても1秒も狂わない時計がすでに作られているということになる。

これだけ正確に時を刻む装置ができると，他の科学分野の研究も一気に進む。たとえば，重力の効果で私たちの足元に流れる時間と頭の方に流れる時間とは進み方が異なることが相対性理論からわかっている。しかしその誤差は極めて小さく，これまではその検出は不可能であったが，光格子時計の発明によりわずか1cmの高低差により生じる時間の進み方のズレも検出できると考えられている（2024年1月現在，東京スカイツリーを利用し，450mの高低差で時間の進み方のズレが検出されている（日本経済新聞，2020））。この発見も，振り子時計の延長，その遥か先に誕生したものである。こうした事実を教員が知っていたら，おのずと授業の組み立ては変わってくるのではないだろうか？時を計るという，振り子の源流をたどることから見えてくる授業展開があるのではないだろうか。私は大学での講義はもちろん，小中高向けの授業や，前任校である高専での授業でもこれらのことを講義に組み込んできたが，振り子から広がる思いがけない世界に児童・生徒・学生たちは皆強い興味を示した。群馬高専では，私は7年間の勤務のうち初年度を除き6年連続して学生と同僚の教員からの投票でベストティーチャーに選ばれた。私の担当クラスの平均成績が毎年最も良くなることから，その理由を考察したこともある（小林，2013，2015)。いま学んでいることの源流まで遡ると壮大な世界が見えてくる。児童や生徒にこの視点を与えたり，この見地から教員が授業を組み立てたりすることの直接的な効果はまだまだ検証ができていないが，何らかの役割を果たしているとは言えるだろう。

3.3 俯瞰する視点：ケーススタディとして各教科を見るという学際的拡張

今紹介した「源流を辿る」という方向は言うなれば垂直方向への深化だが，次にもう一つの方向性，水平方向へ拡張するやり方もある。すなわち「振り子」の学際的拡張である。すでに述べたように，振り子の等時性の発見は「共通の尺度」を与えたという歴史的意義があった。この「共通の尺度」を軸にすると，各教科を学際的につなげることができる。

たとえば歴史の分野においても，共通の尺度の発生は重要な意味を持つ。私はその例として秦の始皇帝の画像を見せることにしている。始皇帝が活躍した戦国時代の中国は戦国七雄と呼ばれる7つの大国が中心となり覇権を争っていた。他の6国を滅ぼして統一王朝を作ったのが始皇帝だが，始皇帝はその後，度量衡の統一を行なった。今で言う長さの単位であるメートルや，重さ（質量）の単位であるキログラムなど，計量の単位を揃えることで，中華全体で共通の尺度を作ったのである。また始皇帝は文字の統一や馬車の軌道の幅も揃えることで，スムースな商業活動を可能にした。現代では海外との物流にコンテナが使われているが，万国共通のサイズに規格化されたコンテナが発明されたことで，積荷の上げ下げは劇的に効率化され，スムースな貿易が実現された。言うなれば始皇帝の行ったことは，現代でいうコンテナの発明と同じことである。「共通の尺度」という観点は，このように歴史や経済でも重要な役割を果たす。

また逆に「共通の尺度」が持つ暴力性について考えさせる授業を作ることもできる。私が講義で見せるのは富士山についての二つの写真である。一つは横から見た台形的な富士山の画像，もう一つは上から俯瞰的に見た富士山の画像である。

図１－４：横から見た富士山と俯瞰的な視点から見た富士山
（出所：WikimediaCommons）

二つを並べ，「鳥瞰図のような形の富士山を想像する人っていうとどんな人が思いつく？」と聞いてみると，大学生たちは飛行機やヘリコプターのパイロットなどをすぐに挙げる。そこで私は，そういう人たち以外にも，目の不自由な人たちも鳥瞰図のような富士山を思い浮かべるということを言う。伊藤亜紗が『目の見えない人に世界はどう見えているのか』で詳しく述べているように，目の不自由な人は模型を手で触って，富士山の様子を知るそうだ。そのため，むしろ鳥瞰図的な形の富士山を思い浮かべるそうなのだ（伊藤，2015, pp.64-67）。

続けて私が「じゃあ，台形的な富士山と，鳥瞰図で見た富士山，どっちが正しい富士山？」と発問すると，どっちが正しいも間違っているもないと学生たちは気づく。ここで考えさせたいのは「共通の尺度」といっても，本当の意味での「万人に共通の尺度」などそもそも存在しないということである。

この点から見直すと，そもそもの振り子時計の誕生による「共通の尺度」も，科学法則という意味では普遍性があるが，それが導入されたことがのちに個人個人が自分の時間の尺度で生きることを許されなくなったことへと繋がり，限られた時間で最大の効果を得るために，産業革命期のイギリスなどの例でよく知られているような児童労働等にも繋がっていった可能性にも関連させることができるかもしれない。「共通の尺度」を軸として，あらゆる教科をケーススタディとする学習が可能なのである。

私は自分の専門である物理や理科を出発点として展開したが，各教員がそれぞれの授業で，自分の専門を出発点として同様に展開させることができるはずである。自分が特に力を入れて学んできた科目やテーマがどういった重要性を持つかは，その他の科目とのつながりや，実社会にどのように埋め込まれているかを知らないと判断しようがない。物理学で言えば，物理学の重要性を知りたければ物理学と物理学以外とのつながりを知らなければならないのである。どこで聞いたかは忘れてしまったのだが，生物学者の福岡伸一さんがこのことを，「パズルのピースは，そのピースの出っ張ったところやへこんだところ，すなわち「他のピースとの繋がり方」で特徴付けられるように，自分とは何かを知りたければ周囲とどのように繋がっているかを見ればよい。自分の中に閉じこもって自分探しをしたところで，自分が何者かは決してわからない」といったことをおっしゃっていたのを覚えている。言い得て妙である。実はこうした視点を持つことこそ，真の意味で「個別最適な学び」に必要なものでもある。経済発展のためには規格を揃えることが効率的かもしれないが，人が自分の生を生きるためには，それぞれ全く違った仕方で世界を認識していることを最初に知らなければいけない。

「分野横断的授業」は現在非常に注目されており，現実的な社会問題解決のために必要とも考えられている。SDGsに代表されるそうした問題は複合的であり，「あちらを立てればこちらが立たず」が基本なので，いくつかの分野の知見を集めれば解決できると期待されているからだ。技術的困難に限ればさまざまな分野の知見を組み合わせることで解決できることもあるだろう。それはそれで素晴らしいのだが，たとえばSDGsの問題ひとつとってもそれが解決しにくい根本理由は，私たち人間が持続不可能な（unsustainable）生き方をしてしまう傾向にあるからである。unSDGs的な生き方の方が楽な部分があるのだ。新自由主義がはびこりやすいのもそれが理由で，「今だけ，金だけ，自分だけ」という考え方はある意味で「非常に魅力的」なのである。人間が持つ「将来得られる報酬よりも目の前の報酬の方に魅力を感じてしまう性質」を行動経済学では「現在バイアス」と呼ぶ。これは，先にある試験のために勉強しなければと思っていても，動画などの娯楽についつい手を伸ばしてしまうという，本当に誰にでもある性質のことである。「試験での成功」という先の目標より，「今動画を見たい」という目の前の欲望を満たすことの方が魅力的に感じられるのは，意志が弱いとかいうことではなく，人間であれば普遍的に備えている特徴なのである[5)]。こうした，人間が本質的に持っている欲望を直視しなければ，いくらさまざまな分野の成果を切り貼りしても根本的解決には至らないであろう。

対して，私がここで提案している学際的見方，すなわち「各教科をケーススタディとして見る」見方は，問題解決のための学際というより，どの分野，どの科目にも普遍的な問題意識や重要な点があり，共通する強固な土台を取り出そうというのが目的である。そこにはもちろん文系も理系もない。私たちが同じ人間存在である以上，同じように抱える問題が浮き彫りになる。

このことは「相手の分野の哲学に敬意を払う」ことに繋がる。京都大学学際融合教育研究推進センターの宮野公樹は前出の著書『問いの立て方』の中で，各人の問いの前提に着目すれば,「個人の好みの問題」や「その時々による問題」を乗り越えていけると主張している（宮野，2021, pp.52-54)。各人の意見の背後には「仕事観」や「社会観」「人間観」といった観念があるが，その観念を作り出しているのは環境や文化,制度やゲノムなどまで含めた広い意味での「歴史」であり，その歴史の発生源には「私たちはこの時代に存在している」という紛れもない事実，すなわち「存在」という強固な土台があるという。この土台はもっとも普遍的で，私たちすべてに共通のものである。どの分野にも「なんだ，同じじゃないか」という想いを抱けること，これが他者理解につながり，「物理を理解する人を育てる」だけでなく，「物理に理解がある人を育てる」という目的にも適うようになる。学際はいいとこ取りやつまみ食いのために使うのではなく，相手の哲学に敬意を払うために使うべきではないか。生成 AI の登場によって，つまみ食いが容易くなった現在ではなおさら注意しなければいけない。

学際的に他分野を行き来することは，主体的な姿勢に一見思えないかもしれない。しかし実際はその逆で，いくつかの分野を行き来することで，自分の特性が浮き彫りになる。すなわち「自分は何が見たいのか」が明らかになるのだ。

たとえば私たちが今研究室で開発している授業に，小学校 4 年生理科で学ぶ「水のゆくえ」を扱ったものがある。水が川から海へ注ぎ，蒸発して雲から雨として降り注ぎ，再び山間を川になって流れて…，といった水の循環について学ぶ単元である。この単元を「水の循環」や「砂と土とではどちらが染み込みやすいか」といった事実の学習で済ませることはもちろん可能だ。しかしこの単元は同じく小学校 4 年の社会科で学ぶ「水（飲料水）はどこからくるのか」の単元ともちろん関連している。令和 2 年度版の検定教科書は 3 冊出版されているが，そのうち教育出版『小学社会 4』と日本文教出版『小学社会 4 年』では自分に 1 日どれだけの水が必要かを見積もるという，「自分事」にした学びから単元が始まっている（大石ほか，2021, pp.52-53, 池野ほか，2021, pp.42-43)。残るもう 1 冊の検定教科書である東京書籍『新しい社会 4』では，自分の住む土地で使われている水の量を調べるところから始まっており，「自分」から出発する前の２冊の教科書に比べると「自分事」を学びの出発点とする意識が少し希薄であるようにも思えるが，いずれにしても理科に比べ，社会科では「自分がこの世界に生きている」ことをより強調している。理科でも同じ出発点から始めれば，理科の指導内容である水の循環の理解も深まるのではないか。なぜなら，突き詰めれば水分子が気体・液体・固体の三態を取りながら地球上を循環するという「水をモノとして見る視点」に加え，水の処理や取水にどれだけの労力がかかるかといった人間社会と水との関わりが加わることで，「水と自分との付き合い」が見えてくるからだ。逆に社会科にとっては，日常社会というスケールを大きく超えた，地球規模での循環という視点を手にいれることにつながり，これはやがて国際問題を考えることにも繋がっていく。「そうしたことは理科と社会でそれぞれ学ぶのではないか？」と思った方もおられるかもしれないが，「さまざまな教科を学べばそれが個人の中で融合される」という希望的観測は予定調和論と呼ばれ，そう簡単にそうした融合が起きないことはよく知られている。大学というさまざまな知の集合体から，そうした調和が起こっていないことこそ，皮肉にも予定調和論が当たっていないことの証明である。第１節で紹介したキャリア教育とお金の例も同じだが，「自分はどうなのか？」を問うところから始めないと，その事実の存在を理解しただけで終わってしまう。逆に，自らの主観に基づく体験を大事にすることから始めると，自ずとゴールも変わってくる。事実の理解だけで終わりようもなく，自分にとってどうだったのか，もっと言えば「自分とは何者なのか？」に行き着くのだ。

私はよく講義で，３枚の手の画像を見せる。一つは目で見た手の画像，もう一つはＸ線で撮影したレントゲン画像，最後は赤外線で写したサーモグラフィーによる温度がわかる画像である。それらがどれも自分の手の画像だったとして，「どれが本当のあなたの手ですか？」と問われれば，あなたはどう答えるだろうか。可視光，Ｘ線または赤外線と，見る「道具」によって見え方は違うが，どれも自分の手の画像には変わりない。「何を以て観るか」で結果が違うだけである。何を以て観るかは，自分が何を見たいかによって変わる。物理学的には観るという行為は電磁波や粒子線と物体との相互作用であり，物体のどういった側面を見たいかに応じて観るための道具を変えていかなければならない。そうした道具の選択は「主観的」なものであり，その主観ごとに応じて結果が立ち現れてくるのである。誰にとっても「客観的」と思ってもらえるものを探す姿勢は，物理学らしくないとさえ言えるのである。

4 学ぶことそのものが喜びとなるカリキュラムへ向けて

4.1 享受する力の育成

たしかに，学校での学びはそのままでは役に立たないだろう。なぜならば学校で学ぶことは，漢字や九九のような，何をするにも基本となる知識と，さまざまなものをテーマに学ぶ「学び方」の二つだからである。前節で述べてきたようにあらゆる教科はケーススタディなのである。

自分の生活がどれだけルーチンワークのように思えても，本当の意味で毎回同じことが繰り返されることは決してない。私たちは毎日新しいことに出会っており，すべてのことは一過性である。しかしそうした出来事にも共通部分や普遍的な性質を見出せる場合があり，その本質を掴めば前の経験を活かすことができる。出来事に普遍的な性質を見つけ，一般化された法則を見つけるという，科学の定石は私たちが生きていく上で指針になる。

そして新しい科目と出会い，それに習熟するという学びのプロセスは，毎日出会う新しいことから何らかの本質を抽出し，自分の血や肉にしていくということと全く同じである。私たちは期待通りのことに遭遇するわけではないが，そうした思わぬ出会いをどう受け止めるか，その力を育成するために学校での学びは存在している。これも繰り返しになるが，「教科書レベル」の学びに社会的有用性がないと決めつけるのはあまりにも浅はかである。

先述のように，教育学者の神代健彦は『生存（サバイバル）教育への抵抗』（神代，2020）の中で，何かを受け止める力のことを「享受能力」と呼び，これを育成することの重要性を強調している。昨今はイノベーターを育てる教育がもてはやされているが，その背後には何らかのイノベーションや技術革新によって社会問題が解決されるのではないかという，問題を未来へ先送りする姿勢と，イノベーションをもたらす人の方がそれを受け止める人よりも「上位」であるという発想がある。探究活動にもこうした「イノベーター育成」や「起業家マインドの育成」につながるものをもてはやしてしまう傾向がある。こうした楽観論や子ども達への無責任な押し付けは，学問そのものの軽視でもある。学問は洋の東西を問わず，極めて多くの人間が関わり，作り上げ，時代の風雪に耐えて残ってきた，いうなれば「究極の芸術作品」のようなものだが，それらが軽視されているのだ。確かに経済的価値という一元的基準で見れば，学問を修めたからといって何の意味があるのかということになるだろう。学問は必ずしも経済的価値に直結しないからである。しかしこのことは逆に，経済的価値という指標を外せば，学問や知性が不当に貶められる理由はないということでもある。 神代は次のように述べている。

> … つねに生産を消費よりも上位のものと決めてかかるような発想には再考の余地がある。特に教育において，すべての子どもを消費よりも生産にコミットする人間に育てるということは，誰も食べてくれない食品の生産者，誰も使ってくれないモノやサービスの担い手，誰も鑑賞してくれない芸術作品の作者を育てることになりはしないだろうか。そんな風にして供給過多となった生産者たち，つまりは小さな資質・能力たちが，過剰な緊張と競争の人生を強いられているとしたらどうだろうか。（神代，2020, p.224）。

実業家のデレク・シヴァーズは「ムーブメントを起こすには２人必要」とも言っている（Sivers, 2010）。何かを立ち上げる人間と，それを面白いと思い続くフォロワーがいなければ，せっかくの面白いことも広まってはいかないのである。何度か述べたように，「○○を理解している人を育てる」ことと同じくらい重要なのは，「○○に理解がある人を育てる」ことなのだ。

学校には，自分ではやっていないかもしれないが，他の人がやっていることを面白がれる力，すなわち享受する力を育成するための場という意味がある。学校での学びは，学校でなければほとんど出会うことのないものばかりだが，それを面白がれるとどうなるか。配合を間違えて弱い粘着力の接着剤を作ってしまったスリーエムの研究員スペンサー・シルバーは、それを応用して何度も貼り直しが可能な付箋を発明した。この例のように，思わぬ偶然で，幸運に転化するようなもののことを「セレンディピティ」と呼ぶ。松岡正剛氏は、セレンディピティとは「迎えにいく偶然」であると述べている（松岡，2009）。こちらに準備がなければ、いかなる偶然も素通りしてしまう。素振りを続けていたからこそ絶好球をホームランにできるように，こちらに受け止める力がなければ偶然を幸運に転化することはできない。そうやって自分から働きかけてプラスにするという意味が「迎えにいく偶然」という表現には込められている。享受能力とは，出会いという偶然を「迎えに行こうとする意志」の源である。

前節で述べた「相手の分野の哲学に敬意を払う」ということを根本とした学際的拡張は，まさに享受能力の育成に直結するものである。分野横断的問題解決は，さまざまな分野の「いいとこ取り」であって，自分以外の分野の考え方を尊重しているわけではない。実はかく言う私も，教育学や文化人類学の研究者と共同研究を行うまでは，「$N=\infty$の研究」と「$N=1$の研究」の違いが理解できていなかった。私たち物理学の分野では，できるだけ多くのサンプルから普遍的な法則を抽出しようとする。サンプルの数は多ければ多いほどよい。すなわちNをサンプル数として，「$N=\infty$」が好ましいと考える発想に基づく。

一方で，教育学や文化人類学では，サンプル数が多いことを必ずしもよしとはしない。仮にたった1回の事例や，たった1人の人物に関することであったとしても，その背景を事細かに掘り下げ，記述していく。言うなれば「$N=1$」という一過性を大事にする学問である。振り子の例で述べた条件制御というやり方は，変数を絞り込むことで本質を抽出しようする研究手法だが，逆に「$N=1$」に着目するやり方は「条件a,b,c,……のすべてが成り立つときには，こうした現象が起きる」という研究手法であり，条件制御に対して「条件開示」というべきものである[6]。もちろん，統計的・定量的な研究もたくさんあり，それらも大きな成果を挙げている。しかし，どれだけ多くの生徒にうまくいった教育方法だとしても，目の前のこの生徒にその方法が有効かどうかはわからない。$N=1$を大切にしなければいけない場面は多々あるのだ。

翻って物理学を考えてみると，実は物理学にも$N=1$を大切にすることはある。普遍性は多様性とネガ・ポジの関係にあるから，普遍性という共通部分に注目すれば，多様性という「ズレ」の部分にも目がいくのは当然である。しかも，先述のように，物理学とは「何を以て何を観るか」であるから，その都度その都度自分というフィルターをかけた相互作用について敏感でなければいけない。摩擦のあり・なしや，空気抵抗のあり・なしを考えることは，$N=1$を真剣に考えることと同じなのである。

相手の分野の哲学までわかるためには，単に問題解決のための切り貼り的な分野横断では不十分であり，相手の分野にどっぷり浸かるくらいの覚悟が必要になる。我々研究者のレベルでそれを行うのは非常に難しいかもしれないが，実は学校教育は学際学生成の場となりうる。本来子ども達が物事を見るとき，教科ごとのやり方で見るわけではないからである。

4.2 物理学の視点と「モノに心はあるか」

「良い問い」を生成するには堅固な共通の土台が必要になる。それは「存在」まで深掘りすることによってなされるのであった。「存在」というレイヤーまで掘り下げることは，これまでの私たちの史観を覆すことにもつながる。

現代において環境問題が喫緊かつ重要な問題であることは間違いないが，なぜ私たちは「環境を破壊したくなる」のだろうか。SDGsのところでも述べたように，私たちには「持続不可能」な生活を維持したくなる傾向があるように思える。この点を考えるヒントとなったのが，独立研究者の森田真生が私とのトークセッションで述べた，「私たち人間は意識があるものを上位に考えているのではないか」という発言であった[7]。森田は拙著『宇宙の見え方が変わる物理学入門』（小林, 2021）を読み，「小林さんの本はモノへの敬意に溢れている」という言葉を寄せてくれた。言われるまで自分では意識していなかったのだが，私たち物理学者は，機械や石は言うに及ばず，水や風，原子や電子といったものと人間をある意味で区別しない。いずれも物質から構成されるという意味では同じだからである。これは「どんなものにも魂が宿っている」といったアニミズム的な同一視のことではなく，物理学の視点からすれば「意識のあるものが優れている」という見方に与しないことが可能であるということだ。

これに関連して，比較心理学・動物行動学を研究する森山徹・信州大学准教授らによる「モノに心はあるか」という大変に興味深い研究がある。森山は「ダンゴムシに心はあるか」という研究からスタートした。著書『ダンゴムシに心はあるのか』（森山, 2011）によると，迷路にダンゴムシを閉じ込めたり，接着剤で触覚にストローをくっつけたりするなどして，ダンゴムシを追い込むような状況を作る。それを長時間観察すると，水路を超えて向こう岸に渡ろうとしたり（ダンゴムシは昆虫と同じく気門が水で封じられると窒息してしまうので，水に入ることを嫌う），ストローで長くなった触覚を用いて普段より大きい段差を移動したりといった，通常は見せない行動をダンゴムシが取るようになるのである。他にも，2匹のダンゴムシのお尻に糸をくっつけ，互いに糸を引っ張りあって身動きできなくなるような状況を設定するという実験もあった。このときは驚くことに，1匹のダンゴムシがもう1匹を背中に乗せて歩き出したのである！ご存知のように，ダンゴムシは私たちが触ると丸まってしまう。他の動物から触られることを嫌う生き物である。それが別の個体を乗せて歩き出すというのは，自然界では通常は見られない行為である。まるで2匹が協力するようなその行動に，私たちは「ダンゴムシにも心があるのでは？」という思いを抱くのである。

森山らはこうした「普段は抑制されていて，発現しない行動可能性」のことを「行動抑制ネットワーク」と呼び，これが心の正体ではないかという仮説を立てている。この研究が発展し，森山らは石のような「モノ」にも，行動抑制ネットワークが存在し，心と呼ぶべきものがあるのではないかという仮説の下，研究を進めている(森山，2017など)。

こうした研究を行うのはとにかく時間がかかる。森山がダンゴムシに対しておこなった実験もそうだが，まずはダンゴムシの特性を理解するまで「付き合い」，その上で，普段は隠している行動可能性を引き出す働きかけを何度も繰り返し行わなければならない。実験対象を知り，適切な働きかけを長時間にわたって行わなければ，心らしきものを見せてもらえることはないのである。

私たちのライフスパンと石のライフスパンとではだいぶ違いがあるが，もし，石の「人生」を動画で撮影し，それを80年なり，数10年なり，私たちのライフスパンと同じ長さにスケール変換して見てみたらどうだろう。普段は永遠不滅にすら思える石にも，私たちの人生のように，春夏秋冬があり，「生き死に」のようなものがあると思えてはこないだろうか。

私たち宇宙物理学の研究者は，宇宙の歴史のことを「宇宙の一生」という言い方でよく表現する。星もそうで，「星の一生」という表現はよく目にするだろう。その言い方をするとき，私たちは必ずしも比喩的に言っているのでもなく，星という無生物と私たちという生物を同じレイヤーで見ている。始まりがあり，変化して，やがて滅びていくという構造は，生物も無生物もまったく同じように持っているからだ。こうした物理学の視点は，時には物事を単純化しすぎるとか，モデル的に捉えていて好きになれないという批判も受けるが，一方で，「自分と同じように環境を捉える」という意味で「自然を愛する心を育む」ための強力な方法と言えなくはないだろうか。

この結論を少々詩的に拡大解釈すれば，生物だろうが，無生物だろうが，どれから見た視点にも優劣はないとは言えないだろうか。そしてすべてが相対的だからこそ，自分の主観が大事になる。自分はどこからどのように見るかという主体性が問われるのである。私たちには完全に自由な選択肢が与えられているが，自分の主観を掘り下げたことがないと，何を選択することで自分が喜ぶかがわからない。あらゆる学問は，自分の視点を定めなければ始まらないのだ。

4.3 PHYSIS（ピュシス）としての物理学 ：自然を愛する心情を本気で養うために

実は，本来物理学とはそうした「生成」であり，「運動」である。物理学は英語で physics だが，この言葉の語源は古代ギリシャ語の physis（ピュシス）にある。ピュシスは logos（ロゴス）と対をなす言葉で，何かが立ち上がり，生成され，それをそのまま受け止めることを意味する。physics と同じくピュシスを語源に持つ言葉に physical（フィジカル，肉体的）があるが，これが立ち上がってくることや生成すること，それを丸ごと受け止めることと関連していることはわかりやすいだろう。

しかし現代の物理学はむしろ logos（論理）に近いイメージを持たれている。ロゴス的であることの重要性を否定する気は毛頭ないし，物理法則は自然言語や数式を用いて論理的に記述されている。しかしこれまで述べてきたように，自然現象と私たちが出会うとき，最初に持つ主観は必ずしもロゴス的ではない。よく「考えて 100，話して 10，書いて 1」とも言われるように，数式を用いるものも含め，言語化されたときには私たちが最初に感じた感覚はだいぶ削ぎ落とされてしまう。このことは削ぎ落とされたものが不必要であるとか，冗長であるとかいうことを必ずしも意味しない。言語化されたものの背後には，非言語的にしか説明できない大量の情報が存在している。私たちがそのように世界を捉えることができるのは，自身の経験だけでなく，遺伝子に乗せられた自分の先祖の経験も背負っているからである。言語化されたロゴスの世界と，経験に基づく直感でもって主観的に世界を受け止めるピュシスの世界は両輪であり，両者に優劣はない。どちらも必要なのだ。

4.2 節でも紹介した森田真生は，人工知能が発達しつつある現代を「smart と alive を分けてしまった時代」と表現し，「alive でないものが賢さを発揮するということは，江戸時代の人間には想像もできないだろう」と指摘した（江戸時代どころか数十年前の現代人でも不可能だったかもしれない）[8] alive には smart ではない，「余分な知識」が付きまとう。フィーリングや直感のような非言語的な要素である。郡司ペギオ幸夫はそうした知識を人工知能，自然知能に対して「天然知能」と名付けた（郡司，2019）。alive には学際のような，間（ま）や「あわい」が存在し，境界からはみ出すものが本質的になる。わかりやすく定量化できる smart のみ追いかけ，alive という主観を遠ざければ，必然的に生き生きとした感覚は得られなくなっていく。主体性を取り戻すためには，そうした天然知能的逸脱が必要不可欠なのだ。

私は教師の仕事で象徴的なのは「遠足の引率者」ではないかと考えている。教師は遠足の下見に行くこともあるし，前の年も同じ場所へ生徒を引率していったこともあるかもしれない。では新しい発見がないかというとそうではあるまい。去年と今年とでは花の咲き方も天気も違うだろう。学んで知識としてよく知っていることでも，実際に行ってみるとまったく感じ方が違うということもよくあるはずだ。子ども達を連れて行くという「先達」としての仕事はあるが，同時に教師もその遠足や修学旅行には毎回新しい発見があるはずで，初めてその場所を訪れる子ども達と同じような新鮮な感動を覚えることもある。もちろん引率者として子ども達よりも多くのことを知り，責任もあるが，子どもと同じように毎回何かを学んでいるはずだ。毎回新しいことに出逢い，それを学びに結びつけているという意味で，教師は子どもと同じ方向を向きながら，フロンティアに立ち世界を作っていく人でもある。ピュシス的に「世界を丸ごと受け止める」ことが必要とされる職業であり，決して高みから非当事者的に要約するだけの人ではない。

私たちは遺伝子を通して祖先が築いてきた「気配」のような，非言語的なものを感じることができるが，そうしたものと同じく，学問も私たち人類の先祖が長い時間をかけて築いてきたものである。私たちが自分だけの主観だと思っているものは，実は多くの人間が関わって作ってきた共同主観である。そこにはピュシスのように，世界を丸ごと受け止めることも含まれる。私たちが学校で学ぶことはそうした宝物のような叡智ばかりである。私たち教師がそのことを自覚し，そして自分もその世界の地平を広げる一人である喜びに気づけば，漢字や九九のような習得すべき事項すら，学校で学ぶことがすべてこの世界と子ども達が当事者的に関わることに直結していることに気づく。私たちが理解しようとしている世界の地平を自分たちが広げているという事実を自覚すること，これにより学びの完全な主体が取り戻される。ここでの「主体的」という意味は，「自分にとって役に立つから」とか，「資格取得のために必要だから」という意味で学ぶということではもちろんない。そうした社会的要請から来る学は主体的というより自主的と呼ぶべきもので，すでに作り上げられた制度に乗るために行われる学びである。

『小学校学習指導要領（平成29年告示)』では，理科の教育目標の一つとして，「自然を愛する心情や主体的に問題解決しようとする態度を養う。」(文部科学省，2017，p.94）と記されている。おそらく，「自然を愛する心情や主体的に問題解決しようとする態度を養う」ことの重要性に異議を唱える人は少ないだろう。そうなって欲しいし，自分もそうなりたいと思う人がほとんどではないだろうか。しかし同時に「それは理想論であって，本当にそれが成し遂げられるとは思えない」という人も多いのではないか。だが私は，決して不可能ではないと考える。自然は（社会も)，愛玩物ではない。そのためそれを愛する心情を育もうとするとき，自分もその一部であることを踏まえる必要がある。すなわち「自然を愛する心情」を養うためには，「自分にとって生きるとはどういうことか」とか，「この世界とは一体何なのか」といった，すべてを「自分事」として捉え，より根源的で切実な問いから始まる学びの姿勢が必要になるのだ。逆に言えば，そうした学びの姿勢を用意することができれば，「自然を愛する心情」を育むことができるはずである。

私は「宇宙がどうやって始まったか」を知りたくて宇宙物理学の道に進んだのだが，そこには漠然と「自分はなぜここにいるのか」という問いがあった。生きる「意味」を求めていたのかもしれない。しかし研究を進めれば進めるほど，自分がここに存在することに特別な意味などないことがわかった。一時はそれに落ち込んだこともあったが，講演会やサイエンスイベントなどを通じ，さまざまな分野の方や数多くの研究者と交流するうちに，本来の物理学が持つ主観性やダイナミズムを知り，自分もこの世界に存在する一員として，詩的に言えば「宇宙を創り出している一人」であると思えるようになった。さらに物理学そのものの理解が進むにつれ，この世界に自分が存在する意味があるかないか，そんなことはどうでもよくなった。「この世界は生きるに値する」と確信できたからである。紛れもなく私たちはこの世界の一部であり，世界を理解するときは世界そのものでもあると言える。主体も客体も渾然一体となってこの世界を「体感」するとき，自然を愛する心情すら超えた敬意と，この世界に自分が存在していることの喜びが湧き上がってくるのではないか。それを可能にするカリキュラムは，最初に自分がこの世界の一員であることを自覚することから始め，最後に自分がこの世界の一員であることを確信できるものにすべきだろう。それは本当の意味で「役に立つ」学問であり，学ぶことそのものが喜びになるようなカリキュラムのはずである。

注

1) 国公私立全日制課程 (中等教育学校後期課程を含む) の普通科，専門学科，総合学科の 1,213 校 (全学校の約 24.3%)，延べ 121,722 人 (第 2 学年：23,281 人，第 3 学年：98,441 人) を対象とし，2015 年 11 月 4 日 (水) から 11 月 17 日 (火) にペーパーテスト調査及び質問紙調査により実施された。第 3 学年に国語総合，世界史 B，日本史 B，地理 A，地理 B，現代社会，倫理，政治・経済，数学 I，物理基礎，化学基礎．生物基礎．地学基礎，コミュニケーション英語 I，保健の各科目，第 2 学年には体育，音楽 I，美術 I，工芸 I，書道 I，家庭基礎，社会と情報の各科目について調査が行われた。詳細は，国立教育政策研究所教育課程研究センター（2015）参照。
2) 40 度というと「微小な角度」と思えないかもしれないが，これは度数法（1 周を 360 度とする角度の単位）による表記でそうなるというだけであり，弧度法（ラジアン）では 45 度が π /4（およそ 0.75）なので，1 よりも小さな値ということになる。0.75 でも 1 より「微小」とは言いにくいように思えるが，この点は任意の角度で振り始めたときの振り子の周期を決める式において，等時性からのズレが $\sin^2\frac{\theta}{2}=\sin^2\frac{\pi}{2\cdot 4}\cong 0.15$ で入ることにより整合的になる。
3) 振り子を振り始める角度（初期角）が小さければ等時性は成り立つため，等時性が成り立たないデータが得られるとしたら測定誤差などによるものである可能性がある。しかし本文で挙げた『手引き』には初期角が 45 度の例が紹介されており，この場合に等時性が成り立たないのは誤差だけによるものではないと考えられる。
4) NHK E テレ『思考ガチャ！』早回ししてしまうワケ，2023 年 3 月 15 日放送。
5) 独立研究者で物理学者の長沼伸一郎は，多くの人間によるさまざまな短期的願望（目の前の報酬に相当）を集めても，社会的意義のある長期的願望（将来的な報酬に相当）にはならないことを，20 世紀以降に発展した非線形物理学の観点から論じている（長沼，2022，pp.92-102）。比例や 1 次関数のように，直線的な発展をする現象を線形現象，逆に直線的な発展をしない現象を一般に非線形現象という。非線形現象の例としては「バタフライ効果」で知られるカオスなどが有名である。長沼の観点は極めて興味深いが，紙幅の関係からこの点については別の機会に論じたい。
6) この点については，東京学芸大学の同僚で教育方法学者の大村龍太郎氏からご教示いただいた。
7) NOTH 主催トークイベント「小林晋平×森田真生：モノと遊ぶ，モノに学ぶ」での森田の発言から。2021 年 7 月開催。
8) NOTH 主催トークイベント「森田真生×甲野善紀：この日の学校」での森田の講演から。2023 年 7 月開催。

引用文献

Bradbury, R., 1953, *Fahrenheit 451*, The Ballantine Publishing Group, (= 2014, 伊藤典夫訳 ,『華氏 451 度』〔新訳版〕早川書房)。

蒲生諒太 , 2020「『探究的な学習」の歴史的形成について —— 高大接続改革に向けた基礎理解の研究 —— 」『立命館高等教育研究』20 号, pp.59-76。

郡司ペギオ幸夫 , 2019,『天然知能』講談社。

細川英雄 , 2021,『自分の〈ことば〉をつくる あなたにしか語れないことを表現する技術』ディスカヴァー・トゥエンティワン。

池野範男ほか, 2021, 令和 2 年度版教科書『小学社会 4 年』日本文教出版。

稲田豊史 , 2022,『映画を早送りで観る人たち ファスト映画・ネタバレ——コンテンツ消費の現在形』光文社。

レジー , 2022,『ファスト教養 10 分で答えが欲しい人たち』集英社。

伊藤亜紗 , 2015,『目の見えない人は世界をどう見ているのか』光文社。

北俊夫ほか , 2021, 令和 2 年度版教科書『新しい社会 4』東京書籍。

経済産業省 , 2022,『未来人材ビジョン』https://www.meti.go.jp/press/2022/05/20220531001/20220531001-1.pdf

小林晋平 , 2013,「万人に効果的な教授法はあり得るか」『工学教育』, 61 巻 3 号 pp.80-84。

小林晋平 , 2015,「物理教育の新しい工夫「方法より大事なこと：泥臭い物理教育のやり方」」『パリティ』2015 年 11 月号, p72, 丸善出版。

小林晋平 , 2018,「世界の「プレーヤー」」, 信濃毎日新聞科学コラム「知・究・学 時空の旅へ ようこそ」第 20 回 , 2018 年 12 月 17 日朝刊。

小林晋平 , 2021,『宇宙の見え方が変わる物理学入門』ベレ出版。

国立教育政策研究所教育課程研究センター , 2015,「平成 27 年度高等学校学習指導要領実施状況調査：調査のポイント」https://www.nier.go.jp/kaihatsu/shido_h27/index.htm

神代健彦 , 2020,『「生存競争（サバイバル）」教育への抵抗』集英社。

松岡正剛 , 2009,「千夜千冊 第 1304」夜 澤泉重一, 片井修『セレンディピティの追求』2009 年 6 月 22 日公開 https://1000ya.isis.ne.jp/1304.html（2024 年 1 月 5 日アクセス）。

宮台真司・藤井聡, 2022『神なき時代の日本蘇生プラン』ビジネス社。

宮本常一 , 1984『忘れられた日本人』岩波書店。

宮野公樹 , 2021,『問いの立て方』筑摩書房。

文部科学省 , 2011,『小学校理科の観察, 実験の手引き 詳細』(pp.110-114, 第 5 学年 A（2）振り子の運動。

文部科学省 , 2014『平成 25 年度 学力調査を活用した専門的な課題分析に関する調査研究 全国学力・学習状況調査の結果を用いた理科に対する意欲・関心等が中学校段階で低下する要因に関する調査研究』調査報告書。

文部科学省 , 2017,『小学校学習指導要領（平成 29 年告示)』。

文部科学省 , 2018,『高等学校学習指導要領（平成 30 年告示）解説 総合的な探究の時間編』

文部科学省初等中等教育局教育課程課 , 2021,『学習指導要領の趣旨の実現に向けた個別最適な学びと協働的な学びの一体的な充実に関する参考資料』。

森山徹 , 2011,『ダンゴムシに心はあるのか 新しい心の科学』, サイエンス社。

森山徹 , 2017,『モノに心はあるのか』新潮社。

村上靖彦 , 2023,『客観性の落とし穴』筑摩書房。

長沼伸一郎, 2022,『世界史の構造的理解 現代の「見えない皇帝」と日本の武器』PHP 研究所。

日本経済新聞, 2020,「東大・理研・島津製作所など, 18 桁の精度をもつ可搬型光格子時計の開発に成功」https://www.nikkei.com/article/DGXLRSP532327_S0A400C2000000/（2024 年 1 月 8 日アクセス）。

新田英雄 , 2012,「素朴概念の分類」『物理教育』60 巻 1 号, pp.17-22。

大石学ほか, 2021, 令和 2 年度版教科書『小学社会 4』教育出版。

Osborne R. and Freyberg P., 1985, LEARNING IN SCIENCE: *The Implications of Children' s Science, Heinemann*（=1988, 森本信也・堀哲夫訳『子ども達はいかに科学理論を構成するか —— 理科の学習論—— 』東洋館出版社）。

Sivers, D., How to start a movement, TED2010（=2010, デレク・シヴァーズ「社会運動はどうやって起こすか」）https://www.ted.com/talks/derek_sivers_how_to_start_a_movement（2024 年 1 月 8 日アクセス）。

戸田山和久 , 2021,『NHK 100 分 de 名著 レイ・ブラッドベリ「華氏 451 度」』NHK 出版。

堤未果 , 2023,『堤未果のショック・ドクトリン 政府のやりたい放題から身を守る方法』幻冬舎。

Redish E.F., 2003, *Teaching Physics with the Physics Suite,* Wiley（=2012, 日本物理教育学会監訳『科学をどう教えるか：アメリカにおける新しい物理教育の実践』丸善出版）。

第２章　地球の未来のための教育とは
――「神話」「迷信」「無知」の領域に向き合う歴史実践へ――

坂井　俊樹

1　はじめに ―― いま教育が考えるべき課題

1.1　教育改革と環境問題

今日の教育改革は，従来とは異なる勢いで小・中・高校の各教科教育実践に迫り，変化を求めている。その背景には教育政策的要請や産業界からの未来を担う人材育成への強い要望がある。デジタル革命，とくにＡＩに対応できる知識やスキルの獲得を柱とするのはもちろん，世界の教育の主流となっているコンピテンシー・ベースの教育，とくに日本ではそれを「思考・判断・表現」という能力を中心に据えて学力を考えている。一言でいえば「資質能力論」であり，その強い流れが打ち出されている。例えば歴史教育も高校に新設された科目「歴史総合」（2022 年 4 月から始まる）は世界史と日本史を融合させた近現代史として注目され，今までの知識中心の解説・講義型（教師中心）の歴史学習を，生徒が生み出す「問い」を重視し,その「問い」を解決していくための資料（根拠）に基づいた思考力の育成，また現代的な課題につながる歴史理解など，既存の授業観の変革を目指している。そこには学び手としての子どもたちが，歴史教育に対して何を求めたり，期待するのかを掘り下げる学習者（学び手）中心の発想が基盤に置かれている。

しかし，一方で懸念されるのは，いま世界が抱える共通の課題 ―― CO2 排出による地球温暖化や生物多様性の危機など，地球環境の破壊という事態にどう向き合うかという課題の不十分さ，そのことに対する私たちの意識の脆弱性である。自分（個）と私たちが抱える共通課題（社会・世界）との接点に向き合う意識の弱さともいえる。なぜ共通課題に対する受け止めが十分でないのかという懸念があり，とくに歴史教育に焦点を当てながら実践の方向を検討したい，というのが本論の課題である。筆者の専攻の歴史学，歴史教育の領域では，地球環境問題に注意を払いながらも，歴史学，歴史教育が脱却しにくい基盤，つまり過去に向き合う問題意識の練り上げ方や，その問題の探究に際しての資料論・方法論などの枠組み，そしてなにより厳密な実証へのこだわりなどの固有の思考法があり，そのために，より長期的な「問い」が出し切れていないという現状もあろう[1)]。本論は，この点の問題意識を強く抱いている。とくに，コロナ・パンデミックは，私たちの科学観の基盤となっている「経験的科学（自然・人文社会科学)」にどのように向き合うかを問い直したといえる。

ところで，生徒の抱く歴史認識の改善に真摯に向き合おうという研究者や教育者たちは，新設された「歴史総合」を，知識中心の歴史教育の現状を変革する絶好の機会と捉え，新しい教育理論と実践を試みている。例えば油井（2023）たちは，「問い」と歴史的思考力を関連させて，下記のような思考力の類型を示している（油井他，2023，p12）。

①事象と時期
②推移 ―― 複数の事象の連なりを描写する
③因果関係 ―― 複数の事象の因果関係を考える
④相関関係 ―― 複数の事象のあいだの連関・相互関係を考える
⑤比較 ―― 複数の事象を比較する
⑥予測・提言―― 歴史を踏まえて現在と未来に向けた展望と指針を得る

歴史教育改革では，こうした「歴史的思考力」育成を大事にして，これからの実践構築の核に据えていこうという傾向にある。ここに示した「歴史的思考力」は，比較とか推移，構造とかその要素が示され，客観性と合理性に基づく科学的な見方と方法論で説明される。それは歴史教育の基盤となる歴史学研究自体のあり方とも深く関係し，科学的な歴史事象に迫る方法論として共通性を持っていた。このように，広く蔓延している「知識」（教科書の歴史用語理解）中心の歴史教育，つまり「詰め込み」「暗記科目」と評されるような汚名を払拭しようという動きが広がりつつある。今日，歴史教育の危機さえ言われるなか，いままで手付かず状態だった「知識」中心の歴史教育の潮流に対し，ようやく変革しようという機運が生まれ，大いに期待されている。本論では，この新しい動きのもとで，さらに「歴史認識」を深めていく問題提起をしたいと考えている。

ここでやや本質的な問題を考えてみたい。問われるべきことは「歴史的思考力」自体を科学的思考ととらえ，疑う余地がないとするような私たちの見方や前提についてである。そのことは子どもたちの思考力育成を，伝統的な科学的思考の一つとして解し，授業の達成目標として設定することに現れている。しかし他方で，子どもたちの経験や発想など「自分」を生かした自由な思考を保障することにはなりにくい，という問題性があろう。この点では，他の教科教育学でも類似の状況にあると思われる。

1.2　コロナ・パンデミックから見えてきたもの

地球環境問題に対する私たちの危機意識が，真剣に受け止められていないという全般的状況は，多くの人々に感じ取られているのであろう。その意識は，私たちが生きるという「生」を巡るサイクルが，つまり自由競争を基盤とする経済の熾烈な進行に伴う私たちの生活スタイルや消費文化から私たちは自由になれない，というジレンマがあろう。コロナ・パンデミックは，次のような問題提起をしている。

動物からもたらされるウィルス拡散の背景は，農耕・牧畜にともなう定住生活により，人間と家畜が日常的に同一生活空間・集住で過ごす密集生活が開始され，そうした関係性拡大とさらなる急激な人口増加が指摘されている。このことは私たちの人類史という長期的な視点からの問いかけであり，特に今日のさまざまな発展をもたらした近代科学技術信仰が万能ではないことを示すことになった[2)]。コロナ・パンデミックは，私たちの社会生活にも影響を与え，「同調圧力」という無言の威圧的雰囲気の醸成やミシェル・フーコーが提起した「生政治」が一段と加速化し，政治が私たちの共通領域，政治的領域から踏み出し，個人の問題である一人ひとりの健康にまで介入する事態が強められる契機となった。またそれを政治に求める人びとの声も一段と強まり，私たち個々の身体管理が政治の主要なテーマとなった。

以上の状況は，コロナという危機意識が，これからの私たちの社会に何が起こりうるのか不明な時代を感じ取らせ，他方でコロナ以前に高まった地球温暖化問題が一時棚上げされ，経済が優先されるように政治や人々の意識が弱められた感さえある（岩波書店編集部，2023）。さて，私たちはこのような事態にどのように向き合っていけばよいのか，考えていきたいと思う。

1.3　地球環境問題に向き合うために

政治哲学者ハンナ・アーレントは,「世界に対して責任を負うほどに世界を愛しているかどうか」を決めるのは，私たちにゆだねられていることなのだと警告した。ユダヤ人であるアーレントは,厳しいナチスによる民族絶滅政策という,第二次世界大戦の蛮行を受けて，そう書いた。「『世界に共に生きる』ということは，ちょうどテーブルがその周りに席を占める人びとの間にあるように，物事からなる世界がそれを共有する人びとの間にあるということを本質的に意味している。世界はあらゆる間がそうであるように，人々を関係づけると同時に切り離す間である」（斎藤，2023，p.62）という。私たちが世界をもう一度愛するようになって初めて来るべき世代にとっての再生の希望がありうるのだと，彼女は予言した。地球環境問題だけでなく，戦争や紛争などによる世界平和の危機，熾烈な国家間の競合の台頭など，いわば世界が危機に瀕している現在，彼女の言葉が変わらぬ迫力を持って私たちに迫ってくる。イギリスの文化人類学者，ティム・インゴルドは,「そうするために私たちは，頭だけではなく，心で考えて書く術を，学び直さなければなりません。特に愛する人たちや家族，友人に手紙を書くときには，こんなふうに考え，書いていたのです。」と，このように心で思考することの重要さを指摘した（インゴルド，訳書 2023，pp.16-17)。以上の点を踏まえると，私たちは既存の教育実践を規定してしまう認識の枠組みを問い直し，問題があれば解決のための突破口を探るべきだと思う。

2 「他者」との相互理解・相互尊重・思いやり

2.1 〈問い〉石にもこころ〈意志〉があるのか？

ここではまた私の専門に引きつけて問題提起をしたいと思う。早逝の歴史研究者・保苅実は，彼の博士論文で「歴史実践」という営みを提起した。保苅の博士論文は，オーストラリアの大学で学びながら，先住民族アボリジニに関するものであった。北部オーストラリア・グリンジ・カントリーで，時間をかけた参与観察の手法でアボリジニの古老 (長老) の語りを分析する。長老は，話の中で，いわば空想的と思わせるさまざまな逸話を彼に伝える。例えば，1960 年代以降，オーストラリアにはイギリスを中心に白人入植者が急増し，牧場などが拡大していった。それに伴い土地を追われたアボリジニは抵抗していく。その抵抗運動を後押しした話として，長老は，この頃，米国のケネディ大統領がこの村に来て，自分たちの抵抗運動を激励し，支持すると約束した，という内容であった。その他，保苅の立ち位置からは，通常考えられない長老からの話が語られる。保苅は次のように言う。

「学術的歴史学の立場からしてみれば，もう無茶苦茶のことになってしまうんですよね。動物は話しかけてくるは，場合によっては，石だって歴史を語りだすわけです。そうすると，もはやこれはオーラル・ヒストリーじゃないんじゃないか。別に口頭（オーラル）だけじゃないんです。いろんなモノや場所から歴史物語りが聞こえてくるわけですから。」(保苅，2018，p.19)

つまり保苅は，こうした語りに対して考え，自己の発想の転換を迫られることになる。そして次のように考えるとした。

「さて，グリンジ・カントリーに滞在しているあいだ，僕がずっと考えていたこと，注意していたことがあります。それは「歴史家は誰か」という問題でした。

　つまり，ぼくたち歴史学者がインフォーマント（情報提供者）とみなしたら，かれらはどんな歴史実践をしているのだろう，というふうに考えたわけです。僕は僕で歴史学者ですけれども，かれらはかれらで歴史家であると。そういうふうに発想をかえてみると，歴史はどんなふうにみえてくるのでしょうか。このあたりがさしあたりの出発点です。」（保苅 2018,p.12）

つまり保苅自身は科学的な歴史学者としての思考枠組み(歴史意識)を持つが，実はアボリジニの側も独立した歴史家であり，自己の歴史意識とは異なる自立したものがあり，しかもそれは日々の生活実践と結びついたものであるという理解に至る。歴史の中に生きる，そして歴史を再生し，さらにメンテナンスするような概念として「歴史実践」を提起したのである。ここに見るように保苅の「歴史実践」の提起は，二つの意味を含意していることがわかる。一つは，私たちも，アボリジニも歴史的存在として生があり，その脈々として流れる歴史を内面化している点である。そうした固有の歴史性を帯びた存在として他者を捉える視点である。二つは，他者としてのアボリジニの歴史意識を知り、感じ，尊重することの視角によって，自己の歴史意識を相対化し，内省していく過程が生じる。つまり他者を尊重することによって，自己革新が可能となる視点である。今日，多くの論者によって「歴史実践」が言われるが，そこでは「歴史的な現代社会に生きている」ことから出発する問題意識が語られる。しかし保苅の主張は，現代社会に生きる私たちにとって意義ある歴史認識だけに止まらず,人々の内面とか主体性に関わる「他者」としての論点が問題提起されている。この「歴史実践」にみる二つの視点という提起は，歴史・歴史教育研究者，実践家たちの営みを強く再考するものとして迫っている。いまはアボリジニを巡る「歴史実践」の議論を紹介したが，ここでは関連する自然科学領域に属する行動生態学の事例をもう一つ紹介し，この問題提起がひろく他の学問とも関連することを確認したい。

2.2　ダンゴムシに心はあるのか？

認知科学者の森山徹は，さまざまなダンゴムシを用いた実験を試みている。彼の著作『ダンゴムシに心はあるのか』を読むと,私たちが通常抱いている「心」という概念が揺さぶられる。人間中心，人間だけの「心」概念では，さまざまな昆虫や動物を見渡しても何も得ることはできないが,いったん人間中心の「心」を解き放し，改めて「心」を再構築してみるとダンゴムシにも心があるという結論に達する，と森山は考えている（森山，2011)。森山と同じ感性を持つ小林晋平[3)]は，本書を次のように筆者に紹介してくれた。「2 匹のダンゴムシのお尻に糸を貼り付けて，2 匹が綱引きをしているような状況を作った実験があります。自然環境ではクモの糸に捕まってしまったときにこうしたことが起きるのですが，ダンゴムシは動けなくなって止まってしまうか，丸まってしまうかと思いきや，1 匹の上にもう 1 匹がおぶさって，2 匹で逃げ出したそうなのです。通常であればダンゴムシは背中に何かがのれば丸まってしまいますがそれどころか 2 匹が協力して逃げ出したそうなんですね」(小林晋平さんからいただいたメールより)。ここで重要なのは，経験科学に基づく，当然視する私たちの視角があり，それを絶対視する科学観のあり方という問題である。つまり近代的な科学的思考とか，私たちの抱く常識的な科学的思考のあり方の限界性をいわば問いかけているようでもある。この問いかけは，保苅の歴史実践と共通する，各学問分野の壁との格闘であり，それを乗り越える議論といえる。これらの事例から,私たちの持つ「科学的な見方や考え方」,「合理的な見方」というものを，いったん棚上げして観察してみることも興味深い。そして，その際には近視眼的でない，次のような対象への接近方法が不可欠と想定される。

1.〈他者〉を長いスパーンで捉える―― 生涯・長時間のなかで
2.〈他者〉を熟知するつきあい ―― 長期の関係性構築
3.〈こころ〉〈意志〉の概念の転換 ―― 自分たち中心の意識の再考

私たちの一方的な分析ではなく，「他者」の立場から読み解くためには，当然他者を熟知することが必要である。保刈の参与観察という手法，森山の生涯をかけたダンゴムシとのつきあいなどに窺えるように，1と2の点は，極めて重要になり，3の〈こころ〉〈意志〉に迫ることが可能になる。

2.3　近代経験科学観を再考する

他者を知ることによって，他者と自分との交流がはじまり，人間を含むさまざまな生物との間で，多様なネットワークが構築されていくと思われる。これは人間と人間以外という意味だけではなく，私たちの人間社会の間でも多様性，複数性があり，相互理解と交流は不可欠なものと考えられる。こうした「他者」理解を基盤にした多様なネットワーク(人間関係性，生物間関係性)としてつなぎ合わせることによって，私たちの地球の未来社会も展望できると筆者は考える。当然，私たちが歩んできた近代の科学的思考というものを再考してみることにつながる。保苅の研究支援者テッサ・モーリス＝スズキ（豪・日本近代史）は，関連して次のように語る。

> 「近代学問の知的・制度的フレームワークは，「精神の単一栽培（monocultures of the mind)」とでも呼べるようなものを生み出してきた。近代的思考は，すべてを包含する普遍的な真実の語りを生み出す作業を行うことによって，ある種の心理的単一性も生み出してきた。そうして，世界中で，ある特定の規範的テキストおよび真実の算出方法が，妥当な「知識」の唯一の基盤として正当づけられた。それゆえ，この近代的な真実の体系にふさわしくない知識と経験のすべては，「神話」「迷信」「無知」の領域へと葬り去られる。」（保苅，2018, pp.330-331，下線は引用者による。）

彼女の言う，葬り去られた「神話」「迷信」「無知」の領域こそが，私たちの近代科学的な思考が取りこぼしてきた対象で，改めて問い直す必要があり，貴重な学問対象とすべきということになる。その意味では新たな科学観の模索ともいえる。そして，「〈他者〉を考える」，「〈他者〉を想う」，「〈他者〉と共に生きる」とは，その思索の過程は新たに自己の存在を見つめなおし，より深い「問い」を生成することになろう。その深い問いを探究することが，自ら学ぶ主体的な学びにつながっていく。歴史実践は，他者としてのアボリジニ，また観察対象であるダンゴムシから，自己を相対化しながら，再考し，アボリジニの世界観はどうなっているか，ダンゴムシの抱く「心」はどうなっているかなどの問いを生成していくと考えられる。

2.4　歴史実践やダンゴムシの心の視点から，他の領域を考える

今まで述べてきたことは，歴史教育や動物行動学に限定された特殊なものではなく，自然科学領域，人文社会科学領域にとどまらず，さまざまな領域で「doing 何々」として教育学領域でも提唱されつつある。「神話」「迷信」「無知」の領域に対する挑戦と関連しながら算数・数学教育，国語教育，生物教育，物理教育，環境教育，哲学教育などでも使用ないし，主張されてきている。また，障がい者とのインクルーシブ教育などでも提起されている現実がある。改めて「他者」を知り，考える教育の必要性が求められはじめたといえる。

○算数・数学実践ではどうか
○文学・国語実践ではどうか
○物理実践ではどうか
○生物実践ではどうか
○哲学実践ではどうか
○芸術実践ではどうか
○障がい者との共生実践ではどうか

教育実践に関わり，さまざまな「doing ～」が広がりつつある[4)]。ただ「doing ～」が，学び手にとっての意義を強調し，既存の方法の転換だけを求めるのであれば，当然そこには限界があろう。アボリジニやダンゴムシに向き合うとき，人間だけではなく，生物全般の視座という広範囲な「他者」理解の視点がなく

てはならないと思われる。

3 「神話」「迷信」「無知」の領域を探索する教育

3.1 「知恵」に基づく探究

他者理解というテーマに関しては，文化人類学の議論と研究成果からさまざまに学ぶことができる。本論では他者とは，自己の立ち位置と異なる多様な人間に止まらず，生物全体をさして使っていきたい。他者理解や他者との共存を考える際に，前出ティム・インゴルドの主張が私たちに示唆を与えてくれる。他者に対する関係性を持つには，次の点の重要性を指摘する。インゴルドは，「知識」と共に「知恵」という観点を設定することで，より深い「問い」を持つことが可能となると主張する。「知恵」と「問い」に関して，少し長文だが，インゴルドの関連箇所を引用してみる。

> 「**知識**はモノを固定して説明したり，ある程度予測可能にしたりするために，概念や思考のカテゴリーの内部にモノを固定しようとする。私たちは，**知識**で武装するとか，あるいは私たちの守備を強化して逆境によりよく対処するために**知識**を使うとかと言いがちである。**知識**が与えてくれるのは力，統制力および攻撃に抵抗する免疫力である。しかし**知識**の要塞に立てこもれば立てこもるほど，周りで何が起きているのかに対して，私たちはますます注意を払わなくなる。私たちが既に知っているのならば，なぜわざわざ注意を払ったりするだろうか？　それとは逆に，知恵があるとは，思い切って世界の中に飛び込み，そこで起きていることにさらされる危険を冒すことである。それは，私たちが注意を払ったり，気にかけるために他者を目の前に連れてくることである。**知識**は私たちの心を安定させ，不安を振り払ってくれる。知恵は私たちをぐらつかせ，不安にする。**知識**は武装し，統制する。知恵は武装解除し，降参する。**知識**には挑戦があり，知恵には道があるが，**知識**の挑戦が解を絞り込んでいくその場で，知恵の道は生のプロセスに対して開かれていく。もちろんここでは，**知識**なしにやっていくことができるなどと言いたいのではない。だが私たちには，**知識**に劣らず知恵が必要なのである。」（Ingold2018 ＝インゴルド訳書 2020，pp14-15，太字は引用者による）

以上を簡略に表してみると，図２－１のようになる。このように考えると，知識から派生する問いは，私たちが住んでいる世界について，どのようにして私たちが〈住まう世界〉を知ることができるのか，という問いになる。それに対しより根源的な問いとしては，つまり私たちが知っている〈世界はどのようにあるのか〉という問いで，世界自体が確定された存在ではない，という前提にたつ思考である。前者は「認識論的」な問いであり，後者は「存在論的」な問いといえる。つまり〈住まう世界〉を知るための問いからの迫り方と，〈私たちの世界はどのような世界なのか〉という，いわば私たちを相対化する問いからの迫り方がある。「存在論的」な問いは，私たちが「個」である自分自身から見たり，考えたり，捉えたり，描いたりする世界像を立脚点として出発し，その上でどう世界があるべきかを考え，その視点からの問いを含むものとして理解される。近代の科学的な認識に根ざした〈認識論的〉な問いと，自己の世界観にかかわっての〈存在論的〉な問いの両者が，私たちの見方・考え方を規定している。つまり〈私たちのあるべき未来世界〉を構想するような，未来志向の問題の立て方に即して〈存在論的〉な問いが重要になってくる。その過程では，時には認識論的な接近方法と矛盾したり，ぶつかり合う葛藤が不可避な場面もあろう。

そのうえでインゴルド(訳書 2020，p.15)は，〈存在論的〉な問いを立てるためには，私たちに豊かな「想像力」が必要と説く。他者との真剣な対峙のもとでこそ，この想像力が開かれていくという。当然，ここでいう想像力は，幻想

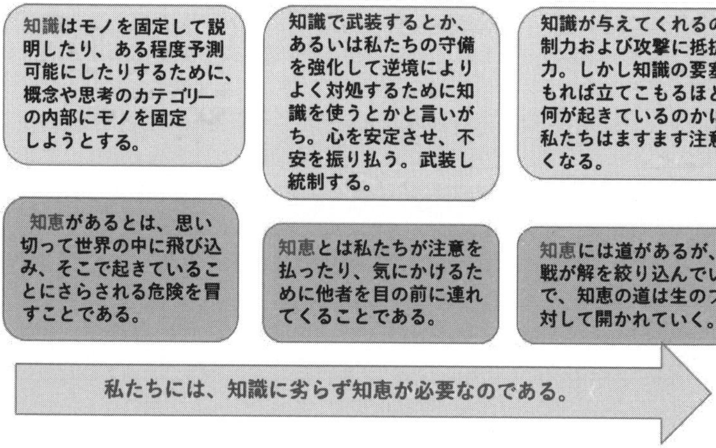

知識はモノを固定して説明したり、ある程度予測可能にしたりするために、概念や思考のカテゴリーの内部にモノを固定しようとする。

知識で武装するとか、あるいは私たちの守備を強化して逆境によりよく対処するために知識を使うとかと言いがち。心を安定させ、不安を振り払う。武装し統制する。

知識が与えてくれるのは力、統制力および攻撃に抵抗する免疫力。しかし知識の要塞に立てこもれば立てこもるほど、周りで何が起きているのかに対して、私たちはますます注意を払わなくなる。

知恵があるとは、思い切って世界の中に飛び込み、そこで起きていることにさらされる危険を冒すことである。

知恵とは私たちが注意を払ったり、気にかけるために他者を目の前に連れてくることである。

知恵には道があるが、知識の挑戦が解を絞り込んでいくその場で、知恵の道は生のプロセスに対して開かれていく。

私たちには、知識に劣らず知恵が必要なのである。

図２－１〈知識〉と〈知恵〉を考える―人類学者インゴルドの発言から
〔備考〕Ingold，訳書 2020，pp.14-15 をもとに筆者作成。

や思いつき，自分の願いではなく，他者との出会いに葛藤し，自己の記憶，つまり自分自身の経験や体験を参照して判断する，そうした想像力の視点が存在論的な問いに対する回答には不可欠と考えられる[5)]。ここでいう「他者」は，自分以外の人々や動植物ということになり，教育実践に関わる観点で考えると，ある事象や社会・自然問題にかかわる「立場」の異なる人々や動植物を取り上げることであろう[6)]。そこには多様な「他者」にかかわる際には，子どもたちやあるいは私たちがいかに自立し主体的であるかという問題も関連している[7)]。ここでは事例的に考えてみよう。

3.2　事例的に考える――水俣病事件史をめぐる授業から――

中学校３年生で，水俣病事件史を取り上げた授業がある。５時間の扱いで，水俣病事件の概要，社会的背景，患者さんたちの苦悩などを取り上げた授業であった（古家 2016）。

教師が，水俣病患者さんの苦しみに寄り添う視点から追究した授業であったが，５時間目の最終授業の場面で，それでも水俣病は「しかたなかった」という生徒の声が上がり，積極的でないにしてもそれを支持する生徒が過半数を占

【学習展開】　進行テーマ

進行	テーマ	備　考
１時間	高度経済成長に関する書籍を読んでみよう。	図書館との連携活動―高度経済成長とは，どのような時代であったのだろうか…
２時間	高度経済成長の「陰」の側面を考える：Ⅰ	水俣病は，「文明社会の宿命としての危険」であったのだろうか…
３時間	高度経済成長の「陰」の側面を考える：Ⅱ	水俣病受難者が水俣病を「のさり」（神からの授かりもの）と考えたのは…
４時間	化学の視点「触媒」から考える水俣病	理科教員の授業―「触媒」の働きが脱線し，どのように「メチル水銀」が生成されたのだろう
５時間	高度経済成長の「陰」の側面を考える：Ⅲ	犠牲なき社会を構築することは可能か

備考：古家2016 をもとに筆者作成。

めた。生徒は日本の戦後の厳しい経済状況や当時の水銀についての科学的知識の限界性などから，また授業における被害者側の価値意識の一方的な押しつけ感からか，こうした意見が大勢を占めることになった。事実関係にもとづく認識も，水俣病という複合公害に関しては十分に深められなかった点も指摘できるが，この多くの生徒たちの「しかたない」という反応に対して，しかし２人だけ強く反発する生徒がいた。その一人は，「こうした考え方をすることは恐ろしい」と言い，また別の一人は，「小さいころ秩父で住み，喘息だった。」という自分の体験（記憶）から思いを馳せ，水俣病の被害者に迫ったのである（埼玉県秩父市は，武甲山の豊富な石灰石を採掘し，秩父セメントが 1923 年以降稼働していた)。その子どもが書いた言葉を引用しよう。

> （幼少の体験から）…僕は健康被害については激しい怒りを持っていました。これから未来を作っていく私たちが他の命を見捨てても発展をとる考えを持っていることに恐怖を覚えました。支え合っていくべき世界の理想と人間の考え方の間に根本的なギャップがありました。(古家 2016，p.165)

いずれの生徒も，自分の体験や経験に基づいて，想像力を駆使して，他者としての水俣病の患者さんたちの内面に迫った。他者（この場合は被害者）の思いや葛藤がどのようであったかを想像する洞察力は，実際には個々の生徒のさまざまな経験や体験，葛藤が，記憶として定着されていて，類似の場面でそれが再生，つまり蘇るのであろう。こうした自己と水俣病の被害者とのいわば内面的対話を通した深い気づきの反応（存在論的）が見られた実践でもあった。私たちは，切実な問題を設定した授業場面では，こうした子どもたちの応答をしばしば経験することがある。内面のやさしさや共感，反対に怒りなどに縛られることではなく，他者への人間的なつながりの感覚を持って意見として確信を得ていくのであろう。しかし心情的な共感や理念から問題の解決志向を提案する発言に対して，時としてその問題の厳しい体験をした子どもからは，「そんなに生やさしくない」，「それは理想論だ」という反発が出る例も考えられる。筆者は，中学３ 年生の公民の授業を参観した際に，介護を要するおばあちゃんと同居しているその生徒が，家庭で面倒見るべきという多くの生徒たちの発言に対して，壮絶ともいえる現実を語りながら「きれいごと」に反発した場面が印象に残っている。教室では，ときに，こうした存在論的な視点からの激しい議論が生じる場合も見られる。

以上から，子どもたちが成長するにつれ，ある問題に対する一つの経験の視点から，複数の経験（体験）がぶつかり合うという場面が必要になろう。特に小学校中学年から高校生になるまで，問題は多面的な側面の理解が求められてくる。その場合でも重要なのは，インゴルドの指摘する「他者との真剣な対峙のもとでこそ，この想像力が開かれていく」という点である。そして，相反する立場の人々が複数であっても，真剣な対峙から，「こうあるべき論」という判断基準が生成されると考えられる。それは他者と真剣な対峙によって模索された理念（人間観）といえるのであろう。

以上のように考えると存在論的な学力は，次に示すように問いを伴い示すことができる。

A〈知識〉・認識論的な問い－学校教育での中心的な教育内容。⇒近代科学観を無限定に考えるのではなく，その相対化や問い直しの姿勢が求められる。

B〈知恵〉・存在論的な問い⇒他者理解を踏まえた自己の価値観にもとづく，自己と自己を取り巻く世界のあるべき姿を探究＝そうした〈問い〉を育むには？

そして，未来の教育のためには，A の視点の問いと B の視点の問いが往還しながら構想されることが重要と考えられる。その際には，当然，A に対する本質的な問いかけもなされていく場面もあろう。

4　存在論的視点から「知恵」を学ぶ歴史教育

本節ではいままで述べてきたことに関して，二つの相異なる歴史実践事例（小学校・中学校）を紹介したい。

4.1 【事例】社会科・小学 4 年生「水はどこから」
—— 神奈川県宮ヶ瀬ダムの歴史（1998 年にダム湖の完成）——

〈問題設定〉

実践者の井山貴代 (2022) は，子ども中心の多彩な思考を促すなら，上から意図的に概念形成につながる流れで授業構成を考えたり，視点を上から下ろしてくる学習進行をとらない，としている。一定の固定化された正答主義の概念の獲得という枠を外し，子どもたち自ら考える多彩で正当性のある概念づくりを想定すべきであろう。そのために彼女の社会科実践は，「『自分ごと』として学ぶこと」を大事にしてきた。本単元では「自分ごと」に迫るために，宮ヶ瀬ダムの建設に伴い水没した村々の人たちの思いを取り上げる。

〈子どもたちの葛藤〉

はじめ，ダム建設の是非を議論させたが，「水の確保のためにはしかたない」という 1 人の意見を除き，多くは湖底に沈んだ村人に対する心情を重視する意見に傾いていた。第二段階は，調べ学習（2 ～ 3 時間）をしてさらに議論を深める。ダムはどのような地形に造られるのか，また必要な水量の計算やデータ（恒常的な水不足など）も提出され，肯定側に移る子どもも増加した。反対に移転させられる人々の心情や自然環境への影響を訴える子どもがいて，話し合いを続けた。水田保水能力に着目する子どもが出て，高度経済成長期から完成時に向けて水田面積が減少する現実を見つけ，計画当時にもっと水田の保水能力に依存すべきとの意見も出された。

空から見た宮ヶ瀬ダム

（出所）国土交通省関東地方整備局相模川水系広域ダム管理事務所，2021, p.2.

〈ある子どもの感想から〉

A・「今まで水をいっぱい使っていた自分が今はすごい大切にしようと思ってる。それはなぜかと言うと引っ越しする人の思いも詰まっているし自分があんだけ言ったけどもう（ダムを）造っちゃったから大切にしようと思う。でもあきらめてない。やっぱり自分はぜったいうけいれるわけにはいかない！やっぱり引っこす人の思いがあるから水を無駄にできない。」⇒人の犠牲と資源の大切さに着目

B・「人はこの地球上で人だけで生きているのではない。他の生き物に助けられて生きている。」⇒自然改造と生物多様性に着目

このように井山実践は，「自分ごと」の問題にするために，水源や浄水場などの通常の水の学習を，ダム建設の犠牲となった人々に焦点化して授業を展開した。一つの回答は得られたものではないが，私たちが日々利用する水道の便利さは，当然に与えられるものではなく多面的な複雑な問題をはらみ，犠牲になった人々の存在などにも注視させる実践であった。当然，利用者としての自分たちの立ち位置だけでなく，多様な人々に厳しさを強いていることと，開発のあり方を考えさせている

4.2 【事例】社会科・中学１年生「原始人日記を書こう」

【概要】

新潟県の中学校教師であった小林朗は，「原始人日記を書こう」（中学１年生）という実践を試みている（小林 2016）。学習で孤立化する子どもたちが，テーマに対して自分の意見を自由に書き，それをみんなに聞いてもらい，いわば充実感を持って授業に参加するという願いがあった。自分の意見は，知識に拘泥したものではなく，自分の素朴な疑問や問いかけ，感性を大事にして，自由な発想で過去の一時代の生活感覚を想像してみるというユニークな実践である。その点で，子どもたちの今の生活をもとにして自由に「想像力」を生かして，過去の一時代に向き合う歴史学習の導入的な実践ともいえる。

授業のおおよその展開―歴史学習の導入

1時間目	日本列島の旧石器時代から新石器時代の学習
2時間目	「原始人日記を書こう！」と提案（A4プリント）。授業内で終わらなければ自宅での課題とした。※原始人とは旧石器人でも、縄文人でも構わない。
3時間目	「原始人日記」の提出と発表―見方・考え方の共有

提出された「原始人日記」は，匿名や内容を知られたくないものを除き，面白いもの，参考になるものをみんなの前で教師が読み上げ，共有され，「生徒は自分の日記が読まれるかどうか目を輝かせていた」という（小林 2016）。生徒たちの記述した日記からみえる原始時代のイメージを，小林は以下のように分類している（小林 2016, pp.18-23）。生徒の書いた日記の一部と授業者（小林）のコメントを紹介する。

①マンモスブーム

【D生徒】「マンモスをおびきよせてかりをする。言葉がつかえるようになり，みんなと会話し，マンモスをたおすけいかくをたてる。会話をたのしむ（最近いいことね～よ）（まじか）。夜ごはんもマンモスの肉。石器をつくり，ねる。ねむれなくて，仲間にばれないように抜け出して，マンモスの肉を焼いて食べる。」

②原始人は時間に追われている？

【E生徒】「6:00 起床 6:30 朝食きのみを食べる 7:00 マンモスを狩りにいく 10:00 かえってくる 11:00 昼食マンモス食べる 12:00 友達と遊ぶ 17:00 かえってくる 18:00 夕食昼余ったマンモス食べる 19:00 火をおこす 20:00 ねる準備 20:30 ねる…略」

〈授業者の着目〉他の子どもたちから「原始時代に時間はないぞ」との声が上がる。しかし，中学生は常に時間に追われているせいか，時間に追われる描き方に共感している傾向もある。

③進歩史観に陥る

【L生徒】「あまり発達していないパターン「5:00 おきる朝食のかり 6:30 調理 7:00 朝食 8:00 石器作りやかりの練習 10:30 昼食のかり 11:30 調理 12:00 昼食 13:00 遊ぶ 15:0 子どもにかりを教える 17:00 夕食のかり 18:00 調理 18:30 夕食 19:00 石器作り 20:00 ねる」

〈授業者の着目〉この生徒は発達しているパターンとして，自分の生活リズムを書いたのちに，原始人はあまり発達していないパターンとして表現している。いわば現代が進歩した社会であり，原始時代は遅れていたということになる。このままでは，原始時代は現代に比べて，単に劣った時代と受け止められ，現代人が学ぶべき視点が欠落していると評価した。

④原子人は言葉を話す

【M生徒】「起きる。近くの一人を『ウホウホ』言ってさそって狩りに行く準備をして行く。マンモスとか捉まえる。おとし穴をつくる。おびきよせて穴に落とす。…略…また,『ウホウホ』と言って大ぜいさそってさっき取った木の実をおすそ分けする。夜暗くなるのにそなえて火を起こす。近くの人と友達になり，『ウホウホ』言ってわかれる。ねる準備をして，火をけす。ねる。」

〈**授業者の着目**〉現在とは違う言葉で原始人が話していることは確かだろうが，猿人や原人がどのように言葉を話しているかはわからない。この生徒が自分なりに考えた言葉が「ウホウホ」である。この「日記」を教室で読むと生徒はニコニコとほほ笑んでいた。この生徒独特の感性といえる。ほかにもイラストを描くものも多く，原始時代のイメージを広げている。

以上が子どもたちの描いた日記の概要である。これらの日記全体の記述を概観した小林（ 2016）は,【「原始人日記」で明らかになったこと】として，次の５点を指摘している。（１）マンモスブームでの課題，（２）神の誕生，（３）教科書と生徒の視点の相違，（４）進歩主義の克服（５）今後の歴史学習の伏線，である。

本稿との関連で（１）マンモスブームでの課題，（２）神の誕生という点に着目してみたい。

（１）マンモスブームでの課題

マンモスとセットで語られるのが「仲間」の存在である。今とは逆にとても個（一人）で生きていくことはできなかった時代，集団で「仲間」と協力し，信頼し合って生きていた時代として原始時代を捉えている（小林－自分たちの学校生活への不安や不満が逆転した形で反映していると指摘)。

ところで歴史的事実の理解や時代構造，時代変化と流れという，教科書の記述の枠組みとは異なり，子ども達が着目したのは日常と食の観点からのアプローチであった。小林の実践の出発点は，歴史学習の導入，興味づけのためというのではなく，教科書的な記述枠組み（時代の大観）と格闘し，生徒たちの日常感覚をいかにつなぐか，という点で歴史を学ぶ意味を体感させ，身近な学習であることを感じさせたいとの願いではなかろうか。なぜなら，小林の「○○日記を書こう」実践は，「江戸時代の農民日記」，「文明開化日記」といったように継続的に一つの歴史認識の流れとして展開されている。そのことは歴史認識とは何か？という歴史教育の本質にもかかわる問題提起をしている。

（2）神の誕生

【M生徒】「訓練（狩の技術を高める）⇒狩りに出る⇒仲間を助けて死ぬ⇒勇気あるものとして神になる⇒神なので何でもあり⇒生き返る⇒人々を支配する⇒ひととおりやったらまた死ぬ⇒地獄に行く」

Mは，このように「神」の誕生の流れを書いた。生死が現代以上に身近にあった原始時代は「神」に対する感覚は今とは違う，とこの生徒は考えたのであろう。この生徒は原始時代の神は，人助けという行為や勇気ある行動といった優れた人格者が，やがて神に昇華し誕生したと理解している。興味深いのは，そうして生まれた「神」が，やがて人々を支配する「神」へと転化するとみている点である。この「神」への二面的な着目は面白い。「神」が共有されれば，畏怖と権威によってその集団の統合が強まるが，結束を強めるために「神」が創出された結果，その「神」が今度は絶大な権力を持つと考えている。欲と勢力拡大の視点からの小国家や広域国家の誕生という歴史の推移を絡めた発想とも見て取れる。

ところで自然や生活に根ざす「神」の創出場面は，アニミズムに近い理解である。先住民族の宗教的儀礼に通じる興味深い観点といえる。今日，世界各地の先住民族の伝統宗教や文化，社会を尊重していこうという流れの中で，アニミズム再評価のもとで，いわば現代世界と共通する「原始人」へのアプローチは興味深く，私たちの生活の延長に「原始人」が位置づけられる。

小林実践から，私たちは，一般的に語られる「歴史的事実」の誤認，時代の変化の無視などを指摘できるが，しかし子どもたちの素朴な語りの中に新たな，素晴らしい切り口の端緒を見出すことができる。もちろん教科書的内容ではなく，自らの生活感覚や，ある意味一人ひとりの思いや願いに依拠し，想像力を働かせて追究したものといえる。また「他者」としての原始人を，自分に置き換え，その時代の生活の葛藤を描き出したといえる。なおこうした素朴な想像力を生かす実践は，決して進学校ではない通常の公立中学校で，子どもたちの現状の日々の切実感から展開されたものであることを付け加えておきたい。

5　まとめにかえて

5.1　本論で示したこと

私たちは歴史教育において，冒頭に述べたように「歴史的思考力」が，既存の知識中心の歴史学習を転換させる処方箋のように理解される傾向を指摘した。確かに歴史的思考力は，近代歴史学（科学）を支える私たちの育成すべき能力の一つであろう。いわば合理的で分析的な説明であり，それにもとづく思考が未来を切り開いていくと考えられている。近代科学は，合理的に説明しにくい事実や事象に関しては切り捨てる傾向にあった。この点では，社会の主流から排除された人々や人間以外の生物に関して，同様に切り捨てられてきた経緯があると懸念している。本稿は，思考力の中に「主体」を回復することが，いまの教育を問い直し，さらに未来の教育を考える上でも，以前にも増して重要と考えている。「主体」の核心には，思い込みとは異なる観点での「想像力」が不可欠と考え，これからの教育実践は，こうした想像力を駆使することがより必要と考えている。その想像力が，未来を「創造」する力になると思う。歴史的思考力を否定するのではなく，より柔軟な含みを持った理解が必要ということである。いままで論じてきたことを２つの図に示し，説明したい。

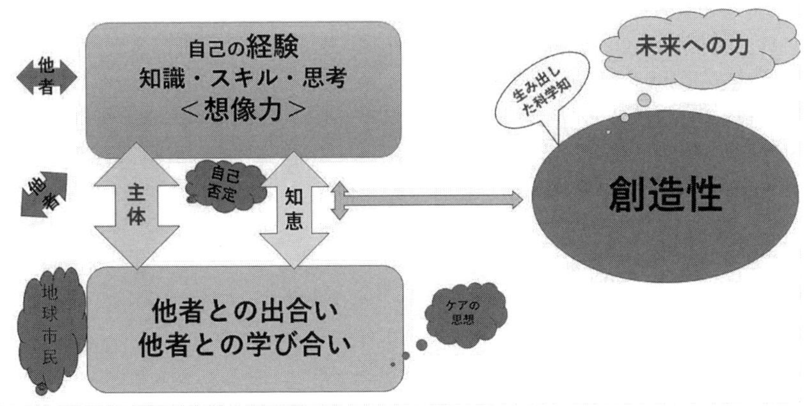

図 2-2　学力のあり方

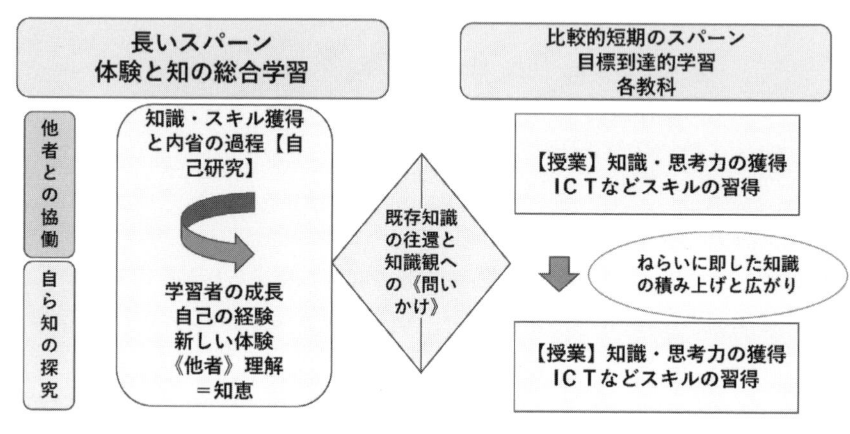

図 2-3　存在論的な視点から「探究」を深める

図 2-2 は，学習は，学習対象の身の回り，地球上の生物全般という他者理解について，子どもたち自身の経験やスキル（社会的な技能）を十分に生かし，多面的な思考を駆使し，想像力を働かせ，理解しようとすることを示している。その過程は，自己省察のプロセスを伴い，自己の生にも触れることになる。そこから既存の科学知を活用したり，ときには相対化したりして絶対視しない姿勢も育まれる。多様な他者と関わりで知恵も育まれ，その知恵の視点から自ら必要な科学知を探索しようとすることも生じる。こうした意味で，地球市民（相互尊重としてのケア）としての主体が自覚され，未来社会に向き合う創造性（課題解決）につながるものと考えられる。

それでは現実の教育課程では，どのように位置づけていけばよいのか。その点を考えるために，図 2-3 を示すことにする。学校教育でも，図中の左側に示した長期的な視点で学ぶ過程と右側部分に示した比較的短期的な学習の累積していく場面とがあろう。前者は，主にさまざまな体験，学校外の人々との交流，学校行事と連動した活動など，学びの多様性に基づいた学習である。当然，学習テーマも教科枠内に止まらず総合学習や私的な探究活動がなされるといえよう。右側は，各教科教育の学習場面であるが，教科の学習・教材の論理や系統性に基づいて学習が積み上げられていく。各教科学習の基盤には，それらに関連する科学領域が存在し，社会科の場合は，地理学，歴史学，哲学・倫理学，政治学，法学，社会学，経済学などが基盤として考えられる。この両方の領域から迫る学習が，今日より強く求められているが「長いスパーン…体験と知の総合学習」は，右側の教科学習を活用すると共に，そこに疑問視や問いなどの，いわば相対化する往還的思考が育まれる。もちろん各教科学習，とりわけ社会科や理科は広領域の内容教科と言われ，教科の中に総合的な視点の問題解決学習を内包していると見なされるが，そのことを含みこんで考える。

つまり地球環境問題や生物多様性の尊重などの，地球的な意味での総合的な問題に接近する，そのための思考力を伸張する「長いスパーン…体験と知の総合学習」の領域を重視すると共に，教科学習も学問体系にだけ依存する傾向を緩め，問題解決力に寄与する知の活用としての学習に向き合っていく必要を感じる。これからの教育課程は，そうした点を重視し，学校内外の体験活動を重視すべきと考える。

5.2　今後の課題に関連して

そうした点で筆者は，韓国のソウル市周辺の学校を調査した。その一つに，代案学校[8]として2000 年に設立されたサンマウル高等学校を視察した。図 2-3に示した構造をサンマウル高校は実践し，地球環境問題という人類の生存にかかわる「長いスパーン…体験と知の総合学習」を基盤としていた[9]。

韓国・サンマウル高校の全景

〔備考〕2023 年度サンマウル高校作成資料より

同校のパンフレットでは次のように紹介されている。サンマウル高校は，哲学である「自然，平和，豊かな生」を志向する代案（実験）学校である。サンマウル高校が志向する教育的人間像は，「自然を愛する人，平和の種を育てる人，知恵と学びをよりよい生に活かす人」，整理すれば，愛に基づき生き，平和の創り手になるとことと，説明されている。そして，次の三つの理念が示されている。

○一つは，【哲学理念】の枠組みを共有し，「知」，「主体性」，「共同体性」，それに「生」の4領域で構成する。「知」は，知識と思考の育成をめざす。「主体性」は，自己理解，自己主導，創意性となり，自分を知ることを共同することの前提として位置づける。「共同体性」は，多様性尊重，参加，コミュニケーションと協力，問題解決で構成される。最後の「生」は，自立，持続可能性，平和の種をまく生活，村コミュニティに関わる内容としている。

○二つは，【自然理念】の枠組みを共有し，「生態空間」，「生態農業・パーマカルチャー」，「循環」，それに「自立・進路と村」の4領域で構成する。その下位の「生態空間」は土，木，石，鉄などの生活を作り上げる不可欠な資源である。「生態農業・パーマカルチャー」の，生態農業は，気候危機・自給自足という環境持続的な生産，またパーマカルチャーは，パーマネント（永続性），農業（ アグリカルチャー），文化（カルチャー）を組み合わせた造語だが，持続可能な社会システムをデザインし，そして持続可能，多様性，炭素中立をめざすなどとしている。

○三つは，【平和と共生理念】の枠組みを共有し，「共同体プログラム」，「自治活動」，「教科」，「生態的市民性」，「地域から世界へ」の5領域である。「共同体プログラム」は，ジェンダー，感受性，非暴力平和，学級自治とする。「自治活動」は，委員会，サークル，文化芸術活動であり，「教科」は，融合，テーマ中心プロジェクト学習とし，既存の基盤学問領域に依拠した教科学習を問い直す視点を持っている。「生態的市民性」は，多様性尊重，責任意識，共同体約束文，生態的感受性，生命尊重などを内容としている。そして「地域から世界へ」は，地域学習と奉仕，村共同体，国際交流（ベトナム・日本）としている。

ここには一貫して，地球環境にとって持続可能な学校を志向し，自然環境問題だけではなく，世界の平和に貢献できる主体としての成長が期待されている。こうした自律型のサンマウル高校などで，歴史教育がどのように実践されているのか，その点の検討は今後の課題としたい。

注

1) 歴史学・歴史教育研究を取り巻く状況には2 つの立場があろう。一つは，歴史学・歴史教育を支えてきた科学的な学問状況に対して，いわば外堀を埋めるように迫る変革の流れがある。例えば，ビック・バンによる地球創生から現代までを説く『ビック・ヒストリー』や，ホモ・サピエンスの誕生という生物学の観点での歴史理解，あるいは遺伝子学などの発展の影響，明らかとなってきた気候変動史から歴史の意味理解など，いわば「人新世」という時代から，狭い人間の歴史だけを扱ってきた歴史学・歴史教育の存在への問いかけがあろう。第二に，歴史学・歴史教育の行き詰まりを自覚的に捉え，歴史学の先端研究の道を開こうとする，いわば内側から既存の研究枠組みを問いかけ，揺さぶっていこうとする歴史学研究者自身による動向がある。例えば，資料が残存しないという点で今まで見落としてきた社会史や災害史，源氏物語を東アジアの文脈の中で読み解き，国風文化の枠組みを変更しようとする研究，日常の食生活とファシズムを読み解く研究などさまざまに提案されつつある。その意味で，両者の側面が絡み合って歴史学や歴史教育の根本的なあり方を変革していこうという動きである。
2) 例えば，ジャレド・ダイヤモンド，2012,『銃・病原菌・鉄』上・下，草思社文庫。
3) 東京学芸大学教員， 専門は宇宙物理学。筆者と科研費による研究「学びの目的に関する研究」でこの5 年ほど議論させていただいた。
4) 管見の限り，哲学の教育の分野では，「doing philosophy」が言われ始めた。森田伸子，2021,『哲学から〈てつがく〉へ－対話する子どもたちとともに－』勁草書房。田中伸，2023,「はじめに」田中伸他編『対話的教育論の探究－子どもの哲学が描く民主的な社会－』東京大学出版会など。歴史教育では，Doing History として紹介されている。キース・C・バートン他〔松澤剛他訳〕,2021,『歴史をする－生徒をいかす教え方・学び方とその評価－』新評論．キース・C・バートン〔渡部竜也ほか訳〕,2015,『コモン・グッドのための歴史教育－社会文化的アプローチ－』春秋社。また算数･数学教育でも，*Alf Coles* and NathalieSinclair,2022, “Dogma C: ‘ Maths is culture-free’ ,” *I Can't Do Maths!:Why children say it and how to make a difference*, Bloombury Education Bloomsbury Publishing Plc,（イギリス）で紹介されている。
5) インゴルドについて，文化人類学者のレーン・ウィラースレフ（Willersiev2007= 訳書2018）は，次のように哲学的系譜の位置づけをしている。現象学に基盤を置く，ハイデガー，メルロ＝ポンティ，サルトル，シュッツ，ディロン，及びインゴルドと見ている。自己もこの流れの中に基盤を置くとしている。
6) レーン・ウィラースレフ（訳書 2018）は，次のように語る。「ユカギール人にとって，動物や他の非人間が人格として考えられているのは，何らかの認知処理によって人格性がそれらに授与されているからではなく，狩猟の最中のような実生活の活動の中で生じる関係的文脈のうちで，それらがそのようなものとして姿を現すからである」(p.41)。「心的表象もしくは認知はもとからあるものではなく，没入する活動の実践的背景に由来するということは可能であろうか。このことが，ユカギール人が動物は人格であると主張するとき，彼らが考えているように思われるものだ。なぜなら，動物は，生業に関わる活動の最中にそのようなものとして経験されるからだ」(p.42)。

7) 教育実践は，子どもたちの「主体性」の確立のためにとても重要といわれる。この場合，世界を認識論的にだけ理解すれば，「主体性」は，世界という外部を見る側に立ち，いわばこの内面の有り様を「主体性」とみなされる傾向があろう。他方，世界を自己の内的な世界観の延長と考えれば，「主体性」は，自己の外部世界とのさまざまな関係のもとで多様に現れるものと理解できる。このように考えると，「主体性」は，外部世界との出会いや，軋轢，葛藤，または共感といった関係性のもとで顕在化すると考えられる。その意味では，教育実践は，さまざまな出会いを子どもたちに保証する営みであり，子どもたちそれぞれに多様な「主体性」を育む行為といえる。

8) 代案学校は，いわゆるオルタナティブ･スクールで，もう一つの学校という意味である。1990 年代以降，韓国でも，不登校児・生徒の増加や既存の学校システム，過剰な受験競争に対して，より人間教育に重点を置いた学校設立運動が起こった。その運動が広がり，政府の教育部も支援に乗り出している。激しい受験競争で知られる韓国で，人間教育や環境教育，総合学習など通常の教科学習などを踏まえながらも，独自の対抗的な価値の教育がめざされてきた。

9) サンマウル高校は，農業生産を中心とした独自の生態転換（環境）教育を展開している。ソウル市から車で 60 分ほどの江華島（韓国で 5 番目の大きさ，仁川市に属する）という島にある。水田と高麗人参の栽培で知られ，自然環境に恵まれている。

引用文献

古家正暢 ,2016,「『犠牲』なき社会を構築することは可能か」坂井俊樹編『社会の危機から地域再生へ』東京学芸大学出版会 , pp.146-168.

小林朗 ,2016,「第 1 節 ネット社会の中で孤立する中学生に歴史の楽しさを実感させる授業を――実践『原始人日記を書こう』」日本社会科教育学会編『社会科教育の今を問い，未来を拓く――社会科（地理歴史科，公民科）授業はいかにしてつくられるか――』東洋館出版 ,pp.14-27.

高校歴史教育研究会編・油井大三郎他 ,2022『資料と問いから考える歴史総合』浜島書店。

国土交通省関東地方整備局相模川水系広域ダム管理事務所 2021『わたしたちの宮ヶ瀬ダム』（https://www.ktr.mlit.go.jp/ktr_content/content/000813749.pdf）

保苅実 , 2018『ラデイカル・オーラル・ヒストリ－』岩波書店。

Ingold,Tim,2018, *Anthropology*: Why It Matters , Polity Press(＝インゴルド , 奥野克巳・宮崎幸子訳 ,2020『人類学とは何か』亜紀書房)

Ingold,Tim,2021, Correspondences , Polity Press（＝ インゴルド，奥野克巳訳 ,2023,『応答，しつづけよ。』亜紀書房）

岩波書店編集部 ,2023『世界』2023 年 10 月号。

井山貴代 ,2022,「水はどこから―― 県民の水供給優先かダム底に沈む村民に寄り添うか――」坂井俊樹編『<社会的排除>に向き合う授業』新泉社 , pp.16-45.

森山徹 ,2011『ダンゴムシに心はあるのか 新しい心の科学』ＰＨＰサイエンス・ワールド新書。

斎藤純一他 ,2023,『公共哲学入門』ＮＨＫ 出版。

テッサ・モーリス＝スズキ , 2018「ミノ・ホカリとの対話」保苅実『ラディカル・オーラル・ヒストリー』岩波書店, pp.330-331.

Willersiev,Rane,2007, *Soul Hunters: Hunting, Animism, and Personhood among the Siberian Yukaghirs,* University of California Press(＝ウィラースレフ , 奥野克巳ほか訳 , 2018,『ソウル・ハンターズ――シベリア・ユカギールのアニミズムの人類学――』亜紀書房)

第3章　授業とカリキュラム，だれとどう創るのか
—— 学習当事者の“学ぶ”意味づくりとカリキュラム——

三石　初雄

1　はじめに
——1980年代後半の大幅な教育課程改訂で問われていること——

学習指導要領は，近年，約10年毎に改訂されている。その中で，個性重視，生涯学習，国際化と情報化など社会変化への対応を議論した臨時教育審議会の最終答申直後の1989年の改訂では，それまでと異なる大きな変更がなされていた。端的な例は，「合科的指導」の一環としての生活科創設と，小学校1・2年の社会科と理科を廃止したことである。それは「鉛筆を削れない子」「自然離れ・体験不足」等の「日常的生活習慣」の現状への対応を前面に出しながら，「ペーパーテストだけで学力を評価すべきではない」とする非認知的能力に類する「新しい学力」観の導入であった。いいかえれば，生活科新設による小学校低学年教育課程の独自性の明示と，教育課程と評価とを対（つい）として考える教育課程観の提示であった。

その後の1998年学習指導要領改訂では，この教育課程編成原理は更に拡張されるとともに，学習内容の選択機会を増加させている。「総合的な学習の時間」を小学校･中学校･高校の教育課程に導入することにより，英語教育，環境教育／ESD，健康と福祉，情報というような現代的課題を学習対象とし拡張し，他方，小学校での選択的学習制導入や中学校選択教科の拡大，高校での学校設定科目制や「課題研究」「単位制」を導入している。これらは「個性重視」論による多様化政策となっている。また，教育内容は削除，移行統合，軽減，集約･統合･重点化，選択等の方法で厳選され，たとえば小学校では約3割削減とされている。

これらの学習指導要領改訂は，『分数ができない大学生』(岡部1999)をはじめとする「学力低下」論ならびに学習指導要領は「最低基準」とする解釈（2003年学習指導要領一部改正）を経て，「新しい学力」観に次ぐ「確かな学力」観の提唱へと連なっていく。このような学習指導要領の改訂の経緯から，学力の

水準，格差，構造，学習意欲と深く関わり，顕在的カリキュラムと潜在的カリキュラムをも含めて考えるべきことが知られるようになっていく（田中 2023)。そして指導要録も改訂され，評価の方法と観点，位置づけが変わり，学習指導や入試に少なくない影響を与えてきている。

他方，国際化・情報化に関しては，1998 年と 1999 年の学習指導要領改訂で，中学校・高校での教科「外国語」が必修とされ，コミュニケーション能力育成が強調されていく。1989 年での中学校・高校での「情報処理」領域の設定後，1999 年には高校普通教育としての教科「情報科」を新設し，拡充している。

この国際化の議論とは直結してはいないが，日本の教育課程改訂は，カリキュラム論の国際的議論とも強い関わりを持つようになる。IEA（国際教育到達度評価学会）による学習到達度に関する理科と数学調査（1987 年から 4 年毎）ならびに OECD の DeSeCo（コンピテンシーの選択と定義）プロジェクトによる「キーコンピテンシー」の提案と PISA 実施（2000 年から 3 年毎）との関係である。TIMSS は「意図したカリキュラム」（国家 / 方策段階），「実施したカリキュラム」（教師の指導段階），「達成したカリキュラム」（学習者の到達段階）に三区分したカリキュラム論のあり方も提案している。その後，2006 年の教育基本法と 2007 年の学校教育法の改正の中で学力規定を法制上に位置づけ，教育課程編成の「構造」化が図られている。

このようなカリキュラムに関わる変更は，総じて臨時教育審議会答申の延長線上にあるといっても過言ではないだろう。それは，世界的な動向である，教育における規制緩和・市場原理の導入と関係しているとみることができよう。

これら国内外の教育課程論議が直接間接に反映しながら，1980 年代末の日本の教育課程改革の背景にある課題意識は，次のような論点を含んでいたように思われる。1 つには知識だけではなく，方法や意欲・態度等非認知的諸能力の発達をどう位置づけるか，2 つには教育課程編成にあたっては，教科の系統的な学習過程だけではなく，教科間の連関あるいは総合的学習をどう位置づけるか，3 つにはそれら諸能力の到達状況の把握つまりは適切な評価の在り方の検討，4 つには学習当事者の理解・到達状況（評価）と教育課程の関係をどう把握し，どう政策と実践にフィードバックするか，等である。

本章では，このような 1980 年代末からの教育課程改革の中で，「新しい学力」観から「確かな学力」観への移行過程に着目し，教育内容と方法の関連についての，教育課程政策レベルと教育実践レベルでの受け取り方の違いを明らかにし，未来のカリキュラム開発のための視点を検討する。

第２節で，その端的な事例として生活科新設時の子どもの生活と学びにおける教育実践課題と，生活科教育に関する解説や指導指針の課題について触れる。生活科では，学びを裏づけるリアルな事実との関係が不足しているという課題把握のもとに，子どもの生活に目を向け「経験・活動」の充実こそが生活科の目的であり内容・方法であるとされた。そこでは自然や社会の事実認識や「客観的にとらえること」を避け，教育内容を不問にし，結果として経験と活動をどう提供するかという教育方法を偏重する傾向が生まれていた。教育実践現場では,「生活科で何を教えるのか」「教科とは何なのか」が議論となった。その後,その見解は「確かな学力」観の提起を間に挟みながら，徐々に変化し「価値ある経験」「知的気付き」論を経て，2020 年に入ると「より高次な概念的知識を獲得し言葉にする」こと，つまり教育内容に留意することへと教育実践課題が推移している（田村 2018)。

これらの教育実践課題の推移の中で注目しておきたいのは，“原体験”に留意した教育である。第３節では，その具体的な事例として，沖縄･西表島での「ヤマネコ学習」の実践を取りあげ，考察する。そこには，教育内容と教育方法を統一的に追究し，教材・題材の選定の視点・理由を問いながら，カリキュラム開発する過程を見ることができる。子ども（学習当事者）と教師（教職専門家）と研究者（学習内容に関わる専門家）の共同による現場発の自主的カリキュラム編成の取り組みが，教育の内容と方法の同時追究を可能としていた。

そして，第４と５節で，このような教育内容と教育方法を統一的・同時的に追究しようとする志向性は，どのようにして形成されてきたのかについて振り返り，考察する。少し歴史をさかのぼることになるが，戦後直後の「はいまわる経験」と批判された生活単元学習導入時と 1960 年代の「教育の現代化」対応の形骸化した「探究の方法」導入時のことを取りあげる。当時の教育内容と方法を乖離させた学習指導方法を“是”とする状況は，2020 年代のいま,「探究」学習の提唱が行われている状況に類似してもいると考えられるからである。

最後に第６節では，これらの考察をもとに，教育内容と方法，カリキュラムをだれがだれとどう創るかについて，基本的視点を提示する。

2　学習指導での教育の“内容と方法”を統一的・同時的に追究すること

2.1　子どもらに「原初の体験」を

生活科創設に始まる教育課程政策の改訂以前に，子どもの生活と感性，子ども集団の質的変化，登校しぶり・不登校・学びしぶり（「学び」からの逃走）状況等の本質解明とそれへの対応・対策は続けられてきた。それらは教科・教育内容の変更と教育課程編成改訂を要請する要件でもある。

原ひろ子は，自然の中で遊ばない，自然界を苦手・嫌う子どもらの姿を，子どもらに“自然みしり”が広がりはじめているのではないかと警鐘を鳴らした。これは，人みしりにならった表現で，自然界との関係の変化についての指摘だった（原 1979）。同じ年，正木健雄・野口三千三は，転んだときに顔面を地面からそらすことができないとか，手が不器用になっている，大脳の活性化水準(フリッカー値) が低下している，と膨大な生活と健康調査を基に身体保持機能低下問題を指摘した（正木・野口，1979）。仙田満は子どもの遊び空間が狭くなり，時間，空間・仲間の狭隘化が進んでいることを調査で実証した（仙田 1984）。子どもらの変容とそれについての違和感の実態は，子どもらに寄り添う教職員や支援職員の間で共有され，課題化されていく。教育界でも，国語教育学者・国分一太郎は『自然 このすばらしき教育者』の中で，「季節感をそだててください」と題し，「原初の体験」の重要さを提言（国分 1980, pp.11-80）していた。子ども達に，季節感を育てるような遊びと，年長者・老人との素朴な労働ともいえる「原初の経験」を用意することが,「人間の教育として，ぜひ必要」だと訴えた。「人間の教育として，ぜひ必要」と考えたのは次のことからだった。

1つには，「人間の教育」として「こどもの精神や筋肉をしなやかにする」ことが必要で，「原初の経験」はそれを育んできたのではないかという知見からである。例えば，「それぞれの遊びによっては，手足をしなやかにうごかさねばならぬこと，目を見はり耳をすまさねばならぬこと，鼻でかがねばならぬこと，手ざわり肌ざわりを大切にしなければならぬこと，しかしときには力をぬかねばならぬこと，爪の先まで器用にうごかさねばならぬこと，小刀やハサミを使うなら手に傷つけぬ呼吸をのみこむべきこと」等の「原初の体験」が，子どもらの敏感な感性を育んでいたのではないかと指摘した。国分は，このようなしなやかな精神と筋肉を育てることは，子どもの対象への能動的な働きかけを保障し，かつ逆に対象からの働きかけを受け取る鋭敏な感性を培い，主体的能動的で協応的な人間に育てると考えていた。

２つには，このようなみずみずしい感性・感受性と旺盛な好奇心，協応性に支えられ，対象についての多面的でリアルな観察，本質的な事実認識を蓄積してこそ，「生き生きとした子ども」を育てていけるのではないか，と主張した。国分は，例えば「タネナシブドウはなぜタネがないのか？ タネなしというからには，タネのあるのがあるのか？ から始まって，それではバナナに，いまタネはないが，もとはあったのか？ こう問いなおしたり考えたりする子どもを，わたくしたちはつくりたい。」といっていた。

３つには，このような「原初の体験」をそのままにしないで，ことば・文章・概念に結びつけ定着させる表現活動を重視した。「カキのしぶさ，なにかの木の実や葉をかんだ時の舌のしびれ……こういうことを感覚しなかった子どもたちは『しぶさ』『しびれ』『いがらっぽさ』ということばをすら自分のものとすることはできない」のではないか，という指摘だ。

４つには，このような「原初の体験」を経る中での「あくことなく問いつめる」経験と「ものやことの発生・成長，つくりあげられる過程，その変化のふしぶしをながめること」を経験することによって，「歴史的な人間になっていく」のではないかと期待していた。子ども時代から，動植物の成長過程や地域の生産活動を見聞きし，経験を重ねる中で，「イネ」が「米」になり，人間の食料である「ご飯」・「おにぎり」となっていく過程をたどり，人の手が加わることによって原材料名や形や状態，使い道も変わっていくことを学んでいく。つまり，ことばや概念の裏付け，方法の妥当性を学び，「先人がたどってきた労働のあしどりを経験させる」等の，洗練され典型的な「原初の経験」を重ねることで，物事の変化・生成過程・歴史性についてのはげ落ちることのない「基礎的学力」が定着すると提案した。

国分は季節感が薄らぎ農業・生産からの乖離が顕著になってきたこの時期（1980年前後）に，「人類の歴史の知識とことばで，それを教える前に，五感や行動でそれをつかむ時代を経させねばならない」と，「原初の経験」の重要性，学校教育の課題を指摘していた。それは，旧きを懐かしむノスタルジーでも経験・体験一辺倒の教育でもなく，子どもらの健康や学びを損なわずに，学校教育における原体験に根ざした教育の提案であった。

2.2　学びの土台としての「原体験」

このような「原初の体験」に着目した実践は，小学校低学年の教育課題として生活科創設前から注目され，学校教育における「原体験」「原型」「価値ある体験」を重視した教育実践として一定の広がりをもってみられた。草木染めからポプリづくり，小麦栽培から小麦粉にしたパンづくり，カイコを飼育して絹糸づくり・製糸・布づくり，渋柿をむいて干してつくった干し柿づくり，豆腐やコンニャク等の食べ物づくりや紙すきをして葉書つくり等々，地域により多様な取り組みがなされている（臼井・三石 1992, 三石・大森 1998）。

例えば，北海道から沖縄まで広く取り組まれてきた「草木染め」実践がある。『はえてきた草木　育てた草木』には，学区に落ちていたドングリを煮て絞り染めをし，絞り染めに関心を示した子どもらと真っ赤にうれたガマズミ，ブドウで草木染めを楽しみ，草木染めでつくった布で，ポプリ袋をつくったという山本ケイ子実践（2年・青森県）がある。染料をつくるために，まずドングリやヨモギ・木の皮等を探し使えるものを選別し，それらを鍋の中で火を使ってぐつぐつ煮込んで染料をつくる。沸騰した染料の中に，染める布を入れて染色し，一定時間過ぎたら布を取り出して干す。染め上がった布を針と糸で縫って袋（ポプリ）をつくる，という作業過程が組まれている。匂い袋・ポプリをつくる実践では，この作業とは別に，強い香りを出す草木の葉を集めて，干して乾燥させ，適当な大きさに砕くという作業も入る。その過程で香りの強い植物には，キク科やシソ科や柑橘系植物が多いことや，それらはどんな場所にいつ頃どんな状態で生えているかを知ることになる。道端のヨモギやシソ，アメリカセンダングサやノコンギク，ヒメジョン，セリ等の草木の多様性に目が向かい，乾燥葉をポプリ袋に入れるとき，香りがかなり残っているのに重さが半分以上軽くなっていることに驚いている。さらにヨモギ団子づくりの実践では食物（食文化）にも関わることを学ぶ。

この一連のポプリやヨモギ団子づくりの活動群に共通していることは，単に体験・経験するだけでなく，それらの意味を意識化する事実認識・知識（概念）と洗練された方法に出会う契機が用意されていることである。いってみれば，これらは布の染色やポプリ袋づくりという「衣」の文化，ヨモギ団子づくりという「食」文化，土壌・土地・地形や生態を学ぶという「住」の文化，つまり衣食住に関わる素朴で原初的ではあるが，洗練された個別文化へと誘う原体験といえる。児童文学者の古田足日は，「大人の手の基礎は子どもの時の手にある」といい，子どもの時に獲得した「手順」は，他の行動にも応用され，さらにそれまでに獲得していた多くの「手順」が統合されて，一つの「型」として子どもの中に定着し，それは「たぶんその子が属す社会の一般的な仕事の手順の「型」になるのではないかと捉えていた。古田はそれを文学における「原風景」と重ねて「原体験」（古田 1982）といった。このような個別文化に連なるあるひとまとまりの事実関係群である原体験を教育課程に反映するようになっていく。

この原体験の教育でも教材・題材の選定が極めて重要である。というのは，活動目標に合わせて「素材」（対象）に「道具」（媒体）を使って，適切な「働きかけ」（方法）を選び新たな作品（目的物）をつくり出す過程を，どう描き，柔軟に目標にたどりつくかという判断と選択の連続だからである。その際，子どもらが生活している地域（この場所）と現時点（この時）と目の前の子どもたち（この子らの課題意識）という三つの視点から典型的な教材・題材・場面を定めるところにポイントがある。原体験の教育は，体験なら何でもよいのではなく，認識と活動の対象となる事実・現象の本質に焦点をあて，子どもらがその本質に接近するにふさわしい方法と媒体を選びながら学習場面を編成するという構造的なカリキュラム編成原理を要請している。そのことは，後に見るように，戦後直後に生活単元学習法を最優先した授業方式から脱却しようと自主的カリキュラム編成のあり方を追究した現場での先駆的取り組みの系譜に重なっている。

2.3　経験と活動優先の生活科教育実践の問い直し

上記のような 1980 年代末の子どもの生活と学びの状況（「子どもが変わった」）に対して，文部省の教育課程政策では小学校 1・2 年生の社会科と理科を廃止して生活科の創設に踏み切った。文部省の生活科構想では，「具体的な活動や体験」は「単なる手段や方法」ではなく，「それらは，内容であり，方法であるとともに目標である」としていた（文部省『小学校指導書生活編』1989, p.19, 以下『指導書』と略記）。学校教育において，具体的な活動や体験，子どもらの生活に依拠することへの着目は，生活科に限らず歓迎されてしかるべきある。しかし，『指導書』(pp.58-59) でもいうように，それらがもつ二側面に留意する必要がある。一つは，直接体験の方が間接体験よりも整理されていないが多様な側面を含み込んでいるので，児童が印象を強くもち，様々なことを学び得る可能性が大きくなるのではないかという側面。二つには，「直接体験をすれば即多くのことを学べる」というのではなく，逆に「間接体験は整理されている分だけ学びやすいが，直接体験は学びにくい」のではないかという側面である。この二つの側面それ自体は，かつて小学校学習指導要領（1977年）にもとづく教育課程への移行に際して取り組んだ研究開発校の報告で指摘されたことであった（『初等理科教育』1987年7月臨時増刊号)。別のいい方をすれば，直接体験・活動で何を学ぶのか，どんな活動が適切であり必要かという教育実践の要件が不鮮明ではないかという実践課題の自覚であった。

生活科創設時には，戦後直後の“はいまわる経験”主義の再来かと批判的見解が出されながらも，政策文書や教員研修では「自然認識・社会認識・自己認識の基礎を培う」という見解を退け，事実認識の基礎を育てるという視点を後退させ，「愛情を持って育てたりすること」が求められた（教育課程審議会答申1987,『小学校指導書 生活編』1989)。学校現場では「社会的事象や自然の事物・現象のあれこれを客観的にとらえることが主たるねらいではなく，生活者として社会や自然にどのようにかかわるかを重視」すべきであるとし，「認識ではなく活動を」「教師は出しゃばらず，待ち，援助することを心がける」「一斉指導よりも個別指導を」等の二者択一的な教育観・対応が強調された(中野・中村1992)。

しかし，1989年告示学習指導要領の全面実施への移行期(1990-91年）に入り，教師の指導性や直接体験に含まれている学習の「潜在的価値」についての問い直しが，部分的ではあれ始まる。その典型は，生活科研究推進校（新潟県・大手町小学校，奈良県・奈良女子大学附属小学校）や歴史のある長野県・伊那小学校等での「価値ある体験」の探究である。大手町小学校では，「生活科らしい授業」の実践をもとに「価値ある体験」の内実の解明を試みている。それによると，「価値ある体験」とは，「試みること（為すこと）で，結果として対象から楽しさや驚き，満足等の受けとるもの（学ぶもの）がある体験」「子どもたちが体全体を使って十分に，没頭・追求・自己表出する体験」であるとし，それを「価値ある体験」として整理した（新潟県上越市立大手町小学校1991)。

その後，さらに生活科教育は変化していく。『小学校学習指導要領解説生活編』

(1999 年) では「知的気付き」「知的な認識」の指導に留意することが必要だとし，「確かな学力」観の提起を間に挟み，現行小学校学習指導要領（2017 年）では「知的気付き」と「より高次な概念的知識を獲得し，言葉にする」こととした。「知識・技能の構造化」に留意した「深い学び」の指導の推奨である。大手町小学校教師で後に教科調査官となった田村学は，「深い学び」を“宣言的知識”と“手続的知識”で説明しながら，生活科における宣言的知識の事例に着目している。宣言的知識は「○○は△△である」というように事実・原理・概念で説明する際に用いる知識のことである。手続き的知識は，自転車の乗り方や箸の持ち方などのように「やり方」や行為に関わって用いられる知識のこととしている。田村（2018, pp.36-43）が事実・原理・概念そして認識に関わる知識を用いて生活科教育を説明するのは，生活科創設当時と比べると大転換を意味する。草創期の生活科教育では，「社会的事象や自然の事物・現象のあれこれを客観的にとらえることが主たるねらいではなく」と強調し，事実・概念や認識指導からは隔絶されたに等しかったからである。

このように見ると，創設期生活科教育での経験・活動を最優先させる方式は，学校教育での学習指導では定着してきていないといえる。田村（2018, p.41）もいうように，「対象に固有な事実的な知識をつなげて，概念的で構造的な知識へと高めていく」ことへと，学習指導の重点を推移させる必要があるということである。この「知識・技能の構造化」とは，先に見た生活科設置以前の原体験の教育の実践に近い内容構想となっている。経験・活動は何でも良いのではなく，対象（学習内容）に即した働きかけ（学習方法）が必要であり，事実認識を言葉や概念で確かめる機会を重視し，学習目標に即した“いま・ここ・この子”にふさわしい活動と対象に精選するという，構想・構造的教育計画＝カリキュラム編成の必要性である。

いうまでもなく，それを可能にするための教師の専門性の保障とそれを生み出す，自発的自立的な研修システムの必要性とも連動している。授業研究の取り組み自体が教師の研修・研究だという確信である。

3　西表島で取り組まれていた原体験の教育実践

3.1「出前授業」と学校教育実践との出会い

このような原体験の教育は，生活科や総合的な学習の時間，教科等の横断的な学習の場で，コツコツと地域の実情に沿って子どもらとともに創り出されている。遠く離れた小さな沖縄県西表島でも，その原体験の教育実践は行われている。それは，今やユネスコ世界自然遺産（2021年）ともなり，世界的な関心事とも重なっている。西表島に棲むイリオモテヤマネコとの共生をどう創り，持続可能な“人間と自然の関わりづくり”をどう考えるかという国内的・人類史的課題にも連なっている。

そこで本節では，沖縄・西表島でのヤマネコ学習を例として，カリキュラム作成と学習内容･教材開発，そして教師の役割あるいは位置づけについて考える。西表島で取り組まれてきている教育活動は，前項で触れてきた原体験の教育に重なってきている。西表島の小・中学校で学んだ子ども・生徒による次の文章を読んでいただきたい。これは，トラ・ゾウ保護基金(略称JTEF)の戸川久美が西表島の小・中学生に「ヤマネコ学習」を出前授業として行った時の，中学生の感想(2016年)である。この文には,自分のイリオモテヤマネコとの出会い,出前授業で学んだこと，観光客へのインタビュー等が書かれている[1)]。

「イリオモテヤマネコへの思い」

私が，初めてイリオモテヤマネコを見たのは，幼稚園生のころでヤマネコは，親といました。初めて見るヤマネコに大興奮でした。こんなに身ぢかにいるのに，なかなか見れないイリオモテヤマネコは，天然記念物として西表島の人々に愛されています。そんなヤマネコについて，夏休みにインタビューを観光客や地域の人に行いました。

観光客の人達は，ヤマネコのことを知っていたので，ヤマネコは，県外にも知っている人が沢山いることを知りました。よ～く考えると私の九州の友達もイリオモテヤマネコの存在を知っていました。また，観光客のほとんどの人がマングローブを見に来ていました。地域の人達のインタビューでは，インタビューを行った全員が，ヤマネコを見たことがあるそうです。イリオモテヤマネコについてどう思うか聞いた所，若い人は珍しいと思っていて年ぱいの女性達からは，身ぢかすぎて何も感じない，特別に思わないなどの意見も中にはありました。

西表島のいい所，悪い所を聞くと，いいところは，やはり，自然がいっぱいなどの声が多かったです。悪い所は，意見がわかれていることが多かったです。その中でも，私の思っていたことと同じだった女性は，観光客と，島の人の船を別にしてほしいという意見です。理由にはぎりぎりの時間に行くと，特に休みの日には，人が多くて，乗れないということです。他にも，船に関することもあったし，交通手段また，病院のことや，ゴミ処理のことなど沢山の意見が出てきました。

このインタビューを通して私は，イリオモテヤマネコのすごさや，ヤマネコに対する思い，そして，西表島への思いを知ることができ，良かったと思っています。

インタビュー活動は，きん張しながらも，一人一人聞いていくことができ，良かったです。この夏休みで私は，インタビューが上手になったと思います。

この文からは，自然・事実を再認識し，住んでいるところの意味と価値を見つめ直し，さらに本当のことを知りたいという姿を見いだせる。県外からの観光客皆が，イリオモテヤマネコのことを知っていること，西表島の自然を楽しみに来ていることを知り誇りに思い，インタビューした自分が成長しているという自負をものぞかせている。西表島の「いいところと悪いところ」を正面から見つめ，西表島とその自然と観光（自然と人間の関係），イリオモテヤマネコのことをもっと知りたいと意欲をみせている。そして，イリオモテヤマネコが交通事故にあわず，絶滅しないこと，自然環境が崩れず・絶滅しないために何をしたらいいのかを考えようとしている。すぐに答えは出ない，大人も考えあぐねている課題に気づき，探ろうとしている姿がある。

ところで，重要なことは，この出前授業は2013年から行われているが，実はこの出前授業は西表島の小学校教師・池村久美が「こどもエコクラブ」として取り組んできていたことと共鳴し合うことによって，はじめて実現したということである。池村実践は，地域でのこどもエコクラブの原体験的教育活動と，時々の西表島内外の教育・文化・芸術との出会いを授業と学校行事に編み込んでいくカリキュラム構想に支えられている。そこでまず，こどもエコクラブを中心とした原体験的な教育活動を見てみておきたい[2)]。

3.2　西表島での自然探索・調査・発表とイリオモテヤマネコ探求 ――「こどもエコクラブ」と『西表ヤマネコ新聞』――

池村は 2018 年 3 月に退職したが，こどもエコクラブ等の活動を 20 年以上継続し，その後も元職場である竹富町立U小学校等で教育支援をしていた。池村のこどもエコクラブ活動は，「西表ヤマネコクラブ」が編集している壁新聞『西表ヤマネコ新聞』から概要を知ることができる。そこには，17 年間のイリオモテボタル観察調査研究，水質調査，サバイバルキャンプ，イリオモテヤマネコのフン分析，自動車のスピード調査等の活動を反映した壁新聞『西表山猫新聞』づくりと，その活動と関連を持たせた学校での総合的な学習の時間と国語等の横断的学習実践についての報告がぎっしり詰まっている。

池村自身は，かつて古見地区でこどもエコクラブ活動をしていたサポーターに刺激されて，西表ヤマネコクラブを発足させたという。その時の教育実践の原点は，「子どもらの生活とつながる，オリジナル・地域教材を使う。子どもたち自身が考える。」というもので，子ども理解を基盤とした，子どもと地域に根ざした原体験的教育実践づくりだった。このことは，「言うは易し，行うは難し」の実情の中，5 年担任の時，後輩の 6 年担任教師に声をかけ，西表ヤマネコクラブを発会している。その 6 年生が小学校を卒業するにあたり，小学生・中学生が一緒に活動することを想定し，エコクラブ員の対象を小 4 ～ 中 3 と拡張している。当初はクラス全員だったが「本当にやりたい子どもと活動しよう」と有志制にし，女子 10 人という時もあったが，次第に男子も増え 30 人ほどの規模で活動していた。1998 年 3 月には，エコクラブの全国フェスティバル IN 北九州に沖縄代表として参加し，以後 7 回の代表参加をしている。

こどもエコクラブの活動は，日本環境協会が全国規模で進めている「壁新聞」づくりに集約され，発信されている。壁新聞『西表ヤマネコ新聞』をみると，その意欲的な活動に子どもたちがのめり込んでいる様子を見ることがでる。『西表ヤマネコ新聞』は，西表ヤマネコクラブの編集・発行で，壁新聞の名前は時にカタカナ，漢字と編者によって変わるが，下記のような見出しにそって編集されている。これらを見ると，継続的に行なっているイリオモテボタル調査，水質調査，水辺の環境調査，サバイバルキャンプ等とともに，草木染めや野草天ぷら，漂流物アートや手作り等の多彩な活動に挑み，こどもエコクラブの目的に迫ろうとしていたことが分かる。いわば衣食住の原体験的な教育体験プログラムが様々な内容と形をとりながら展開している。

＜『西表ヤマネコ新聞』の主な内容一覧（抄）＞

○ No.3『西表ヤマネコ新聞』(2000. 1) ＝ エコクラブキャンプ，リースづくり，上原地区のゴミについて，上原地域のホタル

○ No.4『西表ヤマネコ新聞』(2001) ＝ ホタルの観察，ごみ拾い，草木染，日本最南端の波照間島へ ／ びっくり紫外線，ホタルの観察，ゴミ拾い，鳩間島へ

○ No.7 (2003) ＝ 輝け！ 我が島のホタル達！，拾え漂流物，

○ No.9 (2005. 12) ＝ ホタルの光を追いかけて，シオマネキNEWS，大見謝川探検，ヘチマ，身近な水環境の全国一斉調査

○ No. 10 (2006. 12) ＝ The ホタル発見!!，どんどんエコ活動していくぞ，水辺の環境調査，Day キャンプ，干潟で出会った生き物たち

○ No.11 (2007. 12) ＝ エコクラブキャンプ，漂流物アート作り，The 環境大臣賞，いたいた!!ホタル，見たぞクリーンセンターのヒミツ，密着水　質調査，

○ No.13 (2009. 12) ＝ 輝け我が島のホタル－今年の発見は－，守るぞ！ 西表の海，野草の天ぷら作り，へんなグルグル発見（ウミショウブ)，コカ・コーラ環境教育賞受賞（課題が見えたよ)，水質調査

○ No.14 (2010. 12) ＝ 輝け我が島のホタル－イリオモテボタルの「交尾」，発泡スチロールを油へ，広げよう！ 環境意識の輪，Day キャンプ，野崎川源流探し，水質調　査

○ No.16 (2012. 12) ＝ 何これ？ このゴミは？，水質調査，サバイバルキャンプ，激減!?イリオモテボタル0 －工事の影響か？

○ No.18 (2014. 12) ＝ 復活！ イリオモテボタル，クリーンアップ大作戦，ESD フォーラムｉｎ名古屋，(ポイ捨て禁止)看板作り，サバイバルキャンプ，水質調査

○ No.19 (2015 . 12) ＝ イリオモテヤマネコ発見50周年，イリオモテボタル復活への奇跡，サバイバルキャンプ，水質調査

○ No.20 (2016. 12) ＝ 17 年間のイリオモテボタルに迫る，大調査－イリオモテヤマネコ－，水質調査，サバイバルキャンプ

○ No.21 (2017. 12) ＝ 祝西表ヤマネコクラブ結成20周年！，ヤンバルツアー，今年のキャンプ，今年のホタルは？，マングース，水質調査

○ No.22 (2018. 12) ＝ そこに広がる ホタルのイルミネーション，止まらないヤマネコの事故，2年に一度の文化祭－エコアンケート調査報告－，全国フェスティバル，サバイバルCAMP，水質調査

○ No.23 (2019. 12) ＝ Let's Save the Iriomote Wild Cats for the Future (ヤマネコパトロール，ヤマネコアンケート)， 2019コカ・コーラ環境教育賞受賞，ホタルの

イルミネーション，サバイバルキャンプ，西表の森ガイド，水質調査（浦内川，ナガレ川，野崎川）

西表ヤマネコクラブに入っていた中学３年生は，卒業時に，６年間を次のように振り返っている（『西表山猫新聞』No.23）。ここからは，「僕たち人間のエコの考え方や自然を守ろうとする行動が環境をより良くする」という実感が，西表島・家族から離れた高校生生活を支え，「自分で考えて行動する」ことを育んでいたことを垣間見ることができる。

○「6年間子どもエコクラブの活動をしてきて，今までよりもくわしく西表島のことを知ることができ，経験をすることの大切さを学ぶことができました。また，自分で考えて行動することができるようになりました。そしてエコクラブのリーダーとして今年皆をまとめ，活気あるクラブを作っていけたと思います。エコクラブで学んだことをこれから活かして行きたいと思います。」

○「僕は，エコクラブの活動を通して，節水や節電など身近なエコをあたりまえのようにできるようになりました。また，ホタル観察や水質調査から人と環境が結びついて，僕たち人間のエコの考え方や自然を守ろうとする行動が環境をより良くするということを実感しました。これからは，エコクラブとしての活動は終わってしまうけど，エコクラブの考えを忘れずにエコ活動をしていきたいです。そして，今後とも同じ心を持ち続けていきたいです。」

池村の西表ヤマネコクラブの取り組みは，日常的な原体験的活動にとどまらず，よりスケールの大きなもの＝西表島の地域と生き物を相対化する教育活動に連なっていく。竹富町対馬環境スタディツアー（長崎県対馬野生生物保護センター等訪問）でのツシマヤマネコとの出会いや，学校での写真家・横塚眞己人の講演，沖縄本島の北国小学校と野生生物（ヤマネコとヤンバルクイナ）の交通事故死という共通の問題について電話交流授業を進める等の活動である。

このような西表島内外の文化・芸術に積極的につなげ，その機会に合わせた教材と授業づくりに支えられた学校教育活動には，高い見識と教職専門性が潜んでいる。それは，① 子どもらの現状分析と教育実践課題を抽出し焦点化し，② 単なる活動し経験する場づくりではなく，西表島の生き物と人々の暮らしの典型的な事柄と出来事に焦点をあてた本物志向に貫かれている。そこには③子どもらの感性や経験を活性化し，教育実践を展開させるための生活と地域に根ざす典型的教材の開発とカリキュラムを設計・編集する見識に支えられている。

ここでいう“本物”を志向しようという姿勢には，㋐今の自分を見つめ，自らの個性を探る機会・出会い，㋑地域の生活や人間関係に潜んでいる課題（問題の所在や対立点や論点，価値選択的課題）との出会い，㋒洗練された学問･文化･芸術との出会いづくりが，島内で育つ子どもらに必要ではないかという実践課題把握がある。教師は，クラスや子どもら個人にふさわしい素材・題材・場面として，創造的（翻訳的）にしごとをするのが特質ではないか，という教育専門職意識である。その本物志向の教育姿勢・教育実践観は日常的な授業づくりにも貫かれ，戸川久美らの出前授業「ヤマネコ学習」との出会いで，さらに質的に発展していく。

3.3 「ヤマネコ学習」授業のカリキュラム編成 ―― 授業での取り立てての「深い学び」への支援 ――

戸川らの出前授業は，2012 年に「ヤマネコのいるくらし授業」として朝礼等で行われている。ただ，池村実践と戸川の出前授業「ヤマネコ学習」との直接的出会いは 2014 年になる。2014 年度は, 3, 4 年生のクラスで出前授業が行われ，2015 年度からは竹富町教育委員会や各校の理解のもと，正規授業枠で 4 年生に 1 時間の出前授業を開始し，学んだことを学習発表会で劇の形で保護者・地域の人々に発表している。

「ヤマネコ学習」は，まずイリオモテヤマネコの生活・社会を知ってもらうことから始まる。春になるとメスは森にある木の洞などで出産し，夏には子ネコたちの育児のためにエサ探しに励む。怖さを知らない子ネコたちが路上に出てくることも多々ある。秋になるとオスの子ネコは母ネコと別れ，テリトリーを捜し独り立ちする。そして，親ネコは冬に繁殖相手を捜しに昼間もうろうろし始める。このようなヤマネコの1年の生活をゲーム等を通して体験し，ヤマネコの生き方を知ることを基本としていた(次頁の「授業展開概要」を参照)。

2014年からはじまった「ヤマネコ学習」を単発に終わらせるのではなく，学校の教育活動にどのように位置づけるかを検討しはじめる。まず，2015年には，4年生で「ニュースの時間です！ 特集イリオモテヤマネコ」が組まれている。5-6年生担任となった池村は，イリオモテヤマネコ発見50周年のこの年に，西表ヤマネコクラブとしてヤマネコ学習に取り組む。竹富町が制定した「ヤマネコの日」(4月15日)や，戸川らJTEFが取り組む夜間の「やまねこパトロール」，竹富町対馬環境スタディツアーに参加したり，ヤマネコフォーラム（竹富町と対馬市による「ヤマネコ愛！ ランド共同宣言」フォーラム2015）では探検・学んだ成果を発表する機会に積極的に参画していく。これら学習活動の拡張は，全校でのヤマネコ学習を進める共通基盤づくりとなっていた。

2016-2017年度，4年生担任での池村実践は，戸川との相談で，1~2年と3~6年で「出前授業」を実施するのであれば，4年生では総合的な学習の時間と教科連携した取り組みとなる。9月からの総合的な学習の時間や国語，学活等と結びつけ，まとめ的授業としての12月末の学習発表会で成果をまとめるという学習計画である（2018年池村久美講義資料を基に作成）。

ここでは，講演で西表島を訪問する写真家・横塚眞己人作「どこにいるのイリオモテヤマネコ」の読み合わせと横塚の話，JTEF西表島支部事務局長の高山雄介の話，西表野生生物保護センター見学，イリオモテヤマネコのフン探しとフン分析（高山によるワークショップ），沖縄県国頭村北国小学校（2023年度閉校）との交流等々の多彩な学習内容で構成されている。

この他に，高山の協力により，上原小学校校庭に自動撮影ビデオカメラを設置し，子どもらにとっての日常空間内で暮らしている野生生物たちを観察する機会をつくっている。イリオモテヤマネコは写っていない時でも，セマルハコガメやシロハラクイナ等が歩っている様子を見て，子どもらは興味津々だったという。このような，直接的ではないが自動撮影ビデオで見た自分たちと野生

＜池村久美氏の授業展開概要＞

月日	時	教科	内　　容	備　　考
9.4	1	国語	「どこにいるのイリオモテヤマネコ」の読み聞かせ	横塚真己人著
9.5	2	総合	横塚真己人さんの講話（西表校にて）	西表校、白浜小合同
	3	↓		
9.25	4		横塚さんの話を聞いて知りたいこと、しらべたいこと、何をしたいか話し合い	
10.3	5		西表野生生物保護センター見学（フンさがし）	講師：高山雄介氏
	6			
	7			
10.5	8		フン分析	講師：高山雄介氏
	9			
10.10	10	国語	イリオモテヤマネコについての紹介文を書く	
10.11		休み時間	沖縄本島・北国小学校と電話で交流①２０分	イリオモテヤマネコとヤンバルクイナをお互いに紹介し合う
10.13-11.7	11~19	総合	シナリオ作成①~⑨（⑦⑧⑨は国語で）	
	20	総合	練習①　シナリオ読み合わせ	
11.14	21	↓	北国小学校と電話交流②	先日聞いた話に対しての疑問に答える
11.15-17	22~24		練習②~④	この日より体育館にて
	25	学活	大道具、小道具作り	
11.20-21	26，27	総合	練習⑤⑥	
11.22	28	学活	大道具、小道具作り	
11.24	29	総合	練習⑦	
	30	音楽	劇中歌作り①	
	31	学活	② 大道具、小道具作り	
11.27	32，33	総合	練習⑧⑨	
11.28		↓	児童鑑賞会	
11.30-12.1	34，35		練習⑩⑪	
12.3		行事	学習発表会本番	

動物たちとの共生的環境を目の当たりにしたことも，西表島での貴重な原体験である。

そして，まとめの学習である学習発表会では，ヤマネコ家族･生態，交通事故，人慣れ，ヤンバルクイナ交流という場面構成で，子どもらとのシナリオと歌づくりに取り組み，その成果を発表している。

以上のような原体験の教育活動を土台にしながら，理科と国語，特活等での「取り立てての学習」を行っている。それら学習内容は次のように整理できる。

①“知ってはいるが，よく知らない自分”との出会い

— 生活実感の捉え直し —

横塚の講演では，西表島の自然を思いおこしながら，改めて「イリオモテヤマネコがどんなヤマネコかを説明できるか」を自問自答する機会となっている。話と写真に接した子どもらは，「ヤマネコは夜でも昼のように見えているのか」「どのくらいもぐれるか」「自分より大きなものをおそって食べるか」「つめが長くなったらどうするか」「寿命は？」「走るスピードは？」等，事前の質問事項を基に，より具体的で深い知見・情報を基に知的好奇心を膨らませる。

② イリオモテヤマネコのイリオモテヤマネコらしさは何か

—本質・深い学びへの誘い—

スクールバスで西表野生生物保護センターに行き，高山からヤマネコの特徴，獲物のこと，交通事故や人慣れの話を聞き，ここでも新たな疑問がわき出している。「骨ごと食べるか」「近くの島まで泳いで渡れるか」「どのくらいでひとり立ちするのか」「なわばりの大きさは？」「毒が入っているものも食べるか」等々，大人が考えもつかないことが出てくる。帰り道のフン探しで，子どもの一人がイリオモテヤマネコのフンを発見し，その後のフン分析につながる。これらはイリオモテヤマネコの食性や分散を考える本質に連なる。

フン分析では，学級13人を３班にわけて作業に入る。作業というのは，プラスティック手袋をして，フンをザルに入れ，水が入っているバットの中で割り箸でほぐしていく。その中から，色々なもの＝食べたものの未消化物が見えるようにしている。各班では，それぞれ「骨，つめ，ウロコ（キシノウエトカゲ，魚）」「つめ，骨，ウロコ（イシガキトカゲ），センダングサ，毛（毛づくろい，ネズミ）」「歯，つめ，ウロコ，骨（トカゲ，コウモリ）」を見つけ出す。「これは何だ，何だ？」と探索・推測しながら，このワークショップを

通して，外形を見ただけでは分からないイリオモテヤマネコの生活や生態のイメージができてくる。フン分析を通して“予想以上に色々なエサを食べている”というイリオモテヤマネコの食性の特徴(本質的事実)をつかみ出している。

③“ヤンバルクイナ観察”との交流 ―視野を広げる―

当初，北国小学校とTV電話やスカイプ交流授業を計画したが，その構想を変更して電話交流授業となる。1回目は2校時と3校時の中休みにイリオモテヤマネコとヤンバルクイナを紹介しあい，そこから出た質問を送り，2回目の交流では30分ほどかけて，質問への返答と再質疑へと展開している。ヤンバルクイナの交通事故，人慣れ現象について知ることとなり，イリオモテヤマネコの学習が一回り広がっていく様子が見える。

④ 探究・調査・学習の総まとめ過程を介して学習主体を育てる
― 学びと意見表明 ―

年末の学習発表会への準備は，文字通りの《総合的な学習》の時間となっている。記録によれば，シナリオ作成1時間目に先の4場面構成とすることが決まった後は，子どもたちが場面に合わせて思うセリフをいい，そのセリフを記録，印刷，読み合わせ，修正。9時間かかってシナリオを完成し，背景，作曲では教師の演劇教育的力量が発揮された。舞台練習では，読み合わせ，セリフの暗唱，立ち稽古，リハーサルと実質9日間での本番となる。村人の集う体育館で「イリオモテヤマネコの交通事故をなくそう」を大きな声で発信した。

3.4 「ヤマネコ学習」における“学習内容と方法”の抽出と吟味

上記のような授業展開は，次のような子ども理解や学習内容の学習材としての吟味，つまり“学習内容と方法”の洗練と学校独自のカリキュラム編成（自主編成）を視野に入れていたと考えられる。

1）生活実感の問い直しと自覚化という観点

「ヤマネコ学習」の中で，観光客にインタビューをした中学生は，西表島の豊かな生態と生き物の地域に魅力を感じ，県外／海外から来ていることに目を見張り，西表島を再認識（自覚化）している。自然豊かな地域で生まれたから自然に関心を持つとは限らないことはしばしば指摘されているが，そのことは西表島にも当てはまる（大森 2004）。学習するにあたっては，イエネコと系統が違うヤマネコを意識させ，イリオモテヤマネコの脅威となっている交通事故が自分たちの身近で起きていることと関わらせて学ぶことは，西表島の自然と人々の暮らし・観光・産業の関係を考え，見直し，かつ自らの環境配慮行動の意味や価値についての自覚化も促される。それは，西表島の中学を卒業し島外での高校生活が始まるとき，イリオモテヤマネコが世界的認知度の高さゆえ，質問されたり説明する機会への準備ともなる。

２）自然的，社会的側面からみた価値と学ぶ意義

① 西表島の固有種であるイリオモテヤマネコ（棲息するという事実）

イリオモテヤマネコという野生のネコ科動物が，300㎢ 未満の西表島に存続していることは世界的にも奇跡的なことだといわれている（土肥・伊澤 2023）。これを可能にしているのは，小さな島国での進化過程で適応・獲得した，西表島に棲むほとんどの野生生物を捕食（79 種）するという食性による。とりわけカエル類を餌食とする食性は，世界の野生のネコ科動物の中でも，西表島で生きるイリオモテヤマネコの特徴でもある。西表島のカエルの種類と繁殖形態の相違等に示される豊かな自然があることに支えられた特性ゆえに，イリオモテヤマネコは西表島の生態系の頂点に位置する動物となっている。それが，環境省レッドリストの絶滅危惧 IA 類に選定され，国内希少野生動植物種，特別天然記念物に指定されている意味である。

そしてなぜ西表島に固有種が棲息し，棲息し続けているかという問いも生まれる。琉球列島の形成過程と地殻変動によるユーラシア大陸からの分離 (1000 万年から 600 万年前）と海面変動による島ごとの独自の生物相をもつという地史的状況と生物分散を反映していると考えられている。この点が高く評価され世界自然遺産の認定にもつながっている。しかし，ベンガルヤマネコの亜種であることはほぼ確定できるが，その先の分散過程（八重山諸島か台湾からの経路等）や生態的，形態上の適応進化過程については，今後の研究的課題だという。

② 西表島・沖縄から日本の近・現代史を捉え直す

現代においてなお，数少ない固有種が野生の状態を保全できているのは，西表島の大部分が国有林に覆われ，人間活動による生息環境の攪乱が限定的にとどまっていることに起因している。このことは，これまでの西表島のくらしと歴史に深いかかわりがある。

朝鮮・中国・東南アジアとの交易をもち人頭税とマラリアをめぐる約450年の史実をもつ琉球王朝の存在と「琉球処分」(1879年)，ペリー提督が浦賀寄港(1853年）以前に琉球王朝に石炭・水・食料等を要求（沖縄寄港1852年）したことは，日本の開国・近代化をめぐる象徴的なできごとである（林1984)。また西表島の本格的な石炭採掘（1886年）が日本の近代化を支えたこと（三木1985）も日本の近代史を考える上でも重要な学習材・教材である。　さらに，西表島を含め沖縄諸島の多様な生態系が現在に至っている一つの背景としては，「沖縄返還」の1972年までは米国の施政権下であり，パスポートなしで入島できないという現代日本に至る地政学的事情とも重なる。世界自然遺産に登録された今，イリオモテヤマネコと生態系の世界的価値は，実は日本そして西表島の文化と歴史とも重なってくる。

3）西表島・沖縄・日本・地球の今と未来を考える

1967年にイリオモテヤマネコが学術的に確認（発見は1965年）され西表島が世界的に知られるようになってから50年余が経ち，ユネスコ世界自然遺産に登録された。世界自然遺産登録の如何に関わらず，西表島の豊かな自然を求める観光客数の激増が見込まれ，自然や島の人々の日常生活にも影響がでている。世界的自然遺産であるイリオモテヤマネコが象徴する生物多様性と，豊かな生態系や自然の恵みに根づく西表島ならではの風習やくらしをどのように考え，西表島のくらしと持続可能な観光・地場産業を考える上でイリオモテヤマネコ保護・共生をどう位置づけるかは，持続可能な近未来の生活と産業を大きく左右する。それは，西表島･沖縄に限らず，人類として残すに足る価値ある自然と，人・人間社会がどのように関わるか＝共存していくかという共通の課題でもある。

4）地域の学習素材を生かした学習内容と方法，カリキュラムの自主編成

上記のような生活実感・感性に依拠しながら，それを相対化，自覚化する教育活動と，イリオモテヤマネコと西表島の自然の自然的社会的価値を学習内容へと洗練し教材化する必要性が明らかになっている。そのための検討素材も近年急速に整備されてきている[3)]。

また，先に見た「ヤマネコ学習」実践にあるようにエコクラブでの実態調査や校庭赤外線自動カメラでの観察，JTEF夜間パトロールでの観察と調査，観光客への聞き取り等々が用意されている。そのような観察・調査・聞き取り等の活動的な学びを介して，事実・実感・実際に裏づけられた学びを積み重ね，そ

れを理科や国語，特活，総合的な学習の時間等での“取り立てての学習”で深めるという学習形態＝ カリキュラム編成がとられている。

重要なことは，沖縄本島の北国小学校との野生生物（ヤンバルクイナ等）に関する電話学習交流研究講習や，写真家の講演，西表野生生物保護センター参観やJTEFの出前授業「ヤマネコ学習」受講，学校行事の学芸会意見表明等を組み，自主活動エコクラブでの壁新聞発表等々で視野を広げ，他者の意見を聞ける状況をつくりながら学習活動を進めるカリキュラム編成がなされていることである。個別的事例や地域性に閉じこもることなく，多地域と交流し相対化する機会を持つこととなっている。

これらの現状把握や諸課題への対応は，西表島の大人・住民でも容易く対応できることではない。現状とそこにある諸課題を学習課題に翻訳・翻案し，それらの学習素材の洗練と教材化，カリキュラム編成することは，主体的で「深くて総合的」な学びを促す上で焦眉の課題であり，専門職である教師・教育専門職員への期待となっているといえよう。

3.5「ヤマネコ学習」授業プログラムの可能性と課題

1）池村実践の重層的カリキラム構成

紙幅をとって池村実践をみてきた。このような教育実践は，おそらく大小の学校・学級で毎年の工夫と尽力で全国各校で多種多様に行われている。しかし，それらは残念ながら記録化されることは必ずしも多くない。これらの教育実践は，大小の教育計画をつなぎ合わせた教科・学校カリキュラム（教育計画と実践的振り返り）の営みからなっている。ここでは，池村実践を例に，原体験的

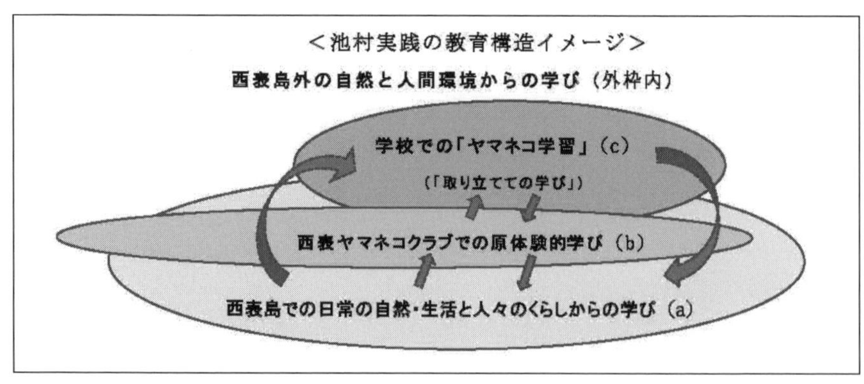

教育プログラムと授業等プログラムからなる重層的ともいえるカリキュラム開発の教育的可能性とその編成要件を探る。

池村実践はいくつかのかたまり・層になって取り組まれていると考えられる。そのイメージが前頁図である。

それらは，教師の目（教育課題）からいえば，ａ）日常的な生活実感・自然と人間環境での学びの明確化と教育実践課題の抽出（子どもが無自覚な場合も含む），ｂ）自発的目的的で典型的な原体験に依拠した実践（共有化），ｃ）授業等での取り立てての学び（「深い学び」形成と発信），というように構造化ができる。ポイントは，教師が日常的生活経験を深い学びにつなぎ得る原体験として何を抽出し教材としてどう具体化できるかという点にある。匂いの強いイリオモテヤマネコのフンを“きたないモノ”と見るのか，“エサとして食べたモノを知る直接的な手がかり”として見ることができるか，ということである。「食えば出す」という生物の本質的部分に依拠して，それを典型的な事象としてフンを見るという教材観である。また「どのくらい泳ぐか」という他愛もない質問も，イリオモテヤマネコの分散可能性を探るポイントにつながる。それらを具体的な教材にするには，教師自身ができる場合は自分で準備するが，できない場合はその道の専門家の力を借りる，依頼することが必要となる。

他方，児童・生徒の目（学習内容・課題）から見ると，ａ）日常的な生活圏・自然環境における個別の多様な事実認識の蓄積（「イリオモテヤマネコのフンら

教師の目（教育課題）	児童・生徒の目（学習内容・課題）
a)日常的な生活実感・自然と人間環境の自覚化	a) 日常的な生活圏・自然環境における個別の多様な事実認識の蓄積（「イリオモテヤマネコを見た」「カンムリワシを見た」「ヤギやウマが放牧されている」「夜空の星を見たり」というような都市部では得られない自然・地域文化に関わる事実認識）
b) 自発的目的的で典型的な原体験の体得と共有化	b) 西表ヤマネコクラブ等での典型的自然体験(原体験)の蓄積と意味理解（自然探索・フィールド調査・自然冒険と整理・総合と発表）
c) 取り立てての授業での「深い学び」づくり	c)西表島の個別認識を沖縄・日本・世界を視野に入れた相対化，相関的理解を促進すること

しいものを見た」「イリオモテヤマネコ・カンムリワシを見た」「ヤギやウマが放牧されている」「夜空の星を見た」等の都市部では得られない自然・地域環境に関わる事実認識)，b）西表ヤマネコクラブ等での典型的自然体験とヤマネコパトロール(原体験)の蓄積と意味理解（ヤマネコ交通事故死を防ぐ夜間パトロール経験での生態と食性理解（フン分析の実習体験，自然探索・フィールド調査・自然冒険と整理・総合と発表)，c）西表島の個別的事例的認識を沖縄・日本・世界を視野に入れた相対化，相関的，歴史的理解（イエネコやツシマヤマネコのフンとの比較，ネコ科アジアやユーラシア大陸のヤマネコ科の分布，ヤマネコの分布と進化を促進すること）がポイントだといえる(前頁表を参照)。

2）「西表ヤマネコクラブ」「ヤマネコ学習」と原体験

このように，池村実践では，先に取り上げた西表島における原体験を児童・生徒に提示し，単なる経験に終わらせないで，確信，定着，発信させることを明確に意識した教育計画（カリキュラム）となっている。

これまで見てきた西表ヤマネコクラブの活動での原体験の代表事例は，一つは探究・調査・整理・発信という事例的調査研究に関する原体験であり，もう一つは，「大調査 ――イリオモテヤマネコ――」でのイリオモテヤマネコの生態探索に関する原体験である。それらは，先の『西表ヤマネコ新聞』の毎号で自覚的に編集・発信されている。前者は，イリオモテボタルの調査，自動撮影カメラでのイリオモテヤマネコ調査，島内の河川水質調査，水辺の環境調査があげられる。17年にも及ぶイリオモテボタルの継続観察の中で，交尾の場面を確認したり，ある時期「なぜホタルが発見できなかったのか」を探った調査は，淡々とした作業かもしれないが貴重なデータとなり，原体験の重要性と意義を実証している。

後者の「大調査 ―イリオモテヤマネコ―」の取り組みでは，次のような生態探索が行われている。整理すると，① 夜間パトロールでのカニやカエルとの出会いから夜間の生態を知り，② イリオモテヤマネコのフン探しでは，草むら，川岸と水辺，森林，大木の根っこ等の生態を探り，③ フン分析では，イリオモテヤマネコが何を食べたのかを，フンに含まれている残りかすから食性を推定し，フンの臭いと臭いつけの習性となわばりの意味を学び，④ ヤンバルクイナやツシマヤマネコなどの野生生物の食性，生態や多様性を学び，イリオモテヤマネコの食性と生態の特徴を相対化して把握し，⑤ それらを高山の話や野生生物保護センターの訪問調査である。それぞれの調査・聞き取りでの専門的知見が，総合的な学習の時間や教科横断的な教科学習で結びつけられていく。ここでは，これらの探索活動と個別的知見と多様性，食性，生態や形態，進化論的な知見で，イリオモテヤマネコ関連の認識と探索方法を定着，再構成し，イリオモテヤマネコに関する多面的総合的把握を実現している（『西表山猫新聞』No.20）。

2018 年度の「出前授業」を受けた 4 年生は次の感想を寄せている。

> 私はこの単元をとうして，一番心にのこっていたのは，フンぶんせきです。どうしてかというと，フンからいっぱいのほねがでてきたからです。コウモリのほねやネズミのもほねがでてきてびっくりしたからです。 そして，高山さんが協力してくれなかったらかんばんせっちや，ヤマネコパトロールもできなかったと思います。らい年はできないけど，らいねんの 4 年生もヤマネコのことをもっとしってもらいたいです。

ここにも，西表ヤマネコクラブでの学習が，イリオモテヤマネコ探究の原体験によって，知的好奇心と学習意欲の高まりを促し，自らが主体的に判断して意見を表明，行動する子どもらの姿を見てとれる。このように，原体験としての探究・調査活動では，単に体験・経験に終わることなく，調査方法の精度向上や定着・安定化，妥当性の吟味を自覚的に行うなどの調査方法の科学化を意識し，ホタルの生態，動物生理（交尾・成長），食性等に関わることや，イリオモテヤマネコの生態，形態，食性等に関わる科学的概念や用語への接続が意識的になされている。

繰り返しになるが，a）日常的な生活実感・自然と人間環境での個人的な学びをクラスで共有し，b）自発的目的的で典型的な原体験の教育プログラムで洗練し，c）授業等での取り立てての学びで深くて，確かな学びを形成するというような層的で，教科横断的・総合的学習を保障するカリキュラム編成をとっていること，d）その際，原体験ならびに取り立てての学び（授業等）では，教育内容に即した教育の方法に配慮し，教育内容と方法を同時追究していることを見ておきたい。

これらのことは，2020 年度全面実施の小学校新学習指導要領に記載されていることの先取り的実践ともなっている。「理科の見方・考え方を働かせること（自然の事物・現象を，質的・量的な関係や時間的・空間的な関係などの科学的な視点で捉え，比較したり，関係付けたりするなどの科学的に探究する方法を用いて考えること)」ならびに「総合的な学習の時間に固有な見方・考え方を働かせること」が十二分に発揮されている。それは，田村がいう「知識・技能の構造化」の典型である。それを創り出しているのは，「いま・ここ・この子」の教育課題を抽出し，その課題解明にふさわしい教材・出会い・展開（カリキュラム編成）を判断・選択・修正できる各教室の教師である。そして改めて確認しておきたいことは，その教師の教育活動の展開を支え，保障する時間と自主的な研究機会を確保することの重要性である。

ところで，このような教育内容と方法を同時追究しながら，層的で，教科横断的・総合的学習を保障しようとするカリキュラム編成が容易なことではないことは想起されよう。それは，教師の力量や学校教育環境と地域環境等々の状況によるからである。ただ，先に整理したような現場発のカリキュラム開発は，偶然的に開発・実施されたものではなく，時々の教育施策に先立ちながら蓄積されてきた教育実践の遺産と直接的間接的な伝承過程の中で発現していることを見ておくことが必要である。そこで，次項からは“教育の内容と方法”の統一的・同時的追究に基づく“現場発のカリキュラム開発”に関する２つの先行事例（理科授業）に焦点をあて，その成立過程を考察する中で未来のカリキュラム開発の課題を考えていく。

4　戦後直後の生活単元学習から系統的学習への移行過程でのカリキュラム論

4.1　生活単元学習方式のもとでの“教育内容と方法”の問い直し

これまでみた「ヤマネコ学習」にみられる原体験の教育には，“教育の内容と方法”の関係を統一的・同時的に追究し，それを可能とする学級・学校に即したカリキュラを自主編成している過程が見いだされる。しかし，このような教育実践追究視点が明確になるまでには，一定の期間が必要であった。あえていえば，その間回避する傾向さえ見られた。その端的な例は戦後直後の子どもの学びを「はいまわる経験」にとどめていると批判された生活単元学習導入時と，1960年代の「教育の現代化」対応の形骸化した「探究の方法」導入時があげられる。まず，「はいまわる経験」と批判された生活単元学習導入時の事例を，理科に焦点をあて見ておきたい。

戦後の検定教科書制度に基づく教科書を実際に使用し始める1950年前後までの時期，戦前理科教科書にはない生物進化や地殻変動，天体・宇宙や分類学・生態学的知見を含むカラー刷りの読み物風教科書が，文部省著作として編纂・使用された。その教科書は斬新であり，かつ教科書を「うのみにしないで」「取捨選択」して「適当に手心を加えて」使用することを奨励する指針は，戦前の教科書観を大きく変え，戦後教育を象徴するものであった。しかし，内容が多様なのではなく，関連性が不鮮明で雑多であり，教えづらく子どもに理解させにくい教材・教科書であった。

例えば，小学校理科教科書『小学生の科学1　私たちのまわりにはどんな生物がいるか』(4学年) は，1. 春の花・虫・小鳥，2. まきばの動物，3. 家をおそう小動物，4. 夏の野山，5. 池や小川の生物，6. 海の生物，7. 秋の草花，8. 鳥を愛しましょう，9. 生物の冬越し（本文56 頁）で構成されている。同種の単元を4～6学年で7 + 10 + 8単元分を教えることとなっていた。

「教えることが多過ぎ」「子どもに理解させにくい教材」という教師の悩みは，生活単元学習の原理に関わっていた。生活単元とは日常経験の中から学習内容を選び，子どもの「経験を組織化」するためのまとまりである。したがって生活単元を編成する際には，活動・経験を分類・分析することはあっても，何を学習内容とするかという内容の選定原理・根拠を問うことには消極的であった。「生活を組織する」という生活単元学習論からは学習内容の選定視点を得ることはできず，その結果，理科の教育目標としては学習内容の「理解」事項よりも「科学的に考える能力」「技術的能力」「科学的態度」の育成に力点がおかれることとなった。

この状況の中，戦後の新制学校の教師は，教材整理のための視点や事例を探し，授業での学習指導の内容そのものの妥当性，真理性を探るために学校内外へと積極的に目を向けることとなる。その訪問先には，大小のサークルや研究会，読書会，博物館や大学・研究所等があり，その中に真船和夫（東京学芸大学・植物学）や田中實（東京工業大学・科学史研究）がいた(真船 1979)。

復員後，高校教師の経験がある真船は，教科書内容への批判的検討とその再編・自主編成を，当時の細胞や生物進化学説の動向を参考に試みている。科学史家である田中は，海外の科学（化学）史研究とその教育的価値の考察を基に，現場教師との研究会を重ね，理科授業実践の記録化と普及に奔走した。1950 年代後半には，多数の理科授業に関する著作が出版されている。そこには現在教科書にも利用され，質量ともに理科授業の教育内容と方法に関する具体的実践研究の飛躍的時期であることが分かる[4)]。

例えば，次のような学習課題が練り上げられ，今日まで典型的な理科授業実践として共有されているものが多数含まれている (田中 1957) 。

○小学２年「さとうの溶解」=「砂糖を水に溶かすと砂糖は見えなくなるが，砂糖はなくなったのか」と問い，子どもらは濃度やかさ（体積），重さに着目し，砂糖（物）の保存を確信していく。

○小学校高学年「イネの継続観察」=「広口びんの口まで水を入れ，その中にダイズを 20 粒ほど入れ，暖かい窓際に置いておくと発芽するか」と問い，空気が生育の重要要素であることを学んでいく（『理科教室』1959.5）。

○中学１年「浮力」=「台ばかりの上に水を入れた容器がのせてある。鉄の玉をひもでつり下げ，そのまま静かに玉を水中に入れると，はかりの目盛りは増えるか減るか，変化しないか」を問い，「重さ・質量保存」を学ぶ。

これらの学習課題づくりを通して，① 子どもだけでもなく，大人も「本当はなんだろう，実際はどうなんだ」と考えてしまう本質的な教育内容への洗練，② その本質に接近する糸口としての典型的な教材，実験・観察機会の設定，③ 自然に関する基本的概念や法則の学習に連なる，題材・教材選定と実験・観察機会の設定，④ その課題が日常生活との有機的な関わり，つまり人間の消費・生産・創造的生活との関連づけ，等の教育内容の抽出・選定と教材・授業法に裏づけられたカリキュラムの開発が行われている。そのような学習課題づくりや授業研究を通して，そこに集う教師の教職専門性が形成されていった。

4.2 理科教育のカリキュラム作成の理論化

1）田中實による理科の性格規定と「学習の系統と手順を規定する要因」分析

教材整理が飛躍的に展開したのは，田中による２つの提言によるところが大きかった。１つは理科教授法研究の原則についてであり，もう１つは，それに基づいた教科としての理科の性格規定である（田中 1957）。

理科教授法研究については，「理科は何をどう教えるか」「どういう理科カリキュラムを構想するか」という学校現場発の提言であった。

理科教授法研究の方法（学習の系統と手順を規定する要因）
① 自由で多様な接近
② 低次法則から高次法則への発展
③ 自由な接近と系統的な積み上げとの関係

田中は，小学校1年の教材「かざぐるま」での「風車をつくる・まわす」に続く「風がふいている，風はなんでしょう」の授業記録を素材に，この3つの要因に沿って考察している。

かぜはなに／ くうきや。／ みえるか／ みえへんよ／ みんな口で／すうてら。／ なまぬるい，／ ひゃこいよ。／ コップのなかに／水をいれて／ゆすったら／ あわでるよ／ せっけんのあわ，／ あれくうきや。

この詩的に表現された授業記録について，田中は，「空気はある」「こうすれば空気は見られる」と自然認識が形成されていると次のようにコメントした。

「①みんなのばらばらの発言を一つにまとめた②この詩をみんなで読み，自分が気づいて発言したことを，めいめいにたしかめ，③『もう一度考えてみる』ことによって，『風は空気だ』『空気はふつう目に見えない。』『しかし空気はある。』『こうすれば空気は見られる。』など，空気の性質についての分析が一応完結し，総合の第一歩がおこなわれる。」（田中 1957，p.247）

コメントの① ② ③ の部分が，田中の先の3つの要因「自由な接近」「多様な接近」「正確で順序正しい接近」に対応している。この詩には記述されていないが，教師は水のアワが見やすいように石けん水をコップに用意し，自転車に空気を入れる経験を思い出してくることを予想し空気入れも用意し，次いでドッジボールの空気入れで空気を入れる場面をつくっている。そして，その空気入れの口をコップの水に入れて空気を吹き出させて，空気を「見える」ようにしている。田中は，子どもらの生活での気づきをクラスで共有し，「見える」化した教師の教材開発の工夫と，分析と総合による手順（方法論）が入念に組み込まれているととらえる。

このような授業実践に多く接する中で，田中は真船・芳賀穣・林淳一らと協力して，小林実との共著『明治図書講座 学校教育・理科』を編んだ。「生活経験」に基づく羅列的排列の教材整理や,「科学的な方法を用いる能力を高める」（1952『指導要領理科編』「中学校理科の目標」）等の科学的態度，抽象的な能力の育成という形式陶冶論的な目標設定ではなく，学年を追って何をどのような順序で学習するかという現実的教育実践課題に応えようとしたものであった。田中は，教材整理の課題に対して「理科学習の原則は自然科学の方法にもあい，子どもの自然認識のすじ道にもかなったもの」とし，子どもの自然認識のすじ道について，系統性とは別に「順次性」という概念で整理した。後にみるように，自然科学の成果に依拠し・手がかりとしながら，仮説的に「系統性」を設定し，実践を通して検証，確認していくという姿勢をとっている。順次性とは，「子どもの認識が，個別から一般へ，具体から抽象へ，現象から本質へ，ばらばらな感覚から概念に深まっていくための（一口にいえば概念の形成や法則の把握）適切な学習素材の選定，教材の配列，学習指導の手順のこと」である（田中 1956）。田中は，この順次性と系統性の概念をもとに，理科の性格を次のように規定した（田中 1957）。

① 理科は，自然科学を学習する教科である。
② 理科の主要な目標は，自然科学の基本的な事実と法則とを，児童，生徒の肉体的・精神的能力の発達段階にふさわしい内容と順序において，正確に理解させることである。

ここには，系統的学習論で“ 科学の体系を教えるといえば，自然科学の研究内容をそのまま小・中学校の理科で学習させる”と曲解されていることへの配慮も込めて表現されている。

2）田中實の慎重な「系統性」論の提起

この２つの提言は，「低次の法則から高次な法則への発展」という構想に基づいている。田中は，物質の基礎概念 (物質不滅の法則) の認識形成を例に，次のような低次から高次の法則への発展構想を例示していた。

○小学３，４年で「物にはすべて (空気さえ) 重さがある」

○小学4～6年で「化学変化の過程にある，物質のゆくえに注意をむける」
○中学1年で「化合と分解で物質不滅性の原因として原子・分子を理解する」
○中学2，3年で「ある物質の性質の原因を分子とその構造から理解する」

それは，「高度の法則をより低次の諸法則，より具体的で（抽象性の度合いのより低い），より直線的な，一群の法則に分析し，これらが学年の進行にふさわしい形で漸次に，子どもの思考の用具として使用可能となるように指導をつみかさねていくことによって，高い法則を，漸進的に子どもの身につけること。」を可能にする基本方式の提案である（田中 1957，p.252）。

このような自然科学に関する基礎的概念はそれほど多くはなく，エネルギー保存則，生物進化の理論等を典型とする「合理的な系統性」の法則群を想定できるとした。その着想は，久保田芳夫編『物理学の教育』，大竹三郎・若林寛編『化学の教育』，中原正木編『生物学の教育』として具体的実践プランとして提案されている（『講座・現代の自然科学教育』）。これらは，教育課程を「子どもの成長と発達に必要な文化を組織した，全体的な計画とそれに基づく実践と評価を統合した営み」(田中 2023) ととらえたとき，理科教育領域での教育課程（カリキュラム）の編成そのものであった。ナショナルカリキュラムとしての学習指導要領に沿いトップダウンで構想されたカリキュラムではなく，学校教育実践から生み出されたボトムアップによるカリキュラム編成の試みである。

ところで，これらの構想は「小学生は小さな＜大人＞ である」「子どもが自然についての認識を形づくる心的過程は，大人のそれと基本的には同じである」「子どもが，自然についての認識を形づくる心的過程は，科学の一般的方法と，その対象をとりあつかう特殊の諸科学の基本的方法とにしたがう。」という仮説に依拠している（田中 1957，p.209）。「小学生は小さな＜大人＞ である」という仮説は，波多野完治（ 心理学者）とルネ・ユベール（仏・心理学者）からヒントを得ており，ポール・ランジュバン（ 物理学者）の「科学史の教育的価値」の主張に連なることも予想される[5)]。

この仮説を端的にいえば“ 子どもと大人の自然認識の心的過程は基本的には同じ”であり，子どもの自然認識の心的過程を形づくる過程と，“ 諸科学の研究方法（つまり人間が諸法則・概念抽出のための認識方法）は，基本的には同じである”ということである。

しかし留意しておきたいのは，田中自身が「あまり立ち入った仮説を設けることは避けた方がいい」（田中 1957，p.223）といっているように，教材選定や教授法のヒントを得られても，それが理科授業実践において適切か否かは独自に判断されるべきもの，つまりこれは仮説としての提言であったということである。田中の慎重な記述は，次の一文に行きつく（1957，p.211）。

「『子どもの科学』と『高等の科学』とは，異質な，または対立的なものではなくなって，漸進的な，進歩の階梯の上にあるところの科学的認識があらわれてくる。そして，『子どもの科学』も『高等の科学』も，それぞれにじしんの体系を持っていて，前者は後者に矛盾なく発展することの可能なものとして，私たちのまえにあらわれる。だが，筆者はまだこれらの点を証明したわけではない。『子どもの科学』は，どのようにして，『高等の科学』へ矛盾なく発展することが可能なのか。『科学の方法』は何故に，子どもにとっても大人になっても，本質的には共通であり得るか。この点を明らかにしないかぎり，ここで述べていることは，理科教育研究方法にとって，すこしも有効なものとなることができない。」

この指摘は，子どもと大人（研究者）はそれぞれに自然認識の体系が存在することを承認した上で，子ども（学習者）と大人（研究者）の「科学の方法」とが何故本質的に共通なのかという問いである。

4.3 理科教育の“体系化”の実践的究明

1）真船和夫の理科教育目的論と積極的「系統性」論の提案

田中の提起を受けながら，系統性論を独自に理科教育改善の中心課題として展開したのは真船和夫だった。真船は，田中の提案した「理科は自然科学を教える教科である」と「子どもと大人の自然認識の心的過程は基本的には同じ」という提言と仮説に共鳴しながら，理科教育の目標を具体化した。

真船が理科教育の目標設定にあたって検討課題としたのは，戦前戦後の理科教育政策と教科書，欧米・ソ連（ロシア）の科学・技術教育，日本の戦後理科授業実践研究を通してであった。論点は，自然科学が解明してきた知見（規則・法則性と方法）を考慮しない教科書（学習内容）の不明瞭性・非妥当性，それを招いている系統的な学習内容の回避と教育方法偏重論に向けられた。つまり知識の認識レベルを事実認識，法則的認識，物質観や生物観（自然観）という3層レベルでいえば，断片的で妥当性に欠けた事実認識にとどまっているのではないか，という指摘である。また，当時の学習指導要領および解説と政策での「教育の目標は，科学の学問的体系のみから導き出すことは不可能であって，そこには，生徒の必要と社会の必要とが考慮されなければならない」(『中学校・高等学校学習指導要領理科編（試案)』1951）という記述からは，学習内容の選定理由は不明瞭・不可能ではないかという見解であった。

自然科学の成果（法則と方法）に依拠し，当時の国内外の理科授業研究の進展を考慮して次のような理科教育目標論を提案した (真船 1968, pp. 13-68) 。

1. 自然科学の基礎的な事実や法則を体系的に学ぶ。
2. 自然科学の基礎的な方法を習得する。
3. 科学的な自然観を身につける。
4. 自然科学の社会的機能を認識する。

これら 4 項目の前半 2 項では，自然科学の成果（事実・法則）を系統的に学ぶことと明記し，学習内容・対象に即した方法を学ぶ必要性を特に強調するとともに，後半 2 項では，系統的学びを通してこそ科学的な物質観・生命観・自然観と世界観の形成に寄与できることを提案した。この真船の理科教育目標論は，次の見解に裏打ちされている (真船 1968, pp. 123-124) 。

「科学とは，もともと断片的な知識の集積ではなく，組織化され体系化された知識を意味している。そして，現代の自然科学の知識体系は，その基礎に一定の物質観，生命観，自然観を持つことによって体系化されている。(中略）自然科学で教えられている自然観は，自然は客観的法則にしたがっているものであり，人間は自然の客観的法則を認識することができるし，客観的法則を駆使することによって変革することもできるという自然観である。しかも，物質観や生命観や自然観は，人格の形成にとってもっとも重要な世界観の基礎なのである。」

「科学的なものの見方や考え方，科学的な能力・態度というものも，自然についての事実や法則ひいては，自然科学的な物質観，生命観，自然観を身につけることぬきにしてはつくられないのである。」

真船のこの見解は，1 つは事実と法則を “ 系統的” に学習（教授）すること，2 つには人間形成という用語を用いずに，法則的認識による観（物質観，生物観，自然観そして世界観）の形成を理科教育に期待し，3つには「自然科学の認識方法は，人間が自然の客観的な事実や法則を認識していく際の唯一の正しい方法であって，それは子どもの場合でも同じである」という，人間の客観的法則の獲得能力（自然科学的研究）への強い確信に基づく理科教育論ということができよう。「観」について少し補足すると，物質の不滅性に基づく物質観や生物進化論に即した生命観等で，自然の客観的法則に矛盾しない判断や行動をも期待してはいた。ただ，観の形成については，戦前の教訓をあげながらあくまで押しつけでなく自己形成によるものであることを強調していた。

また，真船は生物学研究者の視点から，① 低次の基礎的な法則から高次な法則への具体例として，細胞学習についてできるだけ早い時期に，大まかな概念を教え，生物体の構造や機能，成長，生殖，発生等の学習でそのつど習熟していくように学習場面をつくることや，② 生物教育の目標に達成するための内容として生殖と発生，遺伝と変異，物質交代と生態等の学習内容事例を提案するとともに，③ 生物教育の方法として，生物のもつ形態／ 構造・生活様式等を常に進化という歴史的過程の結果として認識できるように，と提言（真船 1968, pp.246 -247）している。

2)「もっとも基本的で一般的」であることの解明

真船は，「『何が』現代生物学のもっとも基本的で一般的な事実，法則，理論なのであるかを明らかにすることが，なににもまして重要なことになる」というように「もっとも基本的で一般的」であることの解明を期待していた（同前, p.270)。真船の提言では，自然科学研究における体系・系統性や認識方法に依拠しながら，まずは“ もっとも”基本的で一般的な改善モデルあるいは試行原則を探究しようと推奨していた。具体的に，力，仕事，エネルギー，分子，原子，電子，細胞，物質交代，進化等を教育内容の基本的概念として確認できるのであれば，可能な限り早い時期に教えるための学習法や指導プランをつくろうと提案していた (真船 1968, p.85, pp. 220-228)。その主張は，生活単元的学習批判としての系統的学習論の立場から，“ 可能な限り早い時期に教えることにより，習熟してより高次の法則理解に至る”という習熟論的発言としても現れていた (同前 , pp.62-68) 。また，このことは「教育にある程度の強制が伴うことは，避けられないことである。問題は与えられる内容が子どもの人間的な発達にとって必要なものであるか，それともそれをゆがめるものであるかにかかっている。といっても，むりなオシツケが非教育的であることはいうまでもない。」(同前,

p.66) という「教育的強制」論ともいえる指導をどう考えるか，教える内容の科学（＝真理性）自体をどうとらえ・相対化していくか，という今日的論点にもつながってくる。生物学研究者の真船が，新しい自然科学・技術の知見を反映してこなかった理科教科書（分類記載学的理科教科書）の改善策として，教育内容とそれにふさわしい方法の革新という課題に目が向いたのは当然であった。真船は学習者の「内的矛盾」「自己運動」をめぐってコスチューク，ヴィゴツキーの論考を基に教師の指導性について考察しているが，その論旨と先の習熟論的発言の意味を今後さらに深めていく必要がある (同前 , pp.168-174) 。

ところで，この“ 可能な限り早い時期に教える” という志向性は，当時迫っていた「教育内容の現代化」の提起（『教育の過程』での「どの教科でも，知的性格をそのままにたもって，発達のどの段階のどの子どもにも効果的に教えることができる」）と一定の親和性があり，それをどうとらえるかという実践的課題とも関わってくる。真船や田中は，「教育内容の現代化」については“ 教授法の革新” としてだけではなく，教育内容・方法の革新の問題としてとらえる必要があると考えていた。したがって，日本の理科教育における現代化対応においては，田中・真船らが取り組んできた「自然科学の基礎的な事実や法則と方法を学ぶ」という主張と，次に触れる学習指導要領等での科学の方法・探究の科学に重点をおく主張とが同時進行していたことになる。

田中や真船らの教師と研究者との理科授業の共同実践研究では，①事実と認識⇔規則・法則的認識⇔自然像・自然観という層状の自然認識の構造理解の必要性を提案し，②学習者の知的好奇心／やる気を起こさせ，人々の生活を改善／改革に関連し，自然像 (物質観・生物観・宇宙観等) を考えさせる問題等の結節点にあたる学習課題を創出することの重要性と必要性を提示し，③授業内に共同学習機会を設けることにより，個人と他者の相互作用による自然認識の深化と拡充が図られる可能性を示した。それは④学校教育を基盤とした教育内容と方法の統一的・同時追究ならびにカリキュラム開発の重要性と可能性を実証するとともに，⑤教育内容と方法に関する教師の自主的研究の保障とその研究推進を支える自然科学者・技術者との共同的研究機会の確保の重要性と必要性を示唆していた。

5 米国の科学教育の教育課程開発と日本の「教育の現代化」

5.1 科学・技術の革新と「教育の現代化」への契機

田中と真船の理科授業・理科教育改革の考究は，海外科学者・研究者との交流が教育分野でも活発に展開していた時期であった。それは第二次世界大戦への科学者・知識人の社会的役割の自問自答とともに，ビキニ環礁での水爆実験(1954年)での原爆・水爆への自然科学・技術の武器製造技術適用に対する態度表明の時期とも重なっている。ラッセル・アインシュタイン声明（1955年）とその後のパグウォッシュ会議，ランジュバン・ワロン（教育）計画（1958年）は，自然科学者の社会的役割を表明し，自然科学者が教育に意見を積極的に発言していることを示していたし，アインシュタイン『晩年に想う』（原著1950年)やランジュバン『科学教育論』所収の教育論はそれを端的に示している。そのような時期でもあり，理科教育の目的・目標論を個人的社会的役割という観点から位置づけることが求められていた。

しかも，これらの事情に連なって，東西冷戦を象徴するスプートニク・ショックに端を発するといわれる「教育の現代化」の直前であった。日本では，先にみた戦後の理科授業・理科教育改革の取り組みと第二次世界大戦とビキニ水爆実験における自然科学者らの社会的役割を問う思潮が重なる形で，1960年代の「教育内容の現代化」を迎えることとなる。

そもそも1950年代の米国では，「科学における革命的な進歩と国家安全上の危機」「優秀性（excellence）のほりおこし」という課題意識 のもと，全米科学アカデミーにより科学知識を国内に普及する方法改善のための研究を組織していた（鈴木・佐藤1963, p.90)。そのアカデミーの1959年の会議結果の提言書が『教育の過程』であった。報告書は，議長のJ. S. ブルーナー（認知心理学）により「教科の構造の重要性」だけではなく，「学習のためのレディネス」「直感的思考と分析的思考」「学習のための動機づけ」と「教材」の章にまとめられ，米国内でも科学教育に限らず教育課程改訂作業に「教育上の諸概念の枠組みを与え」たという(同前, p.138)。この『教育の過程』は，PSSC (Physical Science Study Committee) の編集・刊行に影響を与え，それらが日本では主に高校理科教科書として翻訳・普及（PSSC 物理（邦訳1962），IPS 物理（中学理科，邦訳1969），CHEMS 化学（1961），BSCS 生物 (邦訳青版1966 ，黄版1968 ，緑版1970) され，「理科教育の現代化」の典型教科書として日本にも紹介･活用された。そこでは，“ 教科内容の構造化” といわれるように，教育内容を構造化した科学教育の教育課程開発に力点が置かれた。

他方，初等学校用としては，ＥＳＳ（Elementary Science Study）やAAAS (American Association for the Advanced of Science）によるSAPA (Science - A Process Approach) の教科書・教材が開発され，認識過程の構造化に焦点があてられ日本に紹介された。ESS はPSSC 物理の開発に次いで企画・開発された初等科学教育プログラムで，幼稚園段階から第８学年までの科学と数学を対象としていた。このプロジェクトリーダーのホーキンス（David Hawkins）は原子爆弾の開発から投下まで管理補佐官として関わった科学哲学・教育学者である。

ホーキンスは自身の経験を基に「二度と戦争や殺戮をおこさせない将来の社会を担う市民を育てる科学教育を目指し」，ますます科学依存が強まっていることに反して，科学から疎外されていく現実に向きあう科学教育の教育課程開発に取り組んだという (石井 2014, p.64) 。ホーキンスは小学５年生「振り子」の授業で，たっぷりと時間をかけて「いじくり回す／自由試行（Meesing About)」中で，不十分な自分の理解を手がかりに教師からの指示や発問がなくても，問題を見つけ出していく状況に接したという。このMeesing About の考えをもとに，子どもの探究活動には「いじくりまわす自由な探索活動過程 (Meesing About)」「自分の考えや課題を深化する過程（Multiply Programmed)」「教師による科学の世界への導き過程（Theory)」という３つの過程があるのではないかとした (石井 2012, p.62) 。つまり，ESS では自然認識の深化・発展過程に充分配慮することを「科学教育の現代化」において推奨していることとなり，PSSC プロジェクトとは重点の置き方が異なっていた。米国においても「現代化」への対応に違いがあることが推測できよう。

ところで，ホーキンスの科学教育の教育課程論では，「将来の社会を担う市民」の育成 (教育目的) をめざし，①「自発性に支えられた没入」機会（教育方法）の確保と，自発性を促す「主題（subject matter)」（教育内容）を保障することの同時追究と，②科学教育では「多くの内容について網羅的に知識を得るという伝統的手法ではなく」，「既に説明された主題のみが『科学』のすべてを意味しない」という知識・科学観を提案していた。そこには，「ある知識分野の基礎的構造を反映させるようにして教育課程を編成するためには，その分野のもっとも基本的理解が必要である。それは，もっとも有能な学者や科学者の積極的参加なしには遂行できない仕事である。」（鈴木・佐藤 1963，pp.40-41）という，共同的研究奨励の知見が反映している。なお，Meesing About 論は，全米科学教育スタンダード（長洲 2001）で用いられるとともに，ハドソン（Derek Hodson）により科学リテラシー育成方法として doing science（科学する，科学を実践する）の重要性の提起があり今日まで継承されている（石井 2014，p.63，p.67）。

5.2 「探究の科学」「科学の方法」としての「理科教育の現代化」

このような海外での「教育の現代化」論の主張は，日本では科学・技術開発と科学技術の振興策として，生活単元学習から系統的な学習への移行を示唆する小・中学校学習指導要領の改訂（1958 年）等に徐々に反映されていく。ただ一面的であった。

1950 年代末に紹介されはじめた「教育の現代化」論は，メディア等で“経験主義から系統主義へ”と報じられ，特に，中学・高校の理科と数学等での「系統的」な学習を示唆する政策として示されるようになる。理科関係では，中学校理科二分野制導入，数学と理科の最低授業時数増（週 1 時），そして学習内容の選定や体系化に関する若干の付記がある程度で，科学技術教育の振興を追認する側面が強かった。系統性に関する追記は，「学問の基礎という立場をはなれて，生活や産業の基礎という立場から，習得すべき知識を選択し，まとめる」というもので，従来以上の説明はなく，学習内容の選択と体系化の原理とはいえない内容であった（文部省 1959『中学校理科指導書』）。次いで，1968 - 1969 年告示の中学校学習指導要領理科編では「探究の過程を通して科学の方法を取得させる」と明記し，「探究の過程」と「科学の方法」を改革の焦点とした。

日本の理科教育の「現代化」論の主張は，この米国中等科学教育の科学教育課程開発研究の日本への導入・受容の仕方に関係があった。この点について，石井（2014，p.43）は，米国での「現代化」に関わる研究動向，日本への紹介と受容過程，「現代化」政策解説と実践ならびに普及過程を検討し，「知識偏重教育の否定と子どもの自発性を強調するあまり，教師が教え込まずに理解することをめざすという趣旨が，教師は教えなくてよいという論調に変化した」「『子どもが知識を構築していく』ことが『方法さえ教えればよい』という議論に変わっていった」と実施状況を分析している。

日本の「教育の現代化」施策は，1969年の学習指導要領改訂時に数学と理科，特に中学校理科で強調された。解説では，「事物・現象の中に問題を見いだし，観察や実験を通して情報を集め，推論し，仮説をたて，検証を行なって，法則性を発見したり，自然現象を解釈したりする方法を習得させる」とし，「探究の過程」を重視するとした。ここでいう「探究の過程」とは，課題発見，予測，観察，実験，測定，記録，分類，グラフ化，推論，モデル化，仮説設定，検証という探究の場面と方法で，とりわけグラフ化・モデル化・仮説と検証が「科学の方法」の中核として位置づけられた。つまり実際にはブルーナーらが提起した「教科内容の構造化」と「認識過程の構造的化」の同時追究ではなく，後者の一部主張に対応する「知識注入からの脱却」「生徒の思考プロセス重視」という観点が，紹介・受容時ならびに学習指導要領の解説・解釈・普及時において一面的に強調されていた。

学校現場では，中学校年間総時間数が210時間増加し，理科の授業時数は週4時間で変わらないが学習内容の高度化と分量の増加で，時間を十分にかけられない「新幹線授業」となっていた。当初，理科教育の「現代化」の解説では,「科学の知識を生み出す機能，すなわち，科学の方法を科学教育を通じて会得させようということである。……知識内容は何でもよい。探究のための素材として適切なものであれば，知識内容は問わないのである。」(森川1969) とまで，「科学の方法」偏重の主張がなされた。それについて教師や研究者からは，『教育の過程』にも記されていないし，科学研究においても考えられないという原理的批判や,「プログラムを枠にはめ込んでいる」「パターン化されている」という授業批判,「結論を出さないことがオープンエンドと誤解され，『児童生徒が無責任な思いつきや言いっぱなしをして何を学習したかわからなくなる』という危惧」等の意見が出された（石井2012，pp.42- 43)。

したがって，理科における「現代化」推進の実際は,「教科内容の構造化」と「科学の方法」とが乖離し，「モデル化」「探究」「オープンエンド」「探究の過程」の用語が多用されるにもかかわらず，授業の形骸化とパターン化が進み，理科の教育課程と内容の体系化もなされないままであった。その結果，回避するはずであった「詰め込み授業」に陥り,「ゆとり教育」を新たな標語とする1980

年代の学習指導要領改訂を迎えることとなる。

日本での『教育の過程』の紹介・受容過程では，「どの教科でも，知的性格をそのままにたもって，発達のどの段階のどの子どもにも効果的に教えることができる」という言説での前半部分が軽視され，後半が「現代化」の主旨とされる傾向が強かった。つまり“教科内容の構造的把握”が弱く，“認識過程の構造的把握”が「探究の科学」「科学の方法」に矮小化されていた。また，戦後日本の理科授業研究の中で蓄積されていた，教育内容と方法の洗練や教育内容の構造化（階層的把握），自然認識の順次性の解明等がほとんど反映されないままの「理科教育の現代化」論となっていたといえよう。しかも『教育の過程』で指摘されていた，科学の成果に裏づけられた事実や概念・法則を，教材と学習内容に「翻案」（translation）する教師の役割や，教師と研究者が授業実践検証を含めて共同でカリキュラムを開発することの重要性も見過ごされた。

6 教育内容と方法，カリキュラムをだれとどうつくるか

6.1 学ぶ意味を問う「現代化」と学ぶ楽しさに出会う授業づくり ―― 教科教育におけるもう一つの「現代化」――

教育内容・方法を「現代化」するという志向は，ある意味で科学・技術，社会の転換期に行われてきた。日本では，1960年前後の算数・数学と理科の改革議論の中で，現代の科学・技術，学問の成果を反映しようとした教育課程の編成原理として，「現代化」という用語が使用された。戦前の国民学校での綜合学習を「メソッド」として許容･導入し，敗戦直後の生活単元学習，スプートニク・ショックの「教育の現代化」においても，方法に焦点をあて導入しようとしていた。近年提唱されている「探究」学習にしても同じような傾向が見られないだろうか。大転換時には「知識より学び方」が重要だ，として。

それでは「何を，何故，学ぶのか」ということは，何処で誰が決めたのだろうか。もちろん，戦前戦後も今も，文部（科学）省とその審議会で決めてきている。ただ，先に見た戦後の２つの典型的事例からは，教育内容の選定基準や妥当性への自覚的検討は，政策作成側だけではなく学校現場･教師･研究者も推進・検討・実践的研究をしてきているといえよう。ここでは，そのような学校現場

発の教育内容・方法研究とカリキュラム開発研究の営みが，「教育の現代化」論を包摂しながら新たな教育実践課題の提示を伴っていたことを見ておきたい。先に第3節で見た「ヤマネコ学習」も近年における学校現場発の1つの先駆的実践といえる。

日本の科学教育の現代化の試みは，まず，数学教育において開始された。それは日本数学教育学会の数学科教育課程研究委員会と民間教育研究団体の数学教育協議会とで活発に取り組まれた。

前者では，高校数学の教育課程研究を前史（1958年以降）とし，数学科教育課程研究委員会（1963年再編により発足）において，「小・中・高・大を通じての数学教育の現代化をめざして，数学教育の革新運動を推進する」ことを目的とした。欧州，ソビエト連邦（現ロシア連邦等）における数学教育の改革動向を学習内容に即して紹介・分析するとともに，アメリカ合衆国のSMSG (School Mathematics Study Group，1958年発足) 等の1950年代以降の数学教育カリキュラム開発からあとづけ，数学教育の現代化を提唱していた。

後者では，1959年の第7回全国研究大会で「現代数学と数学教育」「転換期の数学教育」をテーマに取りあげた。その典型的な実践研究の成果である「水道方式」による計算体系を遠山啓と銀林浩が中心となり1960年に提案している（遠山 1976, 1980, 1981）。「水道方式」では，現代数学の成果である集合論でいう一対一対応と，数指導のための媒介物としての「タイル」教材を開発するとともに，「一般的・典型的」な計算問題（計算過程）から「特殊的」なものへと展開する指導過程を基本としていた。この「一般から特殊へ」「教科を裏づける学問の構造」に依拠した教科指導原理には，『教育の過程』の提案と重なる部分を見いだせる。『教育の過程』の翻訳者・佐藤は，日本での教育の「現代化」において注目に値する成果をこの水道方式にみていた（鈴木・佐藤 1963，pp. 147-148）。

ところで，この水道方式に代表される数学教育の現代化に関わって，1972年に「楽しい学校」論という新しい提案があったことは見落とせない。「教育の現代化」の牽引者であった数学教育協議会の遠山啓（東京工業大学）は，「民間教育運動は，これからやはり考え直さなければいけない」として「術・学・観の教育」の構造的把握を1972年8月に提案した（遠山 1973）。術とは技術・感性，学は学問・科学・悟性を，観は価値観・理性にほぼ対応する概念である。それは，いろいろな教科で「ばらばらの知識」を教えているが，テストでおどかして覚えさせるのではなく「忘れようたって忘れられない授業をすべきだ」として，「序列主義を打破して，楽しい学校をつくろう」という提起だった。色々な教科を知るだけでなく，「統一的に多面的にとらえる」チャンスを与えること，「われわれの世界を見る，人生を見る，つまり世界観とか人生観とか，あるいは自分がどういう職業について，社会の中でどういう働きをするかという職業観あるいは労働観，こういった観といわれているものをつくること」が重要ではないかという学校教育のとらえ直しを促す提案だった。その具体的な学習のあり方として，遠山は1972年に総合学習という概念で，分析と総合の学習機会を学校教育で用意すること，つまり，各教科での分析学習だけでなく，総合学習という学習形態が必要であると提案している（梅原1990，小口2007）。その総合学習は，公害や戦争と平和という現代的課題だけではなく，天動説から地動説へと科学が進歩していった時代の歴史を学習することや「低学年の子どもが，それまでに学習した知識や獲得している生活体験を総合させ，気づきを促す学習は可能であると考えていた（小口2007，p.25）。「ヤマネコ学習」が教育内容と方法の統一的・同時的な追究をめざし，分析（教科学習）と総合（総合学習等）を組み合わせたカリキュラム編成とも類似性を見ることができる。「ヤマネコ学習」は，この総合学習の趣旨を敷衍し，50年後の今において西表島で実践されているのである。このように見ると，文部省・教育課程審議会答申（1998年）での「総合的な学習の時間」の提案以前に，総合学習を組み込む現場発の新しいカリキュラム開発の提案と実践がなされていることになる。

6.2「楽しい授業」づくりをめざす「仮説実験授業」の試み
――「真理性」を討論と実験で獲得する――

遠山の楽しい学校，楽しい授業論の展開に併行して，板倉聖宣（国立教育政策研究所）は「楽しい授業」（1983創刊）を理科授業において展開している。板倉は，遠山が主宰した雑誌『ひと』の5人の刊行発起人の1人であり共同編集者として創刊号（1973）から関わっていた。板倉は，それに先んじて，科学教育の系統性を固定的に考えない独自の科学教育として「仮説実験授業」方式を1963年に提案し，教師との共同実践研究を進めていた。この『ひと』の編集委員会での板倉の発言は，仮説実験授業の教育理念，科学教育の目的と目標を端的に表している（香川2014）。板倉は，「極端な言い方だが」と前置きし，「忙しくて勉強できない，あまり勉強ずきではない」というのが当然という発想を

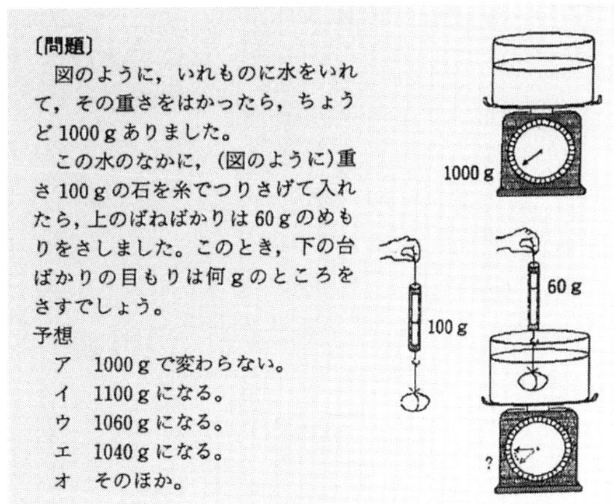

〔問題〕

図のように，いれものに水をいれて，その重さをはかったら，ちょうど 1000 g ありました。

この水のなかに，(図のように)重さ 100 g の石を糸でつりさげて入れたら，上のばねばかりは 60 g のめもりをさしました。このとき，下の台ばかりの目もりは何 g のところをさすでしょう。

予想

ア　1000 g で変わらない。
イ　1100 g になる。
ウ　1060 g になる。
エ　1040 g になる。
オ　そのほか。

(板倉（1989）より転載)

持つこと，「専門家に一般人が追従するのではなく，一般人のために専門家があるべきだ」「『専門家』が父母や青少年を牽引するような，啓蒙や啓発という類いの運動ではなく，対等な関係を取り結ぶ運動の構築を理想としている」と語ったという（1972.8 第 4 回編集委員会)。

次の授業書の一場面は，仮説実験授業の典型的な事例である。それは，先に見た中学理科での「浮力」（本章 p.122）の理科授業での「問題」である。遠山のいう「忘れようたって忘れられない授業」の一場面といえるだろう。

・1100g ＝ 石の重さは 100 g なんだから，水の中に入れると下のはかりにその 100g がかかる。

・1060 g ＝ その石を水の中に入れたら，軽くなって 60 g になるという。だから下のはかりにはその 60 g だけかかる。

・1040 g ＝ 石の重さは 100 g。そのうち 60 g だけ上のはかりで支えるのだから下のはかりには 40g だけかかる。

仮説実験授業では，問題を洗練し，科学上のもっとも基本的な概念や原理的な法則に関するものを基に，科学史上，科学者も間違って考えていたことも扱っている，という（板倉 1989)。授業では，独自の「授業書」により「問題」を提示し，各人の「予想」とその理由等を交えた「討論」を経て，各人が「仮説」をもつことを期待し，その仮説の真偽を「実験」で問う。それは，「科学的認識は，対象に対して目的意識的に問いかけるという意味における『実験』を通してのみ成立」し,「科学的認識は社会的な認識である」という見解に基づいていた。そこには「予想と仮説」を確かめるという目的的な実験観と,認識の深化・発展は個人的営為でのみ行われるのではなく,クラス等の他者との意見交換という社会的な営為が不可欠であるという授業論だった。このような授業書をそれぞれ完結型で作成し,授業書(ひいては教育内容)の「系統性」を必ずしも固定的なものとは考えず,また,全授業書を網羅するような授業計画を奨励せず「統一カリキュラムは作らない」という独自な科学教育プログラムの提唱だった。とはいえ「おもさのはたらき」「ものとその重さ」や個体・液体・気体の重さ(質量)保存則,「ばねと力」「トルクと重心」「力と運動」等,一連の科学概念の関連に配慮した授業書(プログラム)を用意している。

仮説実験授業を約10年取り組んできた時点で,板倉(1989, pp.35-66)は次のような子どもの授業で学ぶ姿(評価)を基に,評価論をまとめている。

・正解を求めて多数派に組みするのではなく,「少数派の1人として勝つ方がずっと誇らしい」
・途中で問題回答の「予想を変えるのはずるい」という感覚も,この授業を受けていると,ずるいことはないし友だちもそう思っていないことに気づく。
・「予想が1つで余計に当たるよりも,自分自身で考えて当たることの方がはるかにうれしい」
・無理に発言させないのでビクビクして授業を受けていない。他の子と同じであったり,自分もまんざらではないと気づいていく。
・発言していないからといって,考えてないわけではない。感想文で分かる。
・子どもは,「理科は合っていても,えらくないと思う。最後まで意見を変えないで,やりとおすほうがよっぽどえらいと思う」と誤答派を尊敬している。

板倉の仮説実験授業方式では,理科授業においても「科学的認識は社会的認識である」という見解のもと,既成の知識の真理性を問い直しながら,他者と討論等を通して共通理解を通してはじめて「真理」であることを納得し,確認することとなるのではないか,と提言した。板倉 は,「社会的認識としての科学」という意味を次のようにとらえている(1981, p.215)。

「クラスの多くの児童・生徒たちに十分納得のいくような形で証明されていない法則や理論は,それらのクラスにとって科学であると主張することはできない」「科学上ですでに確立されている理論・法則といえども可能なかぎり,生徒たちの先入観や常識と相並ぶ1つの仮説として導入され，科学上の理論や法則が常識的な考え方よりもはるかに正確で有効なものであることを身をもって体験させるように指導しなければならないのである。」

この授業論では，授業では一旦は「自然科学の基礎となる事実や法則」を「仮説」として提示し，その真偽を討論と実験で確認することこそが重要だと主張している。このような子どもらの評価・審判をもとにした評価論は，“教育の内容と方法”を教師が責任を持って適切な質を担保することを前提としながらも，子どもの観点から創りかえる可能性と必要性を提起しているといえる。

また，仮説実験授業方式では，授業における教育内容についての「真理性」に関するラジカルな提起がおこなわれていた。板倉は，あえて「それらの子どもたちがふだんの仮説実験授業にたのしく参加しているのなら，しいて終末テストができるようにならなくてもよいように思います。科学の知識がたりなくても，それで，人間失格ということにはならないし，しいて科学を教えることが，逆にその子どもの人間性を破壊することだってありうると思う」という（板倉 1989, p.62）。

もちろん，この主張は『科学革命の構造』（1971）の著者，トーマス・クーンの相対主義的科学論・真理論とは違う（田中 1982)。しかし授業では仮説を討論と実験を通して真理を追究するということを通して，「真理成立の条件として合意を位置づける」という授業観を投げかけている。この点で，島崎（1988, p.174）のいう「真理は反映か合意かという問いに対しては，真理は社会共同的な合意を条件にした反映であるといえる」という提起に通じるところがある。

6.3 授業とカリキュラムを，誰とどう創るか

ここで，もう一度，「教育の現代化」の後に提言された「楽しい授業」論提起の意味を考えてみたい。1つは，「わかる授業」「楽しい授業」を誰が創るのかということである。

遠山のいう「楽しい授業」では，ゲームの遊戯性に由来する「楽しさ」と序列のない授業空間の「楽しさ」という2つの論点から構成されていると，分析されている（香川 2019, p.80）。それは，遠山の「反復練習」（習熟学習）を介した「わかる授業」の批判として捉える（田中 1996, 2012）のではなく，「楽

しい授業」との相補関係としての理解である。ただ「楽しい授業」をこの2点とともに，鍵となる事実や概念それ自体を学ぶ楽しさを前提としていることも見ておく必要がある。遠山がいうように「忘れようたって忘れられない授業」は，科学史や文化史，人類史で鍵となる事実や教育内容とそれに接近し得る方法による「楽しい授業」の自主的な授業研究とカリキュラム開発でもあった。それは，算数・数学，理科だけでなく，中学校社会科での安井俊夫実践（安井 1982, 1985）にも共通した実践課題意識である（田中 2012, pp.89－94）。そこでは，知る（認識する）－ 分かる・分からないことも分かる（理解する）ことをも包含する形で学びの意味を分かり合ったり（共感的理解・他者理解），あるいは分からなかった自分がだんだんと分かっていくこと自体の楽しさ・快さ（自己理解・メタ的理解）も前提となっていると考えてよいだろう。ここには教育の現代化において見られた，現代科学の成果・新しい知見→教科／教育内容の選定と編成→ 教科／教育内容の教材化と学習形態の工夫という方向だけでなく，逆ともいえる方向についても着目していると見ることができる。つまり，学習者の受け取り・共感的理解→教科／教育内容の再選定・精選と教材化→ 現代科学の成果・知見の再吟味という方向を配慮するという示唆である。このことは，科学や学問・芸術の到達点を軽視しているのではなく，その到達点を探り学習者の学びにふさわしい内容と方法へと選りすぐり・翻案することを教職専門家に要請することを意味している。教材研究に関しての城丸の整理を借りれば，「事物それ自体のもつ関連を明らかにし，その関連の構造を明らかにし，関連を統一的に把握したものが科学の体系」であるが，「事物それ自体とその関連」と「それをどう説明し叙述するかは，これとは別の次元に属すること」だという理解である（城丸 1964）。どう説明・叙述・展開するかは教師の肩にかかっているということである

「楽しい授業」の提起に関わって，2つ目に考えたいことは，自然像や自然観，人生観や世界観，職業や労働観にも迫っていくような学びの在りようが構想され，目指されていた点である。そこでは遠山も板倉も強調しているように，「観」の押しつけにならないよう厳しく自戒しながら，公教育としてこの課題に挑むことを要請している。それは，高校生の選挙権行使や臓器移植等のことではなくてもワクチン接種をどうするかに見られるような意思決定・価値選択的な課題への対応が必要となっているからである。その点でいえば，第3節「ヤマネコ学習」で見たような観光・地場産業との関係を視野に入れながら，イリオモ

テヤマネコと住民との共生関係を公的教育機関での教育実践としてどう創っていくかということも「価値選択的」課題の1つである。

この点に関わって，子安（2013，pp.81-83）が提案している論争的テーマを積極的に取り上げることの，いわば教授学の原則の検討も必要となってくる。1つは，教材研究においては安易に真理と決めつけずに，複数の解のままを結論とすることも視野に入れておくこと，2つには，教育の側から内容研究を行う際にも，科学だからと信じるのではなく，そして通説を探る検討だけでなく，複数の代表的な説を明らかにするように研究し，授業ではその説をデータとともに検討し，判断を子どもに委ねる機会を用意したプランづくりこそ，今必要であるとしている。また，岩垣（2010，p.9）は，教育の内容や方法のみならず，授業形態・学級経営の観点から共同探究型の授業を提言している。それは，先の島崎の「真理は反映か合意かという問いに対しては，真理は社会共同的な合意を条件にした反映である」に触れながら，「既成の知識の真理性を疑い，他者と共同してあらためて真理を探究するという共同探究型の授業が求められる」という提案である。

そして，「わかる授業」「楽しい授業」をだれと創るのかということも，今，問われている。これらの「学び」を促し，活動・実践し，創りかえる直接的な主体は，子どもと教師を核とした，子どもと教師の共同，教師と専門研究者との共同，市民(保護者)と教師と研究者との共同体の中にあるという理解を抜きに考えられない，ということである。戦後生活単元学習論の捉え直し，「教育の現代化」論での提案そしてその後の「わかる授業」「楽しい授業」の提起で強調されていることは，このことであった。つまり，授業とカリキュラムは，子どもと教師の共同を軸にしながら，教師と研究者との専門家集団での実践的理論的共同研究を創出することが期待されている。実践的理論的共同研究には，学習当事者と市民・保護者とが参画するボトムアップ型の創出システムの可能性を探る課題が提起されている。戦後から1980年代のこのような共同研究的土壌を，これからは，どう創るかが問われている。

注

1) 認定NPO法人トラ・ゾウ保護基金，2016，『ヤマネコのいるくらし授業プログラム報告書Ⅱ & Ⅲ』。同，2017，『ヤマネコのいるくらし授業プログラム 報告書Ⅳ』。同，2017，『資料2アンケート類』。三石初雄，2020，『豊かな自然・文化に支えられた「ヤマネコ学習」の授業づくり』（2019年度科研費報告書・研究代表者・三石初雄）.

2）池村久美との2020年2月7日の竹富町上原小学校での聞き取りと資料を基に記載している.

3）盛口満の一連の刊行本（『琉球植物民俗事典：聞き書き 琉球列島の植物利用』2024,『琉球列島の里山誌：おじいとおばあの昔語り』2024等）の他，上原兼善『黒船来航と琉球王国』2020，土肥昭夫・伊澤雅子編『イリオモテヤマネコ』2023がある。なお環境省西表野生生物保護センターとJTEF（認定NPO法人トラ・ゾウ保護基金）のwebサイトや『イリオモテヤマネコ』の巻末には豊富な参考資料が掲載されている.

4）小林実『理科教室ノート』,田中實編『新しい理科教室』（1956）をはじめ,田中實編『教師の実践記録：理科教育』『明治図書講座 学校教育5・理科』(1957)，田中實・真船和夫編『理科の指導計画』(1958)等.

5）ランジュバン方程式で知られる物理学者で，フランス国民教育省の教育改革案「ランジュバン・ワロン計画」作成。当初委員長で死去後ワロンが継承.

参考文献

古田足日，1982,「子どもと文化」『講座現代教育学の理論』第2巻，青木書店。

林竹二，1984,「開国をめぐって」『林竹二著作集』第Ⅴ巻,筑摩書房。

原ひろ子，1979,『子どもの文化人類学』，晶文社。

石井恭子，2012,「日本における『探究の過程』の受容過程とその課題」『教育方法学研究』第37巻，p.62。

石井恭子，2014,「科学教育における科学的探究の意味」『教育方法学研究』39巻，p.64.

板倉聖宣，1989,『評価論』国土社，pp.35-66，初出は1974。

板倉聖宣，1981,『科学の方法』季節社，p.215.

岩垣攝，2010「共同探究型の授業と教師の指導性を考える」『教室で教えるということ』八千代出版，p.9.

J.S.ブルーナー著，鈴木祥蔵・佐藤三郎訳，1963,『教育の過程』p.90.

香川七海，2014,「教育雑誌『ひと』創刊の理念と雑誌の構想」『教育学雑誌』（日本大学教育学会紀要，49号)。

香川七海，2019,「遠山啓『楽しい授業』論」『教育方法学研究』第44巻，第49号，p.42.

国分一太郎，1980,『自然　このすばらしき教育者』，創林社，pp.11-80.

小口鈴実，2007,「『観』形成の教育をめざして：遠山啓の教育思想」『慶応大学大学院社会学研究科紀要』No.64，p.25.

子安潤，2013,『リスク社会の授業づくり』白澤社，pp.81-83.

正木健雄・野口三千三編，1979,『子どものからだは蝕まれている』柏樹社。

真船和夫，1968,『現代理科教育論』明治図書。

真船和夫，1979,『戦後理科教育研究運動史』新生出版。

森川久雄編著，1969,『中学校理科教育の現代化』明治図書，p.10.

中野重人・中村満州男編著，1992，『生活科の評価』第一法規出版，p.12.
長洲南海男監訳・熊野善介，・丹沢哲郎他訳，2001，『全米科学教育スタンダード』梓出版。（原典はNational Research Council，1996）．
新潟県上越市立大手町小学校，1991，『さあ生活科をはじめましょう』日本教育新聞社。
大森享，2004，『小学校環境教育実践試論』創風社。
岡部恒治・戸瀬信之・西村和雄編，1999，『分数ができない大学生』，東洋経済新報社．
ポール・ランジュバン，1964，『科学教育論』明治図書（原典は1926年講演）
仙田満，1984，『こどものあそび環境』筑摩書房。
島崎隆，1988，『対話の哲学―議論・レトリック・弁証法』みずち書房，p.17.
城丸章夫，1964，「教科・教材の研究についての若干の覚え書き」『千葉大学教育学部紀要』p.3.
田中一，1982，「科学教育と世界観の教育」『講座現代教育学の理論』第２巻，青木書店。
田中耕治，1996，『学力評価入門』法政出版，pp.67-68.
田中耕治，2012，『新しい時代の教育方法』有斐閣，pp.89-94.
田中耕治，2023，『新しい時代の教育課程』第５版，有斐閣，pp.4-16.
田中實編，1956，『新しい理科教室』新評論社。
田中實編，1957，『明治図書講座　学校教育５・理科』明治図書。
田村学，2018，『深い学び』東洋館出版社，pp.36-43.
遠山啓「楽しい学校をつくろう」『数学教室』1973年１月号。
遠山啓，1976，『競争原理を超えて』太郎次郎社。
遠山啓，1980，『遠山啓著作集・数学教育論８数学教育の現代化』太郎次郎社。
遠山啓，1981，『遠山啓著作集・数学教育論10たのしい数学・たのしい授業』太郎次郎社。
臼井嘉一・三石初雄編著，1992，『生活科を創りかえる』国土社。
梅原利夫，1990，「教育課程の構造と総合学習」『和光大学人文学部紀要』pp.65-85.
三木健編1985，『西表炭坑史料集成』本邦書籍。
三石初雄・大森享編著，1998，『出会った生きもの・育てた生きもの』『はえてきた草木・育てた草木』『生きている土・生きている川』『燃えるごみ・燃えないごみ』旬報社。
安井俊夫，1982，『子どもが動く社会科』地歴社。
安井俊夫，1985，『学び合う歴史の授業』青木書店。

第4章　環境教育の根本課題から「未来のカリキュラム」に向けて

原子　栄一郎

1　現代社会のリスクと危機の複合化状況

2018年から約5年にわたって，私たちは，リスク社会あるいは危機の時代と呼ばれ，混迷を極める現代社会における教育，特に学校教育とその学びの目的をめぐって，それぞれの専門性に根を降ろしながらアイデアの翼を羽ばたかせて，時に大胆に越境し，さまざまな領域を横断して議論を積み重ねてきた。この本は，これまでの議論を踏まえて，「未来のカリキュラム」(M.F.D. ヤング) という概念を用いて執筆者が思索をさらに深め，それぞれの専門分野に関わるこれからの学校での学びのあり様・あり方を提示あるいは示唆することを目的にしている。

この章で取り上げるのは，環境教育である。

環境教育は，国際的な文脈，すなわち国連および関連機関が主導する国際協働取組みとしては，1970年代から80年代の環境問題に対する教育的応答としての「環境教育 (environmental education)」，1990年代の環境・開発問題に対する「環境・開発教育 (environmental and development education)」，2000年代以降の環境・開発問題を止揚する持続可能な開発問題に対する「持続可能な開発のための教育 (Education for Sustainable Development：ESD)」，そして今日の2030年を目標達成年とする「持続可能な開発目標 (Sustainable Development Goals: SDGs)」に対応する「持続可能な開発のための教育：SDGs 実現に向けて (Education for Sustainable Development: Towards achieving the SDGs (ESD for 2030)」とその概念を進化させ，取組みを拡張して展開されてきた。国内の環境教育も，全国各地で積み上げられてきた多種多様な実践活動と理論的研究の上に国際的動向の影響を受け，また積極的に取り入れて，理論と実践を変容させてきた。一言で言うならば，半世紀にわたる環境教育の変遷は，その時代の環境をめぐる問題に応答する教育刷新（イノベー

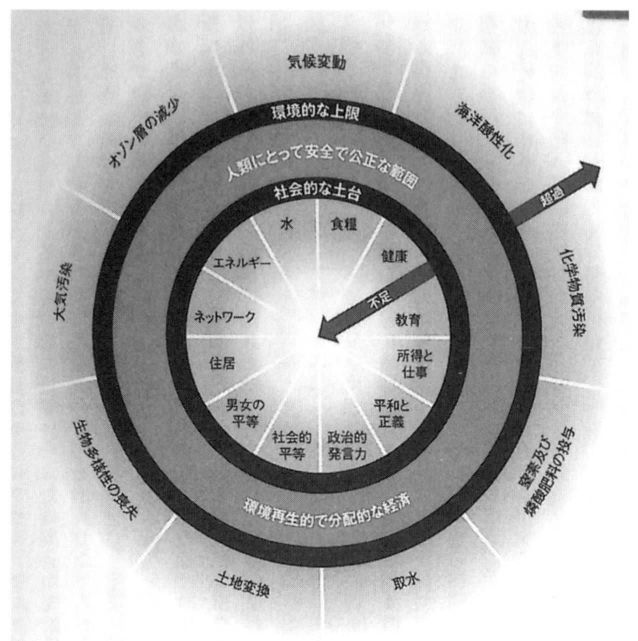

図 4-1 「ドーナツ経済学」モデル（Raworth 2017= ラワース，訳書 2018, p.56）

ション）の連続であった。

この本の背景にある現代社会の問題状況が序章で述べられているが，環境教育の現段階である「ESD for 2030」との関連で現代社会が抱えるリスクと危機の複合化した状況を表した図を紹介しよう。

イギリスの経済学者であるラワース（Raworth, K.）は，2017 年に*Doughnut Economics: Seven Ways to Think Like a 21st-Century Economist*（日本語版『ドーナツ経済学が世界を救う：人類と地球のためのパラダイムシフト』2018 年）を出版し，貧困の撲滅と，地球の限られた自然資源を使ってすべての人々の繁栄の実現を目指す「ドーナツ経済学」を提唱した。その考えを視覚的に示したのが，図 4-1 のモデル図である。人類が生存できる地球の限界である「生態学的天井」（ドーナツの外側の円）と人間の社会生活の基盤（ドーナツの内側の円）からなるドーナツ状の部分が，人間にとって安全で公正な空間であり，その部分においてのみ人間は繁栄することができることを示している。

ラワース（2018）によれば，「生態学的天井」においては，気候変動，生物多様性の喪失，土地変換，窒素及び燐酸肥料の投与の４つの部分で既に超過が生じており，危険な状態にある。社会生活基盤においては，12の分野すべてで不足が生じており，程度に差はあるものの，社会面全般で問題状況にある（p.62, pp.335-340）。

「ドーナッツ経済学」モデルがはっきりと示す現代社会のリスクと危機の複合状況を打開し，地球上の「誰一人取り残さない」[1]環境的に持続可能で，経済的に適正開発が行われ，社会的に公正で包摂的な世界を実現するために，2015年９月の国連サミットで採択された国際目標がSDGsである。2030年が目標達成年とされている。「ESD for 2030」はSDGsと連動して，その実現に向けられた環境教育である。

今日，多種多様な環境教育・ESDの活動が行われ，百花斉放の様相を呈している。この章ではまずはじめに，公的文書を使っていろいろな活動の根底にある現代環境教育の根本課題を明らかにする。次に，その課題に関わる重要な論点を取り出して検討する。その後，根本課題に取り組む主体について考え，その主体のあり方と呼応するカリキュラム論について述べる。最後に，環境教育の「未来のカリキュラム」を具現する学校のイメージを喚起する学校を紹介して，本章を閉じることにしたい。

2　現代環境教育と現代日本の教育の根本課題

この節では，環境教育と教育全体の二つの面から現代環境教育の根本課題について考え，環境教育の「未来のカリキュラム」を構想するための課題を設定する。

2.1　環境教育の面から

日本の環境教育の歴史的発展過程を図示した「日本の環境教育のダイナミズム」（日本環境教育フォーラム 2016）[2]によれば，日本の環境教育は，1950年代後半から高度経済成長期に入って公害が発生し，産業の発展と共に自然破壊や環境汚染が進行・拡大し深刻化する事態に対して，公害教育あるいは自然保護教育として始まった。「環境教育黎明期」（1956~1970）に続いて，「環境教育導入期」（1971~1985），「環境教育定着期」（1986~1995），「環境教育発展期」

(1996~2005) と進展し，2000年代に入るとESDがこの時代の環境教育を表す概念として成立し，「持続可能な開発のための教育 (ESD) の10年」(2005~2014) を迎えることになった。この10年は，国連で採択されたESD推進のための国際協働取組みである。

図4-2は，1990年代以降のESDの成立と展開の過程を示したものである。中央に，「環境教育の制度化」に関わる主要な出来事が記されている。これによれば，1992年にブラジルのリオデジャネイロで開催された国連環境開発会議が環境教育からESDへ移行する起点・基点となる。

資料には，「環境教育の制度化」と書かれているが，実質的には，「ESDの導入期」(1992~2004)，「ESDの定着期」(2005~2014)」，「ESDの発展期」(2015 ～) の各期からなる「ESDの制度化」と捉えることができる。この過程の中に，ESDの本質に関わる二つの非常に重要な出来事と文書があると私は考える。

一つは，1992年の国連環境開発会議である。この会議で採択された文書の一つに，人間社会の21世紀の行動計画を示した『アジェンダ21』(国連事務局監修，環境庁，外務省監訳，1993) がある。「社会的・経済的側面」，「開発資源の保全と管理」，「NGO，地方政府など主たるグループの役割の強化」，「財源・技術などの実施手段」の4部からなり，全部で40章ある。その36章は「教育，意識啓発及び訓練の推進」と題され，環境・開発教育の章である。

この文書では，「教育は，フォーマル教育 (学校教育)，意識啓発，訓練・研修を含むものであり，人間と社会の潜在力を十全に開花させる過程として認識されるべきである。」[4] と述べられている。学校教育だけでなく，人々の意識啓発や訓練･研修を含めた「教育の向きを持続可能な開発の方に向けて変えること」[5] が，この文書全体の基調である。英語では，Reorienting education towards sustainable developmentと表記される。reorientの接頭辞re-は「また，再び，さらに，新たに」を意味し，orientは「(～に) 向ける，向けて置く，方向づける」を意味する。reorientは「(～に) 新しい方向づけをする，新しい進路を与える，(方向・方針など) を転換する」などと訳される。先の英語のフレーズでは，方向転換するものは教育，その転換先は持続可能な開発である。reorienting educationは，外務省訳では「教育の再編成」となっている[6]。私は，「教育の向きを変えること」と訳し，「教育の再定位」と了解する。再編成する前に，方向を決めて位置・姿勢を定めなければならない。

この基調と合わせて，1992年の段階で国際社会は，教育を「人間と社会の潜

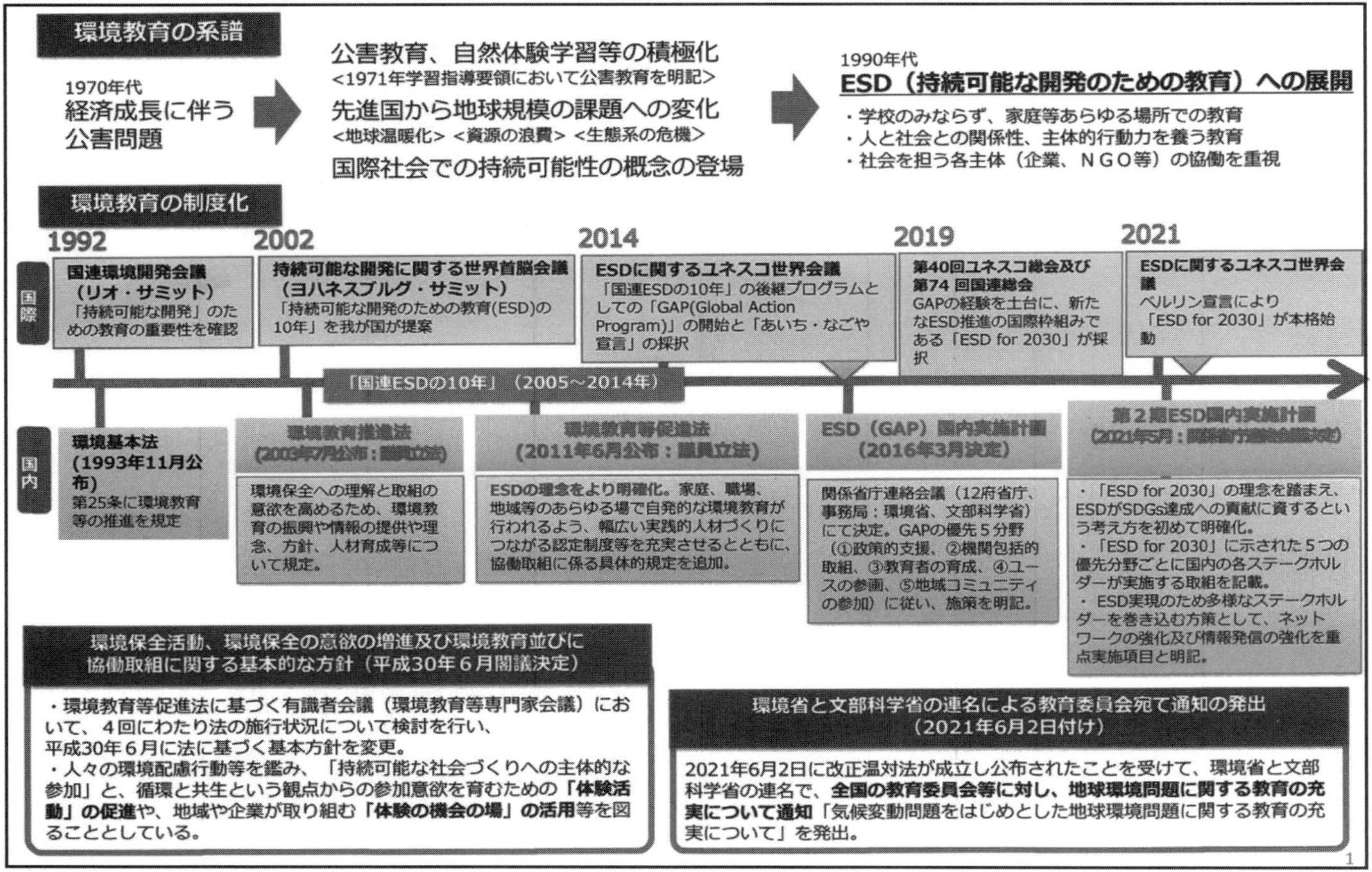

環境教育の系譜

1970年代
経済成長に伴う
公害問題

公害教育、自然体験学習等の積極化
<1971年学習指導要領において公害教育を明記>
先進国から地球規模の課題への変化
<地球温暖化> <資源の浪費> <生態系の危機>
国際社会での持続可能性の概念の登場

1990年代
ESD（持続可能な開発のための教育）への展開
・学校のみならず、家庭等あらゆる場所での教育
・人と社会との関係性、主体的行動力を養う教育
・社会を担う各主体（企業、ＮＧＯ等）の協働を重視

環境教育の制度化

国際

1992
国連環境開発会議（リオ・サミット）
「持続可能な開発」のための教育の重要性を確認

2002
持続可能な開発に関する世界首脳会議（ヨハネスブルグ・サミット）
「持続可能な開発のための教育(ESD)の10年」を我が国が提案

「国連ESDの10年」（2005～2014年）

2014
ESDに関するユネスコ世界会議
「国連ESDの10年」の後継プログラムとしての「GAP(Global Action Program)」の開始と「あいち・なごや宣言」の採択

2019
第40回ユネスコ総会及び第74 回国連総会
GAPの経験を土台に、新たなESD推進の国際枠組みである「ESD for 2030」が採択

2021
ESDに関するユネスコ世界会議
ベルリン宣言により「ESD for 2030」が本格始動

国内

環境基本法（1993年11月公布）
第25条に環境教育等の推進を規定

環境教育推進法（2003年7月公布：議員立法）
環境保全への理解と取組の意欲を高めるため、環境教育の振興や情報の提供や理念、方針、人材育成等について規定。

環境教育等促進法（2011年6月公布：議員立法）
ESDの理念をより明確化。家庭、職場、地域等のあらゆる場で自発的な環境教育が行われるよう、幅広い実践的人材づくりにつながる認定制度等を充実させるとともに、協働取組に係る具体的規定を追加。

ESD（GAP）国内実施計画（2016年3月決定）
関係省庁連絡会議（12府省庁、事務局：環境省、文部科学省）にて決定。GAPの優先５分野（①政策的支援、②機関包括的取組、③教育者の育成、④ユースの参画、⑤地域コミュニティの参加）に従い、施策を明記。

第２期ESD国内実施計画（2021年5月：関係省庁連絡会議決定）
・「ESD for 2030」の理念を踏まえ、ESDがSDGs達成への貢献に資するという考え方を初めて明確化。
・「ESD for 2030」に示された５つの優先分野ごとに国内の各ステークホルダーが実施する取組を記載。
・ ESD実現のため多様なステークホルダーを巻き込む方策として、ネットワークの強化及び情報発信の強化を重点実施項目と明記。

環境保全活動、環境保全の意欲の増進及び環境教育並びに協働取組に関する基本的な方針（平成30年６月閣議決定）

・環境教育等促進法に基づく有識者会議（環境教育等専門家会議）において、４回にわたり法の施行状況について検討を行い、平成30年６月に法に基づく基本方針を変更。
・人々の環境配慮行動等を鑑み、「持続可能な社会づくりへの主体的な参加」と、循環と共生という観点からの参加意欲を育むための **「体験活動」の促進**や、地域や企業が取り組む **「体験の機会の場」の活用**等を図ることとしている。

環境省と文部科学省の連名による教育委員会宛て通知の発出（2021年6月2日付け）

2021年6月2日に改正温対法が成立し公布されたことを受けて、環境省と文部科学省の連名で、**全国の教育委員会等に対し、地球環境問題に関する教育の充実について通知**「気候変動問題をはじめとした地球環境問題に関する教育の充実について」を発出。

1

図 4-2　環境教育・ESD の推進（出所：環境省 2022）[3]

在力を十全に開花させる過程として認識されるべき」ものとして捉え，その「教育の向きを持続可能な開発の方に向けて変え」なければならないと認識するに至ったということを，心に留めておきたい。

二つ目の重要な出来事は，2005年から2014年の「国連ESDの10年」である。2002年の持続可能な開発に関する世界首脳会議で，2005年から始まる「ESDの10年」を日本が提案し，国連総会で採択され，ユネスコを主導機関として実施されることになった。

その当時のユネスコのESDのウェブサイトには，下記英文が掲載されていた。その中に，ESDに関する要点が記されている。

> Education for sustainable development (ESD) is not a particular programme or project, but is rather an umbrella for many forms of education that already exist, and new ones that remain to be created. ESD promotes efforts to rethink educational programmes and systems (both methods and contents) that currently support unsustainable societies. ESD affects all components of education: legislation, policy, finance, curriculum, instruction, learning, assessment, etc.[7)]

以下，一文ずつ見ていく。まず，最初の文は，ESDはある一つのプログラムやプロジェクトではなく，むしろ多種多様な教育を「包括するもの（umbrella)」だということである。今日，ESDの名前でさまざまな活動が行われている。その一つひとつの個別具体の特色や重要性を知った上で，それらを総括する水準，すなわち「ESDという教育」あるいは「教育としてのESD」としてESDを理解することが必要なのである。本章では，このようなESD理解を「ESD＝教育」と表記する。

続く二つ目の文に，非常に重要な論点が含まれている。that節までとthat節以降に分けて訳してみよう。

（that節まで）「ESDは，教育プログラムやシステム（方法と内容共に）を考え直そうという努力・行動を促進する。」

（that節以降）「その教育プログラムやシステムは，現在，持続不可能な社会を支えている。」

「教育プログラムやシステム（方法と内容共に)」を約言して「教育」と捉えると，この文章は，教育が現在，持続不可能な社会を支えており，その教育を考え直すことをESDは促進すると述べている。これを私は,「持続不可能な社会を支えている教育を考え直すこと」すなわち「教育の再考」と了解する。

最後の一文は，そのような教育である「ESDは，教育のすべての構成要素，すなわち法律，政策，財政，カリキュラム，指導，学習，評価などに影響を及ぼすものである。」と述べている。ESDは，一義的には教育の包括概念である。したがって，個別の構成要素が連関して一つの全体を形作る教育それ自体を考え直すことは，ひいてはその構成要素を考え直すことにつながる。列挙されている要素に加えて，私は，これら構成要素の大本にある哲学や思想・信条など知の根本要素にもESDは影響を及ぼすものであることを書き留めておきたい。

以上から,「ESDの制度化」におけるESDの本質に関わって最も重要な二つの言説は，1992年の国連環境開発会議における「教育の向きを変えること」すなわち「教育の再定位」と，2005年から2014年の「国連ESDの10年」における「持続不可能な社会を支えている教育を考え直すこと」すなわち「教育の再考」である。持続不可能な社会を支えている教育の向きを変えるためには，これまでそれはどこを向いてきたか，今，それはどこを向いているか，なぜその方向を向いているのか，何がその向きを決めているのかなどをよく考え，注意深く見定め，これからの行先を慎重に見極めて，向きを変えることに着手しなければならない。そうだとすると，この二つの言説は，次のように一つにまとめることができる。

「持続不可能な社会を支えている教育を考え直し，その向きを変えること」

これが，現代環境教育の世界標準であるESDの根本課題である。

2.1で論じたことをまとめよう。環境教育の今日的段階はESDである。このESDは，包括概念としての「ESD＝教育」である。その到達点は「ESD for 2030」である。ESDすなわち現代環境教育の根本課題は,「持続不可能な社会を支えている教育を考え直し，その向きを変えること」である。

2.2　日本の教育の面から

次に，日本の教育の今に目を向けてみよう。二つの観点から見ることにする。一つは学校教育，もう一つは教育全般である。

2.2.1　学校教育について

文部科学省と日本ユネスコ国内委員会（2018）が作成したパンフレット『ユネスコスクールで目指すSDGs：持続可能な開発のための教育』には，2017・18年改訂学習指導要領におけるESDの位置付けが，次のように述べられている。

> 2016年12月に発表された中央教育審議会の答申「幼稚園，小学校，中学校，高等学校及び特別支援学校の学習指導要領等の改善及び必要な方策等について」には，「持続可能な開発のための教育（ESD）は次期学習指導要領改訂の全体において基盤となる理念である」とあります。答申に基づき策定され，2017年3月に公示された幼稚園教育要領，小・中学校学習指導要領及び2018年3月に公示された高等学校学習指導要領においては，全体の内容に係る前文及び総則において，「持続可能な社会の創り手」の育成が掲げられており，各教科においても，関連する内容が盛り込まれています。（文部科学省とユネスコ国内委員会，2018，p.7）

2017年3月に公示された小・中学校学習指導要領から，前文と総則を抜粋する。

> 【前文】
>
> これからの学校には，こうした教育の目的及び目標の達成を目指しつつ，一人一人の児童（生徒）が，自分の良さや可能性を認識するとともに，あらゆる他者を価値ある存在として尊重し，多様な人々と協働しながら様々な社会的変化を乗り越え，豊かな人生を切り拓き，<u>持続可能な社会の創り手となることができるようにする</u>ことが求められる。このために必要な教育の在り方を具体化するのが，各学校において教育の内容等を組織的かつ計画的に組み立てた教育課程である。（下線は引用者による）

> 【第1章総則】
>
> 第1　小学校教育の基本と教育課程の役割
>
> 3　2の（1）から（3）までに掲げる事項の実現を図り，豊かな創造性を備え<u>持続可能な社会の創り手となることが期待される児童に</u>，生きる力を育むことを目指すに当たっては，学校教育全体並びに各教科，道徳科，外国語活動，総合的な学習の時間及び特別活動（中略）の指導を通して，どのような資質・能力の育成を目指すのかを明確にしながら，教育活動の充実を図るものとする。（下線は引用者による。中学校学習指導要領にもほぼ同様の記述がある。）

2.2.1をまとめよう。学校教育の今日的段階は，2017・18年改訂学習指導要領にある。その到達点は「持続可能な社会の創り手を育む教育」である。文部科学省は，これを現代環境教育の世界標準であるESDと規定している[8)]。現代環境教育は，現代の学校教育全体の基盤となる理念である。

2.2.2　教育全般について

2023年6月16日に，2023年度から2027年度まで5年間の「教育振興基本計画」が閣議決定されて公表された。「第4期教育振興基本計画」である。

「教育振興基本計画」は，「教育基本法（平成18年法律第120号）に示された理念の実現と，我が国の教育振興に関する施策の総合的・計画的な推進を図るため，同法第17条第1項に基づき政府として策定する計画」である[9)]。

第4期基本計画の「総括的な基本方針・コンセプト」は何だろうか。

> 我が国の教育をめぐる現状・課題・展望を踏まえ，本計画では2040年以降の社会を見据えた教育政策におけるコンセプトとも言うべき総括的な基本方針として「持続可能な社会の創り手の育成」及び「日本社会に根差したウェルビーイングの向上」を掲げる。両者は今後我が国が目指すべき社会及び個人の在り様として重要な概念であり，これらの相互循環的な実現に向けた取組が進められるよう教育政策を講じていくことが必要である。（文部科学省 2023, p.8）

「ウェルビーイング」とは，「身体的・精神的・社会的に良い状態にあることをいい，短期的な幸福のみならず，生きがいや人生の意義などの将来にわたる持続的な幸福を含むものである。また，個人のみならず，個人を取り巻く場や地域，社会が持続的に良い状態であることを含む包括的な概念である」(文部科学省 2023, pp.8-9)。これと一体となって「持続可能な社会の創り手の育成」は，これから向こう5年間の日本の教育の「総括的な基本方針」となる概念と位置付けられている。

2.2.2をまとめよう。日本の教育全般の今日的段階は，第4期教育振興基本計画にある。その到達点は，ウェルビーイングと連関する「持続可能な社会の創り手を育む教育」である。文部科学省によれば，これは現代環境教育の世界標準であるESDである。現代環境教育は，現代日本の教育全般の基盤となる理念である。

2.2.1と2.2.2で，日本の教育の今を，学校教育ならびに教育全般の観点から概観した。現代環境教育の世界標準であるESDは，両者の基盤となる理念であることがわかった。このESDの根本課題は，2-1で述べたように，「持続不可能な社会を支えている教育を考え直し，その向きを変えること」である。

2.2をまとめよう。日本の教育の今日的段階は，「持続可能な社会の創り手を育む教育」すなわちESDである。このESDは，包括概念としての「ESD＝教育」である。その到達点は「ESD for 2030」である。ESDすなわち現代環境教育の根本課題は，「持続不可能な社会を支えている教育を考え直し，その向きを変えること」である。

2節で述べてきたことをまとめると，現代環境教育と現代日本の教育の根本課題は，「持続不可能な社会を支えている教育を考え直し，その向きを変えること」となる。現代環境教育と現代日本の教育は，根底において同じ課題を共有しているのである。

3　現代環境教育と現代日本の教育の根本課題に関わる重要な論点

前節では，公的文書を使って根本課題を明らかにした。この節では，さらに掘り下げて関連する重要な論点について考察し，根本課題の眼目を示す。

3.1　環境教育の構造

根本において，環境教育と日本の教育が課題を共有しているとはどういうことだろうか。

手がかりとなるのは，2.1で述べた「ESDはある一つのプログラムやプロジェクトではなく，むしろ多種多様な教育を『包括するもの（umbrella）』だ」というESDに関するユネスコの説明である。これを受けて，私は個別具体の多種多様なESDを総括する水準のそれを「ESDという教育」と呼び，「ESD＝教育」と表した。

これが意味するところは，ESDには二つの種類のESD，より正確に言うならば，二つの水準のESDがあるということである。一つは，ESDに関連するいろいろなトピックやテーマを取り上げてプログラムやプロジェクトとして行われる個別具体のESD活動，もう一つは，個々の教育活動を総合して包括的に捉える「ESDという教育」あるいは「教育としてのESD」である。「地」と「柄」という言葉を使って言うと，二つの水準の前者は「柄のESD」，後者は「地のESD」である。背景・土台をなす基層としての「地」があって，その上部の表

表層・柄	柄のESD	個別具体のESDプログラムやプロジェクト	a particular programme or project
基層・地	地のESD	ESDという教育 ESD＝教育	an umbrella for many forms of education

図4-3　「地のESD」と「柄のESD」の 二重構造

表層・柄	柄の環境教育	環境に関する教育	教科等横断的な教育内容に関する教育
基層・地	地の環境教育	環境教育という教育 環境教育＝教育	学習指導要領全体において基盤となる理念，教育振興基本計画の総括的な基本方針

図4-4　「地の環境教育」と「柄の環境教育」の二重構造

層の部分にさまざまな表現を伴った「柄」が出現する。

図4-3は，両者の関係構造を示したものである。右端の欄の英語は，2.1で紹介したユネスコのESDサイトに掲載されていた英文中の言葉である。図4-4は，図4-3をもとにしてESDの語を環境教育に置きかえて作成したものである。

ESDに関するユネスコの文書を踏まえるならば，環境教育・ESDは，図4-3と図4-4で示されるような二つの水準の環境教育・ESDからなる二重構造を持つ一つの統一体として捉えることができる。私は，これを「環境教育・ESDの二重構造理解」と呼ぶ。現代日本の教育の「教育」は，基層・地の水準の「環境教育・ESDという教育」として理解することができる。「環境教育・ESD＝教育」である。現代環境教育と現代日本の教育が，根本において同じ課題を共有しているということは，こういうことである。

図4-4について説明を続けよう。2017年に告示された小・中学校学習指導要領の「解説 総則編」の「教科等横断的な視点に立った資質・能力」では，次のように述べられている。

各学校においては，児童（生徒）や学校，地域の実態及び児童（生徒）の発達の段階を考慮し，豊かな人生の実現や災害等を乗り越えて次代の社会を形成することに向けた現代的な諸課題に対応して求められる資質・能力を，教科等横断的な視点で育成していくことができるよう，各学校の特色を生かした教育課程の編成を図るものとす

る。（文部科学省 2017a, p.52，文部科学省 2017b, p.53）

「現代的な諸課題に対応して求められる資質・能力」に関連して，教科等横断的に教育内容を構成する具体的な例として，「伝統や文化に関する教育」，「主権者に関する教育」など 13 の「○○に関する教育」が示され，「環境に関する教育」はその一つである。学習指導要領の中の付録 6 には，「現代的な諸課題に関する教科等横断的な教育内容についての参考資料」として，それぞれの教育について育成を目指す資質・能力に関連する各教科等の主要な内容が通覧的に記され，各学校の教育目標や児童・生徒の実態を踏まえてカリキュラム・マネジメントの参考として活用することが勧められている。

「環境に関する教育」の教育内容として，小学校では生活科，社会科，理科，家庭科，体育，特別の教科 道徳，総合的な学習の時間の主要な関連項目が，中学校では社会科，理科，技術・家庭科，保健体育科，特別の教科 道徳，総合的な学習の時間の主要な関連項目が掲載されている。これらは，図 4-3 で言うと「柄の ESD」の水準の「個別具体の ESD プログラムやプロジェクト」，ユネスコの文書の「a particular programme or project」に相当するものである。

これに対して，2.2 で述べたように，新しい学習指導要領の前文及び総則において「持続可能な社会の創り手」の育成が掲げられ，ESD が学習指導要領全体の基盤となる理念として据えられた。またそれは，第 4 期教育振興基本計画の「総括的な基本方針」となる概念でもある。この「持続可能な社会の創り手」を育む ESD は，「地の ESD」の水準の「ESD ＝教育」である。ESD の根幹である環境教育の語を用いるならば，「地の環境教育」の水準の「環境教育＝教育」である。

これを教育の背景・土台として，その元に「児童（生徒）や学校，地域の実態及び児童（生徒）の発達の段階を考慮し，豊かな人生の実現や災害等を乗り越えて次代の社会を形成すること」を目的としたさまざまな環境教育・ESD の取組みや活動が，学校教育現場で展開されることになる。さらには，環境教育・ESD の取組みや活動に留まらず，学校で行われるあらゆる教育的取組みや活動の基盤が，ここに据えられるのである。

従来，環境教育・ESD においては，その取組みや活動の内容，方法，評価等の研究と実践に対する教科教育学的・教授学的関心に重きが置かれてきたが，「環境教育・ESD の二重構造理解」を踏まえるならば，その関心を含めた教育学的関心，すなわち環境教育・ESDの内容，方法，評価等の前提にある「環境教育·ESD＝教育」の原理に関する理論的考察が併せて要請される。このことを，次に検討する。

3.2　教育の向き

現代環境教育と現代日本の教育が共有する根本課題の主眼は，「教育の向き」である。ここまで私は，根本課題は「教育を考え直し，その向きを変えること」と述べて，変える向き・方向については何も言わずにきた。何も言っていないのだが，しかし，何の断りもなく「ESD」の語を使い続けてきた。

ESDは，Education for Sustainable Developmentの頭文字を取った表記であり，sustainable developmentすなわち「持続可能な開発」を支え，それを目的とするeducationすなわち教育のことである。文部科学省は，「持続可能な社会の創り手を育む教育」と言い換えている。「持続可能な社会の創り手の育成」は，現行の学習指導要領の基盤となる理念であり，第4期教育振興基本計画の総括的基本方針である。「持続可能な社会の創り手を育成する」教育すなわち「地のESD」は，これからの日本の教育の理念であり目標である。

このようなESDの起点・基点は1992年の国連環境開発会議にあり，ここを発端として，ESDは現代環境教育の世界標準として位置付けられ，国際協働取組みとして今日まで推進されてきた。

この会議で採択された『アジェンダ21』36章の基調に明白なように，国連関係の文書においては，教育の向かうべき方向は明確である。SDであり，今日それは，17のゴールと169のターゲットからなり，2030年を目標達成年とするSDGsである。このことを了解した上で，ここまで私は，教育の向かうべき方向については何も触れずにきた。

なぜか。それは，持続不可能な社会を支えている教育を考え直すということにあって，国連によって明示されている教育の向かうべき方向・目標・目的であるSDとSDGsを自明のものとせず，それをも熟慮し，よく吟味し，本当にこれでよいのかを見極める必要があると考えるからである。「考え直す」ことが根本課題なのだから，所与のSDとSDGsも検討の俎上に載せなければならない。英語圏環境教育界では，現代社会が直面する複合リスクと危機に対して，国連主導のSD，SDGs，ESD，ESD for 2030とは異なるオルタナティブな研究と実践が行われている。たとえば，D.セルビーは「持続可能な縮小のための教育（Education for Sustainable Contraction）」を主導している（Selby 2011, McGregor 2019）。

これを別の言い方で述べると，こういうことである。教育の向かうべき新たな方向・目標・目的は，それだけで単独で示されるものではなく，持続不可能な社会を支え，向きを変えなければならないと認識されているこれまでの教育は一体どこに向けられてきたのか，すなわち既存の教育の方向・目標・目的を明らかにすることと合わせて把握されるものであると私は理解する。それゆえ，国連によって明示されているSDとSDGsをも熟慮し，よく吟味し，本当にこれでよいのかを見極める必要があると考える。これまでの教育の方向・目標・目的を熟考し同定することによって，これからの新たな教育の方向・目標・目的も明らかにされ同定されるのである。

このように考える私は，「教育の向きを変えること」の原文の英語のフレーズであるreorienting education towards sustainable developmentには明示されていないが，towards sustainable development（SDの方に向けて）の前に「from something（何かから）」が暗示されていると読む。reorienting education from something towards sustainable development，教育の向きを「何かから」SDの方へ変えるのである。something（何か）を「X」に置き換えるならば，この英文は，「SDの方へ」と教育の向かうべき方向を示すと同時に，Xを問うているのであり，それが何であるかを考え，Xを同定することを読み手に促している。

この英文を，「持続不可能な社会を支えている教育を考え直し」というもう一つの重要なフレーズと合わせて読むと，暗示されている「何か・Xから」の存在が顕著になる。Xに当たる部分が，これまでの「持続不可能な社会を支えている教育」が向けられているところ，すなわち既存の教育の方向・目標・目的である。「持続不可能な社会を支えている教育を考え直」すことは，このXの正体を突き止めることであり，この思考の過程で，Xに代わる新たな教育の向かうべき先，教育の方向・目標・目的が立ち現れてくる。Xについて熟考せずに，新たな教育の向かうべき先・方向・目標・目的が与件として提供され，それを自明のものとして受け取って，それに従って教育の向きを変えることにもっぱら関心を向けるだけでは，現代環境教育と現代日本の教育の根本課題への取組みとして甚だ不十分であると私は思う。

現代環境教育と現代日本の教育の根本課題に取り組むという立場から，「教育の向きを持続可能な開発の方に向けて変えること」(reorienting education towards sustainable development) をSDGs時代という現在の文脈で読むならば，ここにはやるべきことが二つ含まれているのである。一つは，17のゴールと169のターゲットからなるSDGsが，2030年を達成目標年としてグローバルな喫緊の課題として要請される複合リスクと危機の事態そのものに立ち返って，SDを与件とするのではなく，SDGsが要請される複合リスクと危機の事態を招いている持続不可能な社会を支えている教育はどこに向けられてきたのか，その教育の方向・目標・目的，一言で言えばXは何であるかを究明して同定すること。もう一つは，その社会を「誰一人取り残さない」環境的に持続可能で，経済的に適正開発が行われ，社会的に公正で包摂的な世界の方へ向きを変えるためには，その社会を創り出し支える新たな教育の向きをXからどの方向に変えなければならないのか，新たな教育の方向・目標・目的，これを一言で「Y」と称すらならば，Yは何であるかを究明して同定すること。この二つのことに一体的に取り組むことが，根本課題に取り組むことなのである。これからの教育（Y）は，これまでの教育（X）の批判的検討と熟慮との中から析出する。これまでの教育とこれからの教育の両者をセットで考察すること，すなわちXとYを究明して同定することが肝要である。これが3.1の最後に，環境教育・ESDの教科教育学的・教授学的研究ならびに実践と併せて，「環境教育・ESD＝教育」の原理に関する理論的考察が要請されると述べたことの意味である。

今述べたことをreorienting education towards sustainable developmentに倣(なら)って定式化して表現しよう。持続不可能な社会を支えている教育の向き・方向・目標・目的をX，新たな教育の向き・方向・目標・目的をYとするならば，「reorienting education from X towards Y」(教育の向きをXからYの方に向けて変えること）となる。

3.3　環境教育の向き

今，「教育の向き」について述べたが，J. フィエン（1993）は，環境教育を構成する環境と教育の「向き」すなわち「志向性（orientation）」の検討を行い，「環境教育の向き」を明らかにした。私はその研究に依拠して，環境教育に携わる一人ひとりが自身の環境教育観を分析するための参照枠組みを提示した。詳細は原子（1999）に譲るが，環境観（環境の志向性），教育観（教育の志向性），環境教育のアプローチ（視点）の三つの参照軸において，次のような分類を行った。その骨子は以下の通りである。

A. 環境観：環境の志向性

① 科学技術楽観主義：人間の理性に楽観的な信頼を置き，科学の知識とその応用である技術によって，世界の人々の生活状態を改善し，環境と開発に関する諸問題を解決することができるという考え方。

② 環境調和型開発主義：人間理性に信頼を置きながらもその限界をわきまえて，環境容量内で環境を損なうことなく人間活動（開発）を進める考え方。

③ 地域社会主義：中央集権的な大量生産・消費・流通・廃棄システムを批判して，「スモール・イズ・ビューティフル」（シューマッハー）の原理のもとに，永続的な資源利用と適正技術を用いた自立した内発的地域社会の発展を目指す考え方。

④ ガイア主義：自然の固有の価値と権利を認め，自然の法則が人間の道徳性を規定すると捉え，人間と自然の共進化が必要不可欠だとする考え方。

B. 教育観：教育の志向性

① 職業訓練主義教育：陶工が粘土で焼き物を作るように，子どもを一定の手続きに従って一人前の人間に形成することを教育とみなす考え方。「造形」モデルと呼ばれる。

② 自由・進歩主義教育：園芸家が水や肥料をやり手入れをして植物を育てるように，一人ひとりの子どもの個性が十分に開花し自己実現できるように援助することを教育とみなす考え方。「園芸」モデルと呼ばれる。

③ 批判主義教育：既存の社会の不公正や不平等に子どもが批判的に目覚め，その抑圧的な社会生活を共同的取組みで変革することを教育とみなす考え方。「エンパワメント」モデルと呼ばれる。

C. 環境教育のアプローチ（視点）

① 環境についての教育：環境に関する認知的理解と技能の伸張を目指す。

② 環境の中での教育：自然や社会など教室の外での体験学習によって，環境に対する感受性や関心を養う。

③ 環境のための教育：環境の保全や再生のために行動する意欲や態度を身に付け，具体的な活動に取り組む。

④ 環境と共にある教育：可能な限り最も深いレベルで自己と環境とが一つのものとして捉えられる意識とあり方を育む。

このような環境観，教育観，環境教育のアプローチ（視点）の三つを組み合わせると，以下のような六つの環境教育の類型を取り出すことができる。

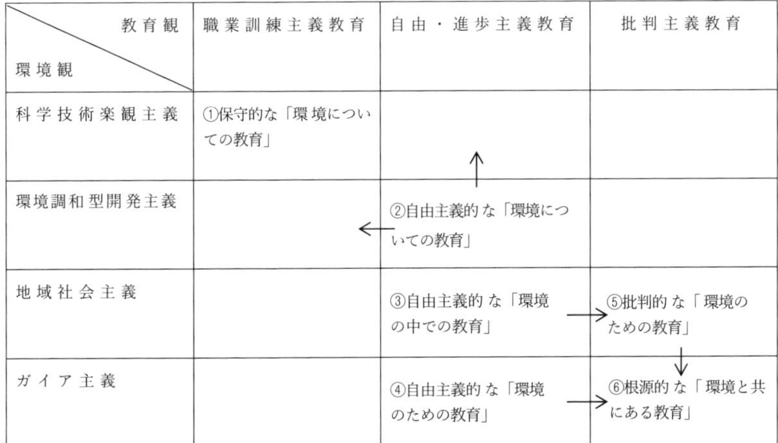

教育観／環境観	職業訓練主義教育	自由・進歩主義教育	批判主義教育
科学技術楽観主義	①保守的な「環境についての教育」		
環境調和型開発主義		②自由主義的な「環境についての教育」	
地域社会主義		③自由主義的な「環境の中での教育」	⑤批判的な「環境のための教育」
ガイア主義		④自由主義的な「環境のための教育」	⑥根源的な「環境と共にある教育」

（原子1999，p231より加筆して作成）
注）図中の矢印は，各理念型の広がりと方向性を示す。

図4-5　環境教育観の分析枠組み見取り図

D.　環境教育の類型

① 保守的な「環境についての教育」：自然科学をベースにした実証主義的な研究と教育によって，環境に関する知識を教授する。

② 自由主義的な「環境についての教育」：自然科学をベースにして，問題解決学習あるいは探究学習などの方法を用いて環境の理解を高める。

③ 自由主義的な「環境の中での教育」：教室外の環境に出て，子どもを中心にした体験的学習を行う。

④ 自由主義的な「環境のための教育」：地域に根差し，その風土と文化的伝統に学びながら「センス・オブ・ワンダー」（カーソン）[10]を培う。

⑤ 批判的な「環境のための教育」：環境正義を重んじ，子どもの意思決定と主体的参加を促し，行動する環境学習を行う。

⑥ 根源的な「環境と共にある教育」：可能な限り最も深いレベルで自己と環境とが一つのものとして捉えられるエコロジカルな感覚や意識を大切にして，環境と共に生きるように学び，環境と共に学ぶように生きる。

図4-5は，上記で略述した環境教育観の分析枠組みをまとめたものである。

これまで取り組んできた環境教育を振り返るならば，その前提にはどのような「向き」があるだろうか。あるいはまた，本章の冒頭で取り上げた現代社会のリスクと危機の複合化状況を念頭において環境教育を実践しようとするならば，どのような環境教育を行うだろうか。以上の参照枠組みと見取り図は，このようなことを考えるためのツールとして作成した。作った段階では，「根源的な『環境と共にある教育』」を他の5つの環境教育の類型と同じ平面に配置したが，その後，私は水俣を訪問するようになり，そこで一人の人に出会ったことによって，この見取り図を根本的に改めなければならないと考えるようになった。その人は，不知火海の漁師であり水俣病患者である緒方正人である。

3.4 いのちの思想

1996年，東京・品川で「水俣・東京展」（主催・同展実行委員会）が開催され，10名の水俣病患者が講演を行い，栗原編（2000）『証言 水俣病』にまとめられた。そこに収録されている緒方の「魂のゆくえ」と題する講演（緒方2000）を要約して，彼のライフヒストリーを描いてみよう[11)]。

1953年，緒方は水俣北部に位置する小さな漁村で生まれた。不知火海に面した村は船での往来や交流はあるものの，陸の孤島であった。「当時は金を使ったことがなかった。なにしろ魚は捕ってくる，野菜は自分の家の畑で作る。ほとんどの野菜，それこそ大根，カボチャ，スイカ，柿でもビワでも裏山にあるという」(緒方2000，pp.185-186)自給自足の生活を送っていた。6歳になろうとする頃，網元の父が急性劇症型の水俣病を発病し，狂い死にした。自身もその頃に発病する。小さい頃は，ダイナマイトでチッソを爆破してやりたいと思っていた。

父の発病と狂死を目の当たりにしたことが根本動機となって，緒方は20歳の時に水俣病患者運動に参加する。以来，運動の最前線に立って，加害者であるチッソ，国，熊本県の責任を徹底的に追及し，糾弾と告発の闘いに奔走する。

10年余りにわたる闘争の中で，チッソや県庁や環境庁への直接行動から裁判所でのやり取りというように運動が変化するに連れて，その質も変わり，闘いの相手である主体が次第に見えなくなってきた。それまで追及の相手に直接ぶつけ，問い質してきたものが，自分の所に跳ね返ってきて澱のように溜まってゆく。それに自分が押しつぶされそうになった時，「お前はどうなんだ」（p.194）と自分が問われるどんでん返しが起きた。水俣病事件の責任は，チッソや国や県にあるのか。チッソや国や県の責任は自分が本当に追及したい責任か。もっと本質的な人間の責任というものがあるのではないか。チッソとは何なのか。

もし自分がチッソの人間であったらどうしているか。私は何と闘っているのか。水俣病事件とは一体何なのか。このような問いをめぐって，緒方は「狂って狂って考え」（p.194）る。その中で，「巨大な『システム社会』」(p.194) の存在に気づく。それは，法律であり制度でもあるが，「それ以上に，時代の価値観が構造的に組み込まれている，そういう世の中」(p.195) である。「“豊かさ”に駆り立てられた時代」(p.195) を生き，その時代の価値観に支配されて，チッソの製品を使って暮らす私たちも，「チッソ的な社会」(p.196) の中に存在するという意味で，「もう一人のチッソ」(p.196) に他ならないのではないか。「自らの呪縛を解き，そこからいかに脱していくのか」(p.196)。そのような認識に到達した緒方は，水俣病患者認定申請を取り下げ，運動から降りた。1985 年のことである。

このような大転換が起った時，自分の帰る場所，「魂のゆくえ」（p.198）という問題が浮上する。緒方は言う。水俣病患者が探し求めてきたものは「魂の救い」(p.198) であったのだ，と。魂が救われるためには，「国」や「システム社会」と決別して，身も心も水俣，不知火の土地に帰らなければならない。そこは生命山河の連なる命の世界であり，「その連なる命の世界の中に，自分がひとり連なって生かされているという実感をともなって感じたとき，本当に生きているという気がするわけです。」(pp.201-202) と告白する。そこにあって，制度に閉じこめられた魂は蘇り，生きた魂として新たに生き始めるのである。そのような緒方にとって本当の願いとは，「人として生きたい，ひとりの『個』に帰りたいというこの一点だけ」(p.201) である。このような境地においては，チッソへの恨みもほとんど消え失せ，加害者も被害者も共に救われることが切なる願いとなる。

緒方は，1996 年の講演を次の言葉で締めくくっている。

> 和解とか救済という言葉が安っぽく論じられまかり通っていく。いくつもの変換装置がつくられて仕組みの中に組み込まれ，あるいは自ら進んで入ってしまう。いろんなところでそういうことが起きていると思います。私は，それぞれがそういう時代の中から身を剥がしていくということを一つ学びました。私もいまだに救済を求めています。そう願わずにはいられません。それはしかし，<u>今までいわれてきたような患者運動，組織運動の中ではなくて，命のつながる世界に生きるという意味で，それこそこの世にいる限り，そのことを求めつづけるんだろうと思います。ただ，国のほうを見てではなくて，不知火海を見て</u>，ずっとそういうふうにありたいと思っています。（緒方 2000，p.202，下線は引用者による）

ここに粗描した緒方のライフヒストリーは，彼の生の軌跡であり，内へ内へと深く自己を掘り下げ，心奥の消息を尋ね続ける自己変容の軌跡と言えるだろう。その変容は，三つの段階に分けることができる。

第1段階：1953年に生まれる。6歳の時に，急性劇症型水俣病で父を亡くす。チッソに対する怨恨の情に突き動かされて，20歳の時に水俣病患者運動に参加する。水俣病事件の社会構造上の加害責任を追及し告発する苛烈な闘いを続ける。

第2段階：患者運動の変質に伴って，社会構造的責任の奥にある本質的な人間の責任を問う中で自分自身が問われるようになり，狂って狂って考え，「システム社会」を生きる自分は「もう一人のチッソである。」という自己認識に到達する。1985年に患者認定申請を取り下げて運動を降り，以来，一人になって自己表現として思索し行動する。

第3段階：「システム社会」から身を剥がすために向きを変えて，加害者―被害者という二項対立の構図を越えてすべての生命が「連なる命の世界」すなわち水俣，不知火に身も心も帰り，魂の救いを「本願」として水俣病事件と関わり直す。

約言すると，水俣病事件の加害者責任の糺明から人間としての自己の責任の究明，そして万人の魂の救済・救命へと至る緒方の変容の過程は，一つの段階と次の段階との間に大きな質的な差異がある「量子飛躍」とも言うべき非連続的深化だと私は考える。このような自己変容は，思索と行動の枠組みの「転換」に留まらず，「一人の人間」のアイデンティティと在り方・生き方が変わるという意味での「転生」と呼ぶに相応しいものである。人間の質の変容である。

表4-1は，このような変容の要点を整理しまとめたものである。

組織的な患者運動を降りた後，緒方は一連の書を発表する。犯した罪を認めるようチッソ社長宛に送られた「『水俣病』問いかけの書」(1986)，チッソ工場正門前に座り込みをし，チッソ，被害民，世の人，子どもたちへ呼びかけた「問いかけの書」(1987)，水俣湾埋立地利用策に抗議して熊本県知事と水俣市長に宛てた「『水俣病』意志の書」(1990)，そして，魂の帰還と救いを根本の願いとする「『本願の会』発足にあたって」(1995) である[12]。

これらに通底する緒方の問題意識は，『チッソは私であった』(2020) の「はじめに」に端的に表明されている。

表4-1　緒方正人の生と自己変容の軌跡

自己変容の段階	関心の焦点	関心の向き
第1段階	恨み，水俣病患者運動，加害者責任追及の闘い	自給自足型社会，システム社会
第2段階	疑問，人間の責任，「お前はどうなんだ」，「システム社会」，「チッソは私である」，認定申請取下げ，自己表現	自己，人間
第3段階	魂の救いの希求，「システム社会」からの遠離，「命のつながる世界」への漸近	生命の世界，魂の世界

（原子 2017，p.31より加筆して作成）

私たちは今，「数十億年に渡る遥かなる生命の記憶とそのルーツさえ見失い，命の迷い子となって生命感覚を喪失している」のである。そのことが，現在続発している狂乱事件の根本原因であると考える。

我々はこのシステム・ネット社会に同化している。その「養殖された命から天然の広大無辺のいのちへ」と目覚めなければならない。（緒方 2020，p.12）

このような緒方正人との出会いは，私に三つの衝撃をもたらした。一つは，私個人に対してである。私は40年余り前，大学で「人間と教育」の学を学ぶ一方，YMCAで青少年野外活動リーダーとして子ども達とキャンプ活動を楽しむ中で，野外・環境教育を知り，これを私の環境教育の出自とした。その後，「構造的暴力」（ガルトゥング）[13] が埋め込まれた社会の現実に目が開かれ，環境正義を損なう社会システムの変革を目指す社会批判的環境教育を自分の立場とするようになった。1995年，大学に着任し，職務として国が政策として推進する環境教育の効率的・効果的制度化に与することとなった。やがて，自分の立場と職務のそれとの間のギャップを感じるようになり，次第に矛盾を感じながら職務を遂行し続ける自分に苛まれるようになり，とうとう「自己分裂」を起こしてしまった。その根幹にあったのは，私の信仰である。聖書を読んで受けるイエスの生気に満ちた純真な生のイメージと，惜しみなく自らを与えるその生き方に魅了されて，素朴に「イエスのような人」になりたいと思い，36歳の時にキリスト者となった。その後，「自己分裂」に陥った私が，再び「罪人は私である。」と頭を垂れ，「新しい人」として神の御前に生き，「天路歴程」（バニヤン）を歩むことを選び取り直す契機となったのは，緒方との出会いであり，彼の言葉であった。

二つ目は，人間についてである。「転生」し，生まれ育った地で，生命世界と連なって生かされていることに本当に生きていると実感する緒方を敷衍して，「一人の人間」の「人として生きる」様態を描くことができるのではないかと考えるようになった。すなわち人は，システム社会あるいはそれ以前の生活世界の中で日常の社会生活を送ると同時に，生命個体として38億年の生命史（誌）に繋がって生命世界を生き，さらには死者や未生のいのちから願いを掛けられて魂（いのち）の世界を生きるのである。

三つ目は，環境教育についてである。四半世紀前に図4-5の「環境教育観の分析枠組み見取り図」を作成した段階では，「根源的な『環境と共にある教育』」を他の5つの類型と同じ地平に「柄の環境教育」（図4-4参照）の一つとして配置した。しかし，緒方の「生と自己変容の軌跡」ならびに「魂の帰還と救い」という「本願」を踏まえるならば，それは「柄の環境教育」の地平に置かれるものではなく，水準の異なるその基盤に位置付けられるべきものではないかと考える。それは，どれか一つの環境教育の立場ではなく，様々な「柄の環境教育」がそこに根を下ろし，そこから派生する「根源」である。緒方の言葉を借りるならば，「連なる命の世界」，「天然の広大無辺のいのち」である。「根源的な『環境と共にある教育』」は，基盤の「『命の世界』と共にある教育」なのである。

このような理解を図示すると，図4-6のようになる。

これは，3.1で述べた「環境教育・ESDの二重構造理解」を，緒方正人の「いのちの思想」を手がかりにして書き換えたものと言える。3.1では，「基層・地」の水準の「環境教育・ESD＝教育」という枠組みは提示したが，その内容には言及しなかった。ここでは，緒方の「本願」，「いのちの思想」という実質が与えられている。

2節と3節では，現代環境教育と現代日本の教育が共有する根本課題，すなわち「持続不可能な社会を支えている教育を考え直し，その向きを変えること」について考察を進めてきた。ここまでの論述から，根本課題の二つの眼目が抽出される。一つは，根本課題の「教育の再考と再定位」においては，持続不可能な社会を支えているこれまでの教育と，「環境教育・ESD＝教育」のそれぞれの方向・目標・目的を一つのこととして究明し同定することである。「教育の向きをXからYの方に向けて変えること」（reorienting education from X towards Y）のXとYの究明・同定である。はじめにSDあるいはSDGsありきではない。SD・SDGsが要請される事態そのものに立ち返らなければならない。

「柄の環境教育」の類型	保守的な「環境についての教育」	自由主義的な「環境についての教育」	自由主義的な「環境の中での教育」	自由主義的な「環境のための教育」	批判的な「環境のための教育」
基盤・根源	「連なる命の世界」，「天然の広大無辺のいのち」，根源的な「環境と共にある教育」				

図4-6「柄の環境教育」と「根源的な『環境と共にある教育』」の関係図

もう一つは，「環境教育・ESDの二重構造理解」に立って，「柄の環境教育・ESD」の基盤・根源となる基層・地の水準から教育を再考し再定位することである。表層・柄の地平で思考停止するならば，現状が維持され続けることになるのではないかと懸念される。二つの眼目に共通するのは，事の大本を尋ねることである。

本章冒頭に示した現代社会のリスクと危機の複合状況に立ち戻ってみよう。reorienting education from X towards YのXとYに対する国連の応答は，Xは不明，YはSD・SDGsである。「転生」し，「連なる命の世界」に立ち返った緒方正人のそれは，「養殖された命から天然の広大無辺のいのちへ」である。読者の皆さんは，どのように考えられるだろうか。

4　環境教育の根本課題に取り組む主体と「未来のカリキュラム」

ここまで，根本課題に焦点を当てて論述を進めてきた。一体，誰が教育を考え直し，その向きを変えるのか。この節では，まずこの問いについて考える。次に，得られた答えに呼応するカリキュラム論へ考察を進める。

4.1　根本課題に取り組む主体

この私は，誰かが考え直して向きを変えるための方策を提案してくれるのを待って，その実施の指示を受けて課題に着手するのか。私には関係のないこととしてスルーするのか。それとも，自らが動き出して考え直し，自らのやり方で向きを変える営みを始めるのか。

私は，教育に関わるすべての人達，フォーマル教育，意識啓発，訓練・研修，学校教育，社会教育，企業教育，家庭教育，あるいは自己教育，他者教育，相互教育など，あらゆる形態の教育の担い手がこの根本課題を共有し，それぞれの仕方で取り組むことが根本課題の趣旨と受け取る。人が生涯にわたって形成・

生成・変容する過程・様態とそこに関わる行為を「教育」と捉えるならば，教育と無関係な人は誰もいない。すべての人が教育に関わっており，教育の当事者である。その意味で，根本課題はすべての人達の共通課題であり，課題に応答する責任を負っている。

学校教育を考えてみよう。教育に関わるのは教師だけではない。確かに教師は教えることを任務とするが，授業は生徒がいてはじめて成り立つし，教える—学ぶ相互作用関係の上に作られる。教師が生徒から教えられることもあるし，生徒同士が教え合うこともある。もし教師が教科書に載っている情報を生徒に伝達し，生徒は情報を暗記するだけの授業が行われているとしたならば，それこそ生徒は根本課題に取り組んで，そのような授業が当然のごとく繰り返される学校教育を考え直し，その向きを変える絶好の機会である。

現在，推進されているSDGsが明記された『我々の世界を変革する：持続可能な開発のための2030アジェンダ』[14] の前文には，この協働取組みに着手するに当たって「誰一人取り残さないことを誓う」と書かれている。このことを踏まえるならば，この本の読者はもちろんのこと，教育に関わるすべての人達が，「誰一人取り残さ（れ）ない」ように根本課題に取り組むことが求められているのではないだろうか。

このような認識に立って，現代環境教育と現代日本の教育の根本課題に取り組む上で，私は次のことを基本姿勢とする。

> 一人ひとりが自分すなわち＜この私＞を棚上げにしないで，＜この私＞のこととして根本課題を受け止め，課題に取り組む。

この基本姿勢を念頭に置いて，次のことを基本方針とする。

① 立ち止まって，＜この私＞と向き合い，＜この私＞をよく見つめる。
② ＜この私＞を振り返り，＜この私＞に問いかける。
③ ポール・ゴーギャンの絵画「我々はどこから来たのか　我々は何者か　我々はどこへ行くのか」に倣（なら）って，＜この私＞はどこから来たのか，＜この私＞は何者か，＜この私＞はどこへ行くのかを省察する。

「持続不可能な社会を支えている教育を考え直し，その向きを変えること」という根本課題へのこのような取組み方を，「自己省察アプローチ」と呼ぶことにする。＜この私＞を問い直し，考え直す。＜この私＞が持続不可能な社会を支えていないだろうか吟味し検討し確かめる。簡明直截に言えば，根本課題は「持続不可能な社会を支えている＜この私＞を考え直し，その向きを変えること」，「＜この私＞の向きをＸからＹに変えること」，そのＸとＹを究明し同定することである。

4.2 「未来のカリキュラム」

次に，＜この私＞から始める「自己省察アプローチ」に呼応するカリキュラムを考えてみよう。最初にカリキュラムの基本を確認する。

カリキュラムとは，制度的な教育機関が教育目的を達成するために，教育内容と学習活動について組織全体で計画的に編成し示したものである。語源はラテン語のクレレ（currere）であり，走る，走路の意味である。日本語では教育課程と呼ばれる。1951年に改訂された学習指導要領においてはじめてこの語が使われ，それ以降，学校教育において一般的に使用されるようになった（秋田 2013, pp.78-79）。カリキュラムの編成は，カリキュラムの計画，実施，評価，再編成という連続的・発展的な作業を通して実施されるため，カリキュラム開発と呼ばれる（同上，p.80）。

アメリカでカリキュラム研究の分野が「カリキュラム開発あるいはカリキュラム構成（curriculum development）」という概念で呼ばれるようになったのは，1930年代からである。このカリキュラム開発研究の中心的理論は，R.タイラーの*Basic Principles of Curriculum and Instruction*（1949）（日本語版『現代カリキュラム研究の基礎：教育課程編成のための』1978年）で提案された「タイラーの原理」である。この原理は，カリキュラムの構成と授業計画を立てる時に求められる４つの問いとして提案された。①学校はいかなる教育目的を達成することを追求すべきか，②これらの目的を達成するためには，いかなる教育的経験を用意しうるか，③これらの教育的経験はいかに効果的に組織しうるか，④これらの教育的目的が達成されているかどうかということをいかにして決定しうるか（中野 2014, p. 44）。「タイラー原理」は，教育目標の設定→教育経験の選択→教育経験の組織化→教育結果の評価という４つのステップを順番に踏むものとして定式化され，理解されてきた。

これを典型とするカリキュラム開発論は，1970年代から批判的に問い直されるようになった。松下（2007）によれば，①社会学の観点からカリキュラムによる社会化や階層の再生産などのメカニズムを明らかにしようとする立場，②カリキュラムの持つイデオロギー性，政治性，権力性を批判的に暴露しようとする立場，③現象学を基礎としてカリキュラムを再概念化しようとする立場などが挙げられる。これらの立場によって引き起こされた理論的な枠組みの対立を示すならば，たとえば，「モダン vs. ポストモダン」，「開発 vs. 批判･批評」，「実証主義的・行動主義的 vs. 解釈学的・現象学的」，「技術的 vs. 美的・倫理的・政治的」，「量的・質的」，「論理―科学的 vs. 物語的」（松下 2007，p.141）などとして表すことができる。対立図式の前者がこれまでの主流であり，後者が対抗的オルタナティブである。

「タイラーの原理」をめぐるカリキュラムの批判的検討は，やがてカリキュラム論争へと展開する。佐藤（2000）は，そこに見出されるカリキュラム研究のパラダイム転換を指摘する。転換の一つは，研究の理論的枠組みに関するものである。「技術的合理主義（technical rationality）」を基礎とする社会工学的アプローチから「教師と子どもの経験の文化的・社会的・倫理的意味を問う研究」（佐藤 2000，pp.158-159）への転換である。もう一つは，「カリキュラム研究から教師研究へのパラダイム転換」（同上，p.158）である。

教師研究の柱の一つは，「反省的実践の研究」である。佐藤（2000）によれば，従来の「技術的合理主義」に基づく専門家像は，専門的知識や技術を実践場面に適用する「技術的熟達者（technical expert）」である。これに対して，「活動過程における省察（reflection in action）」に基づいて実践現場で試行錯誤を繰り返して問題と格闘するのは，「反省的実践家（reflective practitioner）」である。

後者による「反省的実践」は授業にも影響を及ぼし，「反省的授業」を生み出してきた。それは，教師と子どもが共に反省的思考すなわち探究活動を行う授業実践である。状況と会話をしながら活動過程の中で省察することが中心となる。教師が子どもの探究活動を促進することにおいて，教師はその過程の中で省察しながら子どもの活動を促進すると共に，自分自身の活動を反省するという形で「反省的授業」は展開する。（同上，p.169）

授業観の変容は，教室観の変容に反映される。「技術的合理主義」によって統制された教室は，大工場の組み立てラインのようであるが，「反省的授業」が行われる教室は，子どもと教師の「人間的なコミュニケーションを遂行する場所」

(p.162) となる。

「カリキュラム研究から教師研究へのパラダイム転換」は，さらには「プログラムからプロジェクトへ」,「開発からデザインへ」という転換を生み出した。「技術的合理主義」に基づく授業においては, カリキュラムは「教育目標」と「教材」と「指導技術」からなる「プログラム」であり，教師は，この「プログラム」の忠実な遂行者である。

> 「プログラム的実践」においては，たとえばプログラムを教師が作成しようとも，教育内容である科学・学問・芸術は教室の外から教材や課題にアレンジされて持ち込まれることになる。それに対して,「プロジェクト的実践」においては，教育内容である科学・学問・芸術は，教室の中で教師と子どものコミュニケーションをとおして生成され創造されるのであり，教育内容は所与のものではなく，教室で創造され構成され発展されるものとしてとらえられる。(佐藤 2000，p.172)

> 教師は，授業の準備と実践と反省のすべての過程をとおして，教材と対話し，子どもたちや同僚と対話し，自分自身と対話しながら，教室における学びの創造に挑戦し続けている。その絶え間ない「デザイン」の軌跡が, カリキュラムを創造するのである。(同上，pp.175-176)

「タイラーの原理」を典型とするカリキュラム開発論においては,「技術的合理主義」に基づく実践が中心をなしていたが,「反省的実践」に原理的に転換したことによって，授業，教室，カリキュラムづくりの各面において著しい変容が引き起こされた。カリキュラムの基本で確認した従来，自明とされてきたことが，カリキュラムに関する文脈の変化によって抜本的見直しを迫られている。

教育目標の設定→教育経験の選択→教育経験の組織化→教育結果の評価と定式化される「タイラーの原理」に代表される志向性は，日本の学校においても根強いカリキュラムの考え方であり心性である (松下 2007)。その大本には,「技術的合理主義」がある。「技術的合理主義」を原理・原則とし，それによって統制されるところでは，意識するとしないにかかわらず，外部の専門家，あるいは外部の専門家によって研究・開発されて現場に導入されたもの・ことへの依存がある。またこの主義は，外部の専門家と現場の実践者との間に優劣の上下関係を生み出す。それによって分業が起こり, 前者は「理論」を担い, 後者は「理論」を受容し, それを適用･応用する「実践」を行うものとみなされる。そして,この非対称の関係が，後者による前者への依存をもたらす（Robottom 1985）。

中央集権制が強く，「ナショナルカリキュラムとしての学習指導要領 course of study が，大綱として教育内容を方向づける役割を担って」（秋田 2013，p.79）おり，「技術的合理主義」と「タイラーの原理」が優勢な日本の学校では，この指摘はひときわ大きな意味を持っている。3 節の最後に，根本課題の取組みが環境教育の表層・柄の水準に留まるならば，現状が維持され続けることが懸念されると述べた。それは，こういうことである。

日本の学校では，新しい教育課題が現場に提示されると，専門家によって作成されたガイドに拠って活動に着手し遂行する傾向が見られる。ここに，個人であれ組織であれ，「技術的合理主義」のマインドセットあるいはメンタリティが看取される。多くの課題を抱え，多忙を極める学校現場にあっては，そうすることが「楽」だということもあるだろうが，さらにはそれが心的傾向であり，精神構造を形作り習慣化しているので，意識して検討の俎上に載せるのはなかなか容易なことではない。

ESD の場合，文部科学省と日本ユネスコ国内委員会によって『ユネスコスクールで目指す SDGs：持続可能な開発のための教育』（2018）や『持続可能な開発のための教育（ESD）推進の手引』（2021）が作成された。ESD のカリキュラムをデザインし実践を行うに際して，これらのガイドブックに従って手順をなぞりカリキュラムを作ることに専心したとするならば，基層・地の部分は「持続不可能な社会を支えている教育」のままで，ESD という名前と新しい教育のノウハウだけが導入されて，表層・柄の部分だけが ESD に変わる危険性がある。そうであるならば，一度，立ち止まって，＜この私＞と向き合い，＜この私＞をよく見つめ，＜この私＞を振り返り，＜この私＞に問いかけてみることから始めることが，「外部」への依存から脱却するためにも，また惰性に陥らず，表面的な取組みに終わらないためにも必須であると私は考える。根本課題に対する＜この私＞から始める「自己省察アプローチ」の存在理由は，ここにある。

カリキュラム研究界において，「外部」に依存するのではなくカリキュラムにおける「主体性の回復」を主張したのは，W. パイナーである（浅沼 2001，大貫 2018）。先に，1970 年代以降のカリキュラム論争における一つの立場として，現象学を基礎としたカリキュラムの再概念化に触れたが，この主導者の 1 人がパイナーである。それは，制度的教育機関が教育目的を達成するために組織的に編成した活動の走路，コース，計画としてカリキュラムが理解されてきたのに対して，語源であるラテン語のクレレ（currere）の「『人生の来歴』を含意する言葉にまで立ち返り，カリキュラムを個人的・自伝的性格から再概念化し，実践化しようとする運動」（大貫 2018, p. iii）である。従来のカリキュラムの考え方では，文化遺産の伝達とカリキュラムの構成・開発に重点が置かれていたのに対して，個人の経験の総体とその了解としてのカリキュラムに重心が移された。この基盤にある現象学は，既存の学問や概念を通して現象・事象を捉えようとするのではなく，先入観をカッコにくくり，できるだけ白紙の状態でその現象・事象がどのようにあるのかを記述し，個別具体の事実に即して探究し，そこから立ち現れてくる原理や本質を導き出そうとする学問である（大石 2012, pp.294-295）。

> 「判断中止（エポケー）」を通して自己を解放し，教育の実践過程に潜む真理や権力関係を取り出すために実践の批評的な分析をしたり，自分自身が経験した事物や事実を自伝的な方法で語ることで，自分の主観的な経歴を語り直し，意識の深層へ迫ることをカリキュラム研究の中心に据えることでカリキュラムにおける個々人の主体性を回復したりすることが目指されてきた。（大貫 2018, p.iii）

パイナーが提起した具体的なカリキュラムの方法論は，現象学と実存主義を理論的背景とし，自分自身に回帰する「自伝的方法（クレレ）」である。

> この主張の背景には，カリキュラムの事物や事実が個々人の主観的な意識を離れた制度や事物にあるのではなく，あくまでも自分自身が主体として経験した事物や事実にあるという仮定がある。この事物や事実は，自伝的な方法によって自分自身が自己を開示することによって明らかになるというものである。この方法は，自己の主張だけを記述する単なる主観的なもの（ママ）見方を勧めているのではない。自己を語るということの中には，自己を見つめる他者の存在を仮定しなければならない。つまり，自己を語るということは，自己を客観化する方法なのである。（浅沼 , p.485）

自伝的方法としてのクレレは，自分自身が自己を叙述する過程である。具体的には，次の四つのステップあるいは段階からなる一連の過程として示される（Pinar 2020, p.50）。

①　後進的（regressive）：過去に戻る。たとえば学校の経験や影響を受けた教師やテキストを思い出す。

② 前進的（progressive）：（個人的・社会的・政治的なものが絡み合った）未来を想像する。
③ 分析的（analytical）：抑圧されたり忘却してはっきりしなくなってしまった経験を思い起こして検討する。
④ 総合的（synthetic）：自分を取り戻して私的・公的の両方の世界で新しく行動する。ここから再び①に戻るが，それは，以前には接近することができなかった過去について異なった叙述を与えることになる。

このようにして，自伝的方法では①から④のステップあるいは段階をスパイラルに移行しながら自己を叙述し，自叙伝・個人誌が編まれることになる。この過程と実践を通して，主体性が回復されることになるのである。

現象学的に自己の中に自己を見つめる自己を形成するプロセスを重視することで，カリキュラムを自分の主観性において捉え直し，主観性を回復する営みを位置づけることは，科学主義的であったカリキュラム研究に対して，人間性（humanity）を回復するものであったと言えるだろう。（大貫 2018, p.iii-iv）

「主体性の回復」を重要視するパイナーのカリキュラム論と「自伝的方法（クレレ）」は，現代環境教育と現代日本の教育の根本課題に対する＜この私＞から始める「自己省察アプローチ」と呼応する環境教育の「未来のカリキュラム」論だと私は考える。

5　環境教育の「未来のカリキュラム」に向けて

本章では，環境教育の「未来のカリキュラム」を考え構想することを目的にして，論述を進めてきた。これまで述べたことをまとめよう。

私は，環境教育の「未来のカリキュラム」を現代環境教育と現代日本の教育の根本課題から書き起こした。根本課題は，「持続不可能な社会を支えている教育を考え直し，その向きを変えること」である。これは，環境教育の必須の課題である。その眼目は，持続不可能な社会を支えている教育の方向・目標・目的と，持続可能な社会を創り出し支える教育の方向･目標･目的の両者を，基層･地の水準から一体的に究明し，同定することにある。この課題には，一人ひとりが＜この私＞を棚上げにせずに，＜この私＞はどこから来たのか，＜この私＞

は何者か，<この私>はどこへ行くのか省察することによって取り組む。この「自己省察アプローチ」と呼応するカリキュラム論は，パイナーの現象学的カリキュラム論と「自伝的方法（クレレ）」というカリキュラム方法論である。

このカリキュラム構想の要は，<この私>が考えることである。

緒方正人は言う。

> 私たちは…… システム・ネット社会（制度＝網）の中で，実は魚のように養殖された生命存在となっている。（緒方 2020, p.11）

このような現代社会において，<この私>が確かに存在して，<この私>に心があって，その心が働く場が整えられていて，そこにおいて心が生き生きと働くことは，決定的に重要なことである。環境教育の「未来のカリキュラム」は，ここから始まる。

このことを考えた時，長野県伊那市立伊那小学校は，これからの学校での学びのあり様･あり方と環境教育の「未来のカリキュラム」のイメージを喚起する。

> 伊那小学校は，総合的な学習の時間ができるよりずっと前から総合学習（低学年），総合活動（中・高学年）を実践してきた公立の小学校として，また（年間を通して固定した）時間割がない，チャイムが鳴らない，通知表がない学校としてよく知られている。しかし，それらは，伊那小学校の教育の本質的な特徴とは言えない。
>
> 伊那小学校は，「はじめに子どもありき」を実践，研究の根幹に据え，子どもを大切にして，子ども主体の教育を実現しようとしてきた学校である。それらが，総合学習・総合活動において，また，通知表をなくしてその代わりに個別懇談会を行い，時間割を固定させず，チャイムを鳴らさないということに具現化されているのである。（平野 2023, p.13）

伊那小学校が位置する長野県は，明治期から「信州教育」[15]と称せられて教育への関心が高く，1920 年代はじめから 30 年代はじめにかけては，民衆による地域に根差した自由教育運動が起こった土地柄である。こうした歴史をもつ地域で，伊那小学校は，大正期の長野県師範学校附属小学校（現在の信州大学教育学部附属長野小学校）における研究学級の系譜を引いて，独自の教育活動を展開してきた。

伊那小学校の教育理念は，「学校は子どもたちにとって心ゆく生活の場，詩境でなければならない」である（長野県伊那市立伊那小学校 2023a)。そして，「詩境」でなければならない学校は，子どもだけでなく教師にとってもそうであり，「人生邂逅の場として，人間形成の現実境」(長野県伊那市立伊那小学校 2012, p.14）でなければならない。

このような環境の中で営まれる教育の基底にあるのは，「はじめに子どもありき」である。言い換えれば，子どもの事実に立つということである（平野 2023, p.13)。そして，「子どもは，自ら求め，自ら決め出し，自ら動き出す力を持っている存在である」という能動的子ども観に立って，「生きる力」となる豊かな学びを創造するために，子どもの求めや願いに沿った体験的で総合的な学習・活動を教育課程の中核に位置付けている。蚕やウズラあるいはヤギや羊など生き物の飼育，工芸，衣食住に関わる活動，遊具づくり，まちづくり，プラネタリウムなど，学級ごとにさまざまなテーマに取り組み，教師が子どもと共に同じ対象を追究し，学び，創る授業の実現に努力している（平野 2023, 長野県伊那市立伊那小学校 2023b)。題材，授業の展開，子どもの支援・指導など，子どもの内面の事実の見取りから自ずと決定されるので，ひたすら子どもの追究，学びの事実を研究対象としてきた（平野 2012)。そのための研究体制も学年，連学年（1·2 年，3·4 年，5·6 年)，学校全体で整えられ，職員相互の密な関わりが大事にされている（長野県伊那市立伊那小学校 2023b)。

伊那小学校にあっては，年間指導計画は子どもの見取りに基づく子どもの学びの足跡であり，見通しである。それは設計図ではなく，研究を尽くして立てられる構想である。そして，立てた時点で棄てるつもりにならなければならないものであり，職員同士の検討を経て絶えず修正され，超えられるためにある（平野 2019, p.29)。

4.2 で述べたように，佐藤（2000）は，授業の準備・実践・反省のすべての過程を通して教師は「対話」し，予め計画された「プログラム」ではなく，当の現場で「プロジェクト」が「デザイン」され，カリキュラムが創造される，と「反省的実践家」としての教師とその授業の姿を描いたが，まさに，そのような姿を伊那小学校に見て取ることができる。教師には＜この私＞がしかと存在し，＜この私＞に心があって，その心が働いている。その教師が「内から育つ」[16] ことを願い，共に授業を創る子どもたちも，またそうである。

今から 40 年余り前に，子どもたちに自ら学ぶ意欲の回復を図り，学ぶことを子どもの手に取り戻すために，当時の酒井源次校長と共に総合学習を中心になって立ち上げた大槻武治は，このような詩を残している。

「未完の姿で完結している」

ああでなければならない
こうでなければならないと
いろいろに思いめぐらしながら
子どもを見るとき
子どもはじつに不完全なものであり
鍛えて一人前にしなければならないもののようである
いろいろなとらわれを棄て
柔らかな心で子どもをよく見るとき
そのしぐさのひとつひとつがじつにおもしろく
はじける生命のあかしとして目に映ってくる
「生きたい，生きたい」と言い
「伸びたい，伸びたい」と全身で言いながら
子どもは今そこに未完の姿で完結している

（長野県伊那市立伊那小学校 2012, p.8）

この詩は，伊那小学校のスピリットとして今日まで受け継がれてきている。伊那小学校は「心ゆく生活の場，詩境」であり，そこにおいて，子どもにも教師にも＜この私＞が確かに存在して，＜この私＞に心があって，その心が生き生きと働いている。これが，これからの学校での学びのあり様・あり方と環境教育の「未来のカリキュラム」のイメージである。リスクと危機の複合化状況にある現代社会において，環境教育の根本課題に対する取組みを，一人ひとりが＜この私＞を棚上げにしないで，＜この私＞が生きる場で＜この私＞から始めたいと私は思う。

注

1)　『我々の世界を変革する：持続可能な開発のための 2030 アジェンダ』, 2015 年 9 月 25 日第 70 回国連総会で採択 , 外務省のウェブサイトに仮訳が掲載されている。

https://www.mofa.go.jp/mofaj/gaiko/oda/sdgs/pdf/000101402.pdf,（2023 年 12 月 27 日アクセス）.

2）日本環境教育フォーラム ,「日本の環境教育のダイナミズム」, https://www.jeef.or.jp/wp-content/uploads/2016/12/440ffdc9f2b8c871c267fcab3bc79e01.pdf,（2023 年 12 月 25 日アクセス）.

3）環境省 ,「環境教育・ESD の推進」,
http://eco.env.go.jp/files/material_r409.pdf,（2023 年 12 月 25 日アクセス）.

4）国連 , 英文『アジェンダ 21』36 章 6 項（36.6）第 1 文の私訳である。
https://sustainabledevelopment.un.org/content/dsd/agenda21/res_agenda21_36.shtml,（2023 年 12 月 25 日アクセス）.

5）同上 , 36 章 2 項（36.2）(a) の私訳である。

6）国連事務局監修（1993）, p.408 を参照。

7）ユネスコ , TVETipedia Glossary,
https://unevoc.unesco.org/home/sandbox-tvetipedia/lang=en/filt=all/id=173,（2023 年 12 月 26 日アクセス）.

8）文部科学省 , 持続可能な開発のための教育（ESD）, https://www.mext.go.jp/unesco/004/1339970.htm,（2023 年 12 月 26 日アクセス）.

9）文部科学省 , 教育振興基本計画 , https://www.mext.go.jp/a_menu/keikaku/index.htm,（2023 年 12 月 26 日アクセス）.

10）「センス・オブ・ワンダー」とは,「神秘さや不思議さに目を見はる感性」（カーソン訳書 1996, p.23）のことである。

11）緒方正人のライフヒストリーの記述は, 原子（2017）に加筆したものである。

12）緒方正人の一連の書は, 緒方と辻（1996）に収録されている。

13）「構造的暴力」とは,「戦争や政府の軍事的な抑圧という直接的な暴力に対して, 不平等, 貧困, など直接の軍事力・武力によらないが人間がその潜在的な能力を十全に実現できない状態そしてそれを社会構造・政治構造として維持していること」（山本 2004, pp.323-324）である。

14）注 1）に同じ。

15）「信州教育」は, 教師の強い使命感と責任感, 子どもに打ち込む情熱, 学校に対する社会の協力と支持などを特色とし, 教育の技術よりも教育の担い手である教師の人格を重視する。その根底にあるものは,「教師そのひとが自己の職分について不断に反省し, 自覚し, 修練して行く姿勢に求めなくてはなるまい。」（松本 1963, p.2）と言われる。

16）伊那小学校が追究する研究テーマである。（長野県伊那市立伊那小学校 2013a）

引用文献

秋田喜代美 , 2013,「カリキュラム」藤永保監修『最新　心理学事典』平凡社 , pp. 78-81.

浅沼茂 , 2001,「自伝的方法（クレレ）」日本カリキュラム学会編『現代カリキュラム事典』ぎょうせい , p.485.

Carson, Rachel, Photographs by William Neil,1990, *The sense of wonder*, The Nature Company.（= 1996, 上遠恵子訳『センス・オブ・ワンダー』新潮社）

Fien, John, 1993, *Education for the Environment：Critical Curriculum Theorising and Environmental Education*, Deakin UP,（= 2001, 石川聡子他訳『環境のための教育：批判的カリキュラム理論と環境教育』東信堂）

原子栄一郎 , 1999,「『私』の環境教育観を検討する」和田武編『環境問題を学ぶ人のために』世界思想社 , pp.224-237.

原子栄一郎 , 2017,「日本における社会批判的環境教育としての公害教育」『環境教育学研究』第 26 号 , pp. 19-37.

平野朝久 , 2012,「コメント　伊那小学校の実践の根底にあるもの」『せいかつ＆そうごう』第 19 号 , p.15.

平野朝久 , 2019,「子どもの主体的な追究と学びを実現するカリキュラム」『東京学芸大学紀要　総合教育科学系 I』70, pp. 25-33.

平野朝久 , 2023,「子ども主体の教育――伊那小学校を事例として――」『地域開発』冬号 , pp. 11-14.

国連事務局監修 , 環境庁 , 外務省監訳 , 1993,『アジェンダ 21 ―― 持続可能な開発のための人類の行動計画――（' 92 地球サミット採択文書）』海外環境協力センター。

松本賢治 , 1963,「教育精神の継承と高揚：信州教育管見」『横浜国立大学教育紀要』3, pp. 1-22.

松下佳代 , 2007,「カリキュラム研究の現在」『教育学研究』74 巻 4 号 , pp. 567-576.

McGregor, Sue L.T., 2019, “David Selby' s radical approach to sustainability education,” *The Journal of Sustainability Education*, Vol.21, http://www.susted.com/wordpress/content/david-selbys-radical-approach-to-sustainability-education_2020_01/,（2023 年 12 月 27 日アクセス）.

文部科学省 , 2017a,『小学校学習指導要領（平成 29 年告示）解説　総則編』。

文部科学省 , 2017b,『中学校学習指導要領（平成 29 年告示）解説　総則編』。

文部科学省 , 2023,『第 4 期教育振興基本計画』。https://www.mext.go.jp/content/20230615-mxt_soseisk02-100000597_01.pdf,（2023 年 12 月 26 日アクセス）.

文部科学省と日本ユネスコ国内委員会 , 2018,『ユネスコスクールで目指す SDGs：持続可能な開発のための教育』文部科学省国際統括官付（日本ユネスコ国内委員会事務局）。https://www.mext.go.jp/esd-jpnatcom/about/pdf/pamphlet_01.pdf,（2023 年 12 月 25 日アクセス）.

文部科学省国際統括官付と日本ユネスコ国内委員会, 2021,『持続可能な開発のための教育（ESD）推進の手引』文部科学省国際統括官付（日本ユネスコ国内委員会事務局)。https://www.mext.go.jp/content/20210528-mxt_koktou01-100014715_1.pdf,（2023年12月25日アクセス).

長野県伊那市立伊那小学校（文責 林武司）, 2012,「内から育つ」『せいかつ&そうごう』第19号, pp.8-14.

長野県伊那市立伊那小学校, 2023a,『令和5年度学校要覧』長野県伊那市立伊那小学校。

長野県伊那市立伊那小学校（文責 登内淳）, 2023b,「子どもの内なる力を磨く：総合学習・総合活動を中核とした探究的な学びを通して」『教育展望臨時増刊』No.55, pp. 70-75.

中野和光, 2014,「外国の教育方法学研究」日本教育方法学会編『教育方法学研究ハンドブック』学文社, pp.42-49.

緒方正人語り, 辻信一構成, 1996,『常世の舟を漕ぎて：水俣病私史』世織書房。

緒方正人, 2000,「魂のゆくえ」栗原彬編『証言 水俣病』岩波書店, pp.182-202.

緒方正人, 2020,『チッソは私であった：水俣病の思想』河出書房新社。

大石英史, 2012,「現象学的心理学」日本人間性心理学会編『人間性心理学ハンドブック』創元社, pp. 294-295.

大貫守, 2018,「序章 1970年代以降のアメリカにおけるカリキュラム研究と資料集の位置づけ」西岡加名恵, 鎌田祥輝編『カリキュラムとスタンダードをめぐる論点』（平成25年度～29年度　科学研究費補助金　基盤研究（B)（一般）研究課題番号：25285210 パフォーマンス評価を活かした教師の力量向上プログラムの開発　研究基礎資料集II）京都大学大学院教育学研究科　西岡加名恵研究室, pp.i-viii.

Pinar, William F., 2020, "Currere," J. Wearing et al. (eds.), *Key Concepts in Curriculum Studies: Perspectives on the Fundamentals*, Routledge, pp. 50-59.

Raworth, Kate, 2017, *Doughnut economics: Seven ways to think like a 21st-century economist*, Random House Business Book.（= 2018, 黒輪篤嗣訳『ドーナツ経済学が世界を救う：人類と地球のためのパラダイムシフト』河出書房新社）

Robottom, Ian, 1985, "Towards inquiry-based professional development in environmental education," Ian Robottom (ed.), *Environmental education: Practice and possibility*, Deakin UP, pp.83-112.

佐藤学, 2000,「カリキュラム研究と教師研究」安彦忠彦編『新版 カリキュラム研究入門』勁草書房, pp.157-179.

Selby, David, 2011, "Education for sustainable contraction as appropriate response to global heating," *Journal for Activism in Science & Technology Education,* Vol.3, No. 1, pp.1-14.

Tyler, Ralph, W., 1949, *Basic principles of curriculum and instruction,* The University of Chicago Press.（= 1978, 金子孫市監訳『現代カリキュラム研究の基礎：教育課程編成のための』日本教育経営協会）.

山本吉宣，2004,「構造的暴力」猪口孝ほか編『〔縮刷版〕政治学事典』弘文堂，pp. 323-324.

第5章 「未来のカリキュラム」は，どのようにして誕生し，なぜ変容したのか
——イギリスの科学の教科書『21世紀科学』を事例に——

金子　真理子

1　カリキュラムの社会的側面への接近

1.1　問題の所在

カリキュラムを変革したり，新たに創りだしたりするということは，どのような営みだろうか。それは，たとえ一人の教師の試みであっても，その教室・学校・地域が置かれている社会的文脈の中で，また，同僚教師や子ども，保護者，行政，民間教育団体など，人々とのかかわりの中で，生まれるものだろう。さらに，個々の教師や，学校，地域を超えた，より大きなユニットで，カリキュラムを変革したり，創りだそうとするならば，それはいっそう社会的な営みとなるはずである。

まず，新たなカリキュラムはどのように構想されるのだろうか。そして，それが学校という場に落とし込まれ，実施に移されるまでには，どのような洗礼を受けなければならないのか。さらに，こうしたプロセスを経て学校に根づいたカリキュラムが，それを創りだした人々の手を離れていった時，それは当初の理想を保てるだろうか。これは，難しい問題である。なぜならば，学校にはもともと社会的に構成されたカリキュラムがある。そこへ新たなカリキュラムが導入されると，それまでそこにあった社会的諸力のなかで，その革新性は変容してゆくリスクにさらされるからである。本章は，このようなカリキュラムの社会的側面に接近しようとするものである。

はじめに，分析に用いる概念について検討しておかなければならない。高根正昭がいうように，「われわれが現実に行っている認識は，われわれの持つ概念に導かれて，絶えず変化する経験的世界の一部を，辛うじてつかまえるという仕事」であり，パーソンズ（Parsons, T.）はこのような働きをする「概念」

を「サーチライト」にたとえたそうである。（高根 1979，pp.59-60.）

本研究が依拠するのは，ヤングの「未来のカリキュラム」という概念である。序章で言及した通り，ヤングはこの概念を次の二つの点から説明している。第一に，「未来のカリキュラムの概念は未来の社会の概念，それを作り出し維持するためのスキル，知識，姿勢，そしてこのような社会を現実的に可能なものとするような，知識の諸形態間の関係」などを含んでいる（Young，訳書 2002，p.10）。第二に，「それゆえ，カリキュラム論争は，異なる目的をめぐるものであり，私たちが 21 世紀に期待する各々に多様な社会観をめぐるものであり，またそれらがいかに多様なカリキュラム概念に埋め込まれるのかということについての論争となる」（Young, 訳書 2002，p.11）。

ここからわかるように，「未来のカリキュラム」という概念は，過去や現在ではなく，「未来の社会」との関連で，カリキュラムを分析したり論じたりする視角を提供してくれる。さらにヤングは，カリキュラムを実際に分析する際の焦点について，次のように言及している。

> 問題は目標にあり，現存のカリキュラムが，どのくらい私たちが支持しうる未来の社会を表現し，またその変化を望む過去の社会を表現しているかという程度にある。（Young, 訳書 2002，p.33.　傍点は引用者による。）

ヤングは，未来の社会を表現している「未来のカリキュラム」と，過去の社会を表現している「過去のカリキュラム」を，理念型として対比的に捉えている。同時に，現存するカリキュラムは，どちらかにはっきり分類できるわけではなく，両者の性質をグラデーションのようにあわせもっていて，その「程度」が問題になると指摘している。本章では，「未来のカリキュラム」という概念を，分析のための「サーチライト」として使いながら，現存するカリキュラムの性質を記述する概念としてもしばしば用いることにする。

要するに，「未来のカリキュラム」の視点から，現存するカリキュラムを分析する際に問題となるのは，①それがどのくらい私たちが支持しうる「未来の社会の概念」に基づいているのかというポイントと，②実際に，そのような未来を作り出し維持するためのスキル，知識，姿勢などが，カリキュラムに含まれているかという，その程度である。さらに本章では，①と②の観点からみた時に，そのカリキュラムの目的や教育的知識の編成が，未来の社会を表現している度合いが高ければ「未来のカリキュラム」，過去の社会を表現している度合いが高ければ「過去のカリキュラム」と呼ぶ。

それでは，以上の概念を念頭に，経験的世界に目を向けると，学校カリキュラムはどのようにみえてくるだろうか。序章を振り返ると，それはむしろ，過去の社会を表現している度合いが高かったといえる。たとえばアップルは，学校カリキュラムが社会にある対立や矛盾を「あるべきもの」として扱えていないことから，本質的に保守的な見方や政治的無力感を生徒に学ばせる隠れたカリキュラムとして機能していると批判した（Apple 訳書 1986，pp.158-162）。同様の問題は，序章で紹介した三石（1992）による初期生活科の教科書分析の結果にも表れている。つまり，未来の社会を志向したカリキュラムが導入されているようにみえても，実際の教育的知識の選択･配列･編成の過程で，それは「過去のカリキュラム」へと横滑りしやすいのである。

一方で，教室における教授－学習過程に着目すると，松本（1992）をはじめ，教師がそのような性質のカリキュラムを創りかえ，実践していく事例が見られることから，カリキュラムの保守性の克服は，教師による対抗的な授業実践にかかっているとみなされてきた。それゆえ，佐藤（2006）や教育科学研究会・臼井・三石編（1992）をはじめとする教育研究が，教師がカリキュラムをデザインし実践するプロセスを，カリキュラム変革の主戦場とみてきたのもうなずける。本書の各章が紹介する教育実践もこうした試みに連なるものといえる。

これに対し本章では，個々の教師の授業実践を超えて，教科書の上の教育的知識の選択・配列・編成において，以上の①と②の二つの観点からみて，「未来のカリキュラム」が具現化された事例に注目したい。そして，それが構想され，教科書の中に具現化され，多くの学校で使用され，そして変容していった一連の社会的プロセスを明らかにする。そのすべての過程において，カリキュラムをめぐってどのような議論がなされてきたのかということや，カリキュラムがいかに社会的に構成されているかということがみえてくるだろう。この作業を通して，「未来のカリキュラム」をどう創るか，それをどう維持できるのか，カリキュラムを決めるのは誰か，という問題に迫る。最後に，ヤングの「未来のカリキュラム」をめぐる議論に対して，本章の知見と考察を位置づけたい。

それでは，以上の作業に値し，調査可能かつ分析にたえるカリキュラムとはどのようなものだろうか。次項で，本研究が扱う事例について示す。

1.2 『21 世紀科学』への注目

かつてアップルは，学界では複数のパラダイムの対立・競合・代替が常態であるのに対し，学校で教えられる理科は，実証主義的理念型と呼ばれる科学観に則っていると批判し，科学的な業績や論争の本質について扱うべきであると提案した（Apple 訳書 1986，pp.162-174）。本章が取り上げるのは，まさにこうした声に応えるような，2000 年代のイギリス[1]に生まれた科学の教科書である。そこでは，社会にある対立や矛盾も「あるべきもの」と想定した上で，「科学の不確実性」や「社会のなかの科学」という側面が強調されている。

その教科書は，ナフィールド財団（Nuffield Foundation）とヨーク大学（the University of York）が協力し，オックスフォード大学出版局（Oxford University Press: OUP）から出版された，*Twenty First Century Science GCSE Science Higher*[2]（以下，『21 世紀科学』と記す）である。これは，イギリスの義務教育の最後の二年間（14 歳からの第 10 学年と 15 歳からの第 11 学年）にあたるキー・ステージ 4 で，2006 年に導入された GCSE サイエンスという必修科目で使用された，21 世紀科学（Twenty First Century Science）コース（以下，21CS と記す）に準拠した教科書である。この教科書については，理科教育研究者の笠潤平が早くから注目し，特に原子力や原発，放射線に関する記述を，日本の教科書や副読本と対比させながら紹介してくれている（笠 2013）。

キー・ステージ 4 で履修される科目は，GCSE 科目と呼ばれている。GCSE とは，中等教育修了一般資格（General Certificate of Secondary Education）のことで，キー・ステージ 4 の終わりに，生徒たちは外部の試験機関が実施する GCSE 試験を受けることになる。その成績は，義務教育後の 2 年間の大学進学準備課程である A レベルへの進学要件になるだけでなく，大学進学の際にも，A レベル試験の成績とともに参考にされるため，生徒の将来に大きな意味を持つ。なかでも科学は，数学，英語と並ぶ 3 つの「中核教科」の一つとして重視されてきた。

GCSE サイエンスという科目に関しては，AQA，OCR，Edexcel という 3 つの試験機関が全部で 4 種類の GCSE 試験を提供していた。その内訳は，AQA と Edexcel がそれぞれ 1 コースずつ，OCR は 21CS と Gateway という 2 コースである。各試験機関は，国が示す GCSE 教科規準（GCSE Subject Criteria）

に則りながら，コースごとに異なる方針に基づくコース内容規定書（specification）を作成・公開し，それに基づいたGCSE試験を実施している。学校は，各科目で展開されているコースのレパートリーの中から，どのコースを教えるかを選択し，生徒はそのコースのGCSE試験を受験することになる。筆者が2013年1月にナフィールド財団で行ったインタビューでは，GCSEサイエンスの受験者全体に対し，各コースの受験者が占める「非常に大まかな割合」は，「AQA 50%，OCRの21CS 25%，OCRのGateway 20%，Edexcel 5%くらい」と聞き取っており[3]，21CSはAQAに次ぐシェアを維持していた。イギリスのGCSE試験をめぐる以上のようなしくみが，21CSのような独自のカリキュラムを誕生させ，また，これに変容を迫る一因になるとだけ，ここでは予告しておきたい。

『21世紀科学』
注）左が第1版（2006），右が第2版（2011）

学校は，どのコースを教えるかを決めると，各試験機関が定めるコース内容規定書に準拠したもののなかから，教科書や教材を選ぶことになる。各試験機関から「公式出版パートナー」として認定・推奨される教科書は，各コースに準拠した教科書の中から通常一つである。本稿が分析対象とする教科書『21世紀科学』は，試験機関OCR（Oxford, Cambridge and RSA Examinations）がGCSE サイエンスの21CSコースの教科書として唯一認定・推奨していたものである。そのため，同コースを教えている学校の多くでこの教科書が使用されていたと思われる[4]。なお，イギリスには日本のような国家による教科書検定制度はない。

本研究では，『21世紀科学』の第1版と第2版の相違点に注目してみていく。2006年に刊行された第1版は，後述するように，教科書の上に具現化した「未来のカリキュラム」であった。ところが，2011年刊行の第2版をみると，その内容はいくつかの点で大幅に変更され，その特徴を「後退」させるような動きがあった。本章では，この一連のプロセスに迫り，主に二つの問いに答えていく。

(1) 21CSは，どのようにして誕生したのか。

(2) 21CSの第1版から第2版への変化は，なぜ起きたのか。

1.3　方法

本研究が用いる方法は，教科書の内容分析とインタビューデータの分析である。第一に，『21 世紀科学』の第 1 版と第 2 版を比較しながら，それぞれの目的と教育的知識の選択・配列・編成の特徴を明らかにする。第二に，21CS が生まれて変化していった理由について，関係者へのインタビューデータをもとに検討する。

インタビュー調査は，2012 年 11 月から 2013 年 8 月までの期間に，筆者が実施した。調査協力者は，表 5-1 に示す 20 名である。A 氏から H 氏までの 8 名は，『21 世紀科学』第 1 版もしくは第 2 版の制作に携わった人々である。I 氏は，カリキュラムと GCSE 試験の規制機関だった資格・カリキュラム機構（Qualifications and Curriculum Authority：QCA）で勤務した経験を持つキー・パーソンである。さらに，この教科書の制作にはかかわっていない科学教育関係者（大学教員 7 名およびロンドン市内または郊外の中等教育学校の教師 4 名）にもインダビューを行った。インタビューは許可を得て録音し，文字起こしをした。本章で主に扱うのは，この教科書の制作にかかわった人々の語りである。なお，教科書のテクスト内やインタビューデータ内の［　］は，筆者による補足を示す。

表5－1　インタビュー調査の協力者

A氏	第1版のプロジェクトディレクター・編者・執筆者 第2版のプロジェクトディレクター
B氏	第2版のプロジェクトディレクター・編者
C氏	第1版のプロジェクトオフィサー・編者・執筆者
D氏	第1版と第2版の執筆者
E氏	第1版のプロジェクトディレクター・編者・執筆者 第2版の執筆者
F氏	第2版の執筆者
G氏	ナフィールド財団勤務、第1版のプロジェクトオフィサー 第2版のプロジェクトディレクター
H氏	ナフィールド財団勤務 第2版のプロジェクトディレクター・編者
I 氏	資格・カリキュラム機構（QCA）勤務経験者
J氏	大学教員（科学教育）
K氏	大学教員（科学教育）
L氏	大学教員（科学教育）
M氏	大学教員（科学教育）
N氏	大学教員（科学教育）
O氏	大学教員（科学教育）
P氏	大学教員（科学教育）
Q氏	A校の教頭
R氏	B校の教師（科学主任）
S氏	C校の教師（科学主任）
T氏	D校の教師（科学主任）

本章の構成は，次の通りである。2 節で，21CS コースが誕生

した経緯をごく簡潔に示す。次に，3節と4節では，『21世紀科学』第1版と第2版の相違点に着目して，記述内容の分析を行った上で，この教科書にどのような「未来のカリキュラム」が埋め込まれていたのかを検討する。5節と6節では，インタビューデータの分析により，「未来のカリキュラム」を構想すること，具現化すること，維持すること（あるいは維持できないこと），それぞれの段階に表れる人々の営みに迫りながら，21CSが誕生し，5年後に変容を余儀なくされたのはなぜなのか，そもそもカリキュラムは誰が決めるのか，といった問いに答えていく。ここでは,「未来のカリキュラム」をどう創るかだけでなく，どう維持していくかという課題の大きさに気づくだろう。7節では，それでもなお「未来のカリキュラム」が必要な理由を示し，カリキュラム論争への提言を行う。

2　21CS誕生の経緯

2.1　科学教育研究者のイニシアティブ

21CSの構想は，ナフィールド財団と科学教育研究者らによる連続セミナーの成果として，1998年に刊行された『2000年を超えて―― 未来のための科学教育』(Millar and Osborne, eds. 1998）という報告書がもとになっている。この報告書は，義務教育段階の科学教育のあり方を批判的に検討した上で，その目的を問い直し,「科学を将来志す限られた生徒たちにその基盤となる学習を提供すること」のみならず,「すべての若い人たちにサイエンス・リテラシーを身につけさせること」の必要性を指摘したものである。キー･ステージ4に関して言えば，すべての子どものための必修科目が構想され，そのカリキュラムは，未来の市民の科学的リテラシーを発展させるためにデザインされるべきであるという考え方が示された。同時に，将来科学を専攻する一部の生徒にとってはその上に別のコースが用意されるべきであることも提言された（Millar and Osborne, eds. 1998, pp.9-10, Millar, 2011, p.175)。

これらの提言は，生徒の科学離れを憂慮していた政府に採用されることになり，2006年9月から，GCSE段階の科学のカリキュラム構造は大きく変わった。すなわち，キー・ステージ4の科学は，市民のためのサイエンス・リテラシーを重視したGCSEサイエンス（GCSE Science）をすべての生徒が必修とした上で，理論的・学問的な「追加科学」（GCSE Additional Science）や 職業や生活に根差した「追加応用科学」（GCSE Additional Applied Science）を選択履修する構造になった[5]。

笠（2013）は，「科学教育関係者の認識の源泉ともなり，またその意見が政治・行政レベルでも認められるにいたる，もっと広い社会的背景」として，「科学の公衆理解」や科学コミュニケーションに対する80年代からの欧米での認識の変化について指摘している。それは議会でも取り上げられるようになり，「2000年には英国議会上院・科学と技術特別委員会第三報告「科学と社会」が発表され，90年代後半に起きたBSE（「狂牛病」）事件を契機とした科学に対する「信頼の危機」を踏まえ，科学と市民の間の対等な立場での双方向性を持ったコミュニケーションの必要性の認識を基調とする議論が広が」っていたという（笠2013, pp. 43-44.）。こうした機運も『2000年を超えて』の提言を後押しした。

2.2　ナショナルカリキュラムの大綱化と規制の緩和

以上の改革は，キー・ステージ4（第10～11学年）の科学において，現行のナショナルカリキュラム[6]の一つ前のナショナルカリキュラム[7]の実施と連動している。このナショナルカリキュラムは，2004年に改訂され，2006年から実施されたものであり，この改訂はキー・ステージ1～3では行われず，キー・ステージ4のみで行われた。この時の科学の学習プログラムは，それまでの1999年改訂版[8]のナショナルカリキュラムから大きく変わり，より大綱化されると同時に，市民の「科学的リテラシー」の促進を目的とするものに書き改められた。そこでは，「すべての子どもが自らの科学的理解を，自分や他者のライフスタイルと関連させたり，社会の中での科学および技術の発展と関連づけて捉えたりする力を伸ばす」という目標と「多くの子どもが科学および関連分野に進むための基盤になるような理解とスキルを伸ばす」という目標が併記されている。これはまさに，21CSコースにも影響を与えた『2000年を超えて』の提言と合致している。実際，筆者がインタビューしたA氏，G氏，I氏によれば，『2000年を超えて』は，当時のナショナルカリキュラムの改訂にも大きな影響を及ぼしていた。

このような新しい目標が掲げられたにもかかわらず，キー・ステージ4の科学の学習プログラムはわずか2頁にまとめられ，それまで以上に大綱的に示された。このナショナルカリキュラムを開発したのは，資格・カリキュラム機構（QCA）であった。QCAは，政府からの委託を受けた独立の行政機関として，1997年教育法によって設置され，カリキュラムとGCSE試験に対する規制を包括的に担っていた組織である。I氏は，1997年の発足時からQCAに勤務し，以上の学習プログラムの作成に携わっており，当時の改訂への反響について語った。

I氏 それ[キー・ステージ4の科学の学習プログラム]を，私たちが2ページにまとめたことにも，皆さんとても驚いていました。1ページは科学のスキルと知的素養について，もう1ページは学習内容についてです。ですからこれは非常に大きな変化でした。以前はもっとボリュームがありました。この変化によってフレキシビリティが高まり，GCSE試験を策定する試験機関がいくらか柔軟に対応できるようになり，彼らによるその後のアセスメントが出来上がったのです。

この時リニューアルされたキー・ステージ4の学習プログラムが，多様な解釈と柔軟な運用にひらかれていたことが，次節以降で検討する第1版の独自性を保障したのである。なお，QCAが21CSに対して果たした役割については，5節で触れることになる。もう一つ付言すると，詳しくは6節の最後で述べるが，2016年以降，イギリスの科学教育は伝統的なものへと回帰し，GCSEサイエンスという科目はもはやない。本章では，このような政策変更が及ぶ前のGCSEサイエンスに，彗星のごとく現れた21CSの顛末を明らかにする。これをもとに，現代のカリキュラムをめぐる議論へも一石を投じたいと考えてる。

以下の節では，いよいよ，21CSの教科書として刊行された『21世紀科学』第1版の内容を，第2版と比較しながら見ていきたい。そこにはどのような未来の社会がイメージされていたのだろうか。

3 『21世紀科学』は，科学を学ぶ目的をどう伝えたか

『21世紀科学』第1版は，2006年から始まるGCSEサイエンスの21CSコースの教科書として刊行された。第1版のプロジェクトディレクター4名のなかには，『2000年を超えて』の編者の一人だったヨーク大学のロビン・ミラーの

名が連なり，21CSはその理念を先鋭的に体現するコースとして，生まれたのである。それでは，21CSの目的は，教科書を通して生徒にどのように示されたのであろうか。特筆すべきは，第1版のイントロダクションである。その書き出しでは，21CSコースがどのような目的に向けてデザインされたカリキュラムであるかを明示している。以下に引用しよう。

イントロダクション（Introduction）

21世紀科学にようこそ。

日常生活には，科学が答えを助けられるような多くの疑問があふれている。それはたとえば次のような疑問である。

- **私たちは誰なのか：たとえば，地球という星の歴史。**
- **個人の選択：たとえば，私たちのライフスタイルはどれくらい健康的なのか。**
- **私たちはどのように科学的知識を使うのか：たとえば，大気汚染のコントロール。**

テレビ，ラジオ，新聞，インターネットには科学に関する情報があふれている。しかし，それはいつも信頼できるものとは限らない。そこではしばしば，事実が意見と混ぜられて，複数の異なる見方が存在している。

GCSEサイエンスは，すべての人のためのコースである。あなたは，最も重要な**科学的説明**（Science explanations）のいくつかを学ぶことができるだろう。それによってあなたは身の回りの世界を理解できるようになる。科学をどう使うか（how science works）についても学べるだろう。このコースでは，それを**科学についてのアイディア**（Ideas about science）と呼ぶ。そして，次のようなスキルを伸ばすことができるだろう。

- **議論の両サイドからの異なる証拠を比較評価する**
- **あなたに影響を及ぼす科学に関する諸問題について意思決定する**

本コース修了時には，日常生活の中で日々出会う科学をどのように扱えばよいのかについて，あなたはもっと自信を持てるようになるだろう。

(*Twenty First Century Science GCSE Science Higher, 1st edition,* 2006, p4)

21CSが目的にしたのは，「すべての若い人たちにサイエンス・リテラシーを身につけさせること」であった。それは，上記のイントロダクションのなかで，私たちが日々出会う科学に関する疑問に対し，「議論の両サイドからの異なる証拠を比較評価する」「あなたに影響を及ぼす科学に関する諸問題について意思決定する」スキルとして具体化されている。

内容面では，断片的な知識の暗記に終わらないよう，「科学的説明」と「科学についてのアイディア」という二本柱で，教育的知識が編成されたこともわかる。前者は，生徒が身の回りの事象や世界を科学的に理解し説明できるようになるための学習である。後者は，「科学をどう使うか」にかかわって，生徒が自らの意見を言い，意思決定できるようになるための学習である。

第1版のイントロダクションは，見開き2ページの中で，以上のような目的の提示に続き，「本書の使い方」が簡潔に示されている。それに続く2ページで，生徒のパフォーマンスに対して学校が行う評価である「インターナル・アセスメント」（Internal assessment）の概略が説明される。この評価は，生徒によるケーススタディとデータ分析作業が評価対象となり，当時の21CSコースの成績評価において，33.3％の得点配分と示された。外部の試験機関（21CSの場合はOCR）が行うGCSE試験の結果は，66.7％の得点配分ということになる。

次に，2011年に刊行された同じ教科書の第2版の書き出しをくらべてみよう。

本書の使い方（How to use this book）
21世紀科学にようこそ。この本は，OCR，ヨーク大学サイエンス教育グループ，ナフィールド財団，オックスフォード大学出版局とのパートナーシップによって書かれたものです。まず，この2ページでは，この本の中にはどのようなタイプのページがあって，それぞれどのような特徴があるのかを紹介します。この本は，あなたが試験の準備をして最善を尽くすための必要なサポートを提供すべく，すべてがデザインされています。

(*Twenty First Century Science GCSE Science Higher, 2nd edition*, 2011, p4)

第2版の冒頭の見開きページは，「本書の使い方」という見出しになり，はじまりの言葉は，以上のように，本書が生徒にとって有効な試験対策になるという点をアピールするものに差し替えられた。次の2ページは，「評価の構造」（Structure of assessment）という見出しで，本書の各単元の内容がOCRのコース内容規定書に合致していること，試験の手順，試験時間，得点配分（試験が75%，コントロールド・アセスメントが25%）等が説明されている。「コントロールド・アセスメント」（Controlled assessment）の説明には，以上とは別に2ページが費やされた。それは，第1版の「インターナル・アセスメント」と同様，ケーススタディとデータ分析作業が評価対象となるが，成績評価におけるその比重は減るとともに，評価の際の統一的な観点がより詳しく示されたのである。さらに，それぞれ1ページと3ページが割かれて，試験の質問でよく使用される言葉（例えば「計算する」「見積もる」「予測する」「記述する」「説明する」など）の意味と，グラフの読み方の説明が加えられた。第2版では，第1版以上に，本書の学習内容とGCSE試験の関係性，および，成績評価の公平性と透明性を，生徒に明確に伝えることに重点が置かれたといえる。

21CSコースは，すべての人が市民としてのサイエンス・リテラシーを身につけることを目指していた。だが，『21世紀科学』の第1版と第2版の間で，イントロダクションが生徒に伝えるメッセージは異なっていた。第2版では，試験や成績との関連でこの教科書の有用性が主張されており，それは他の教科書にもよく見られるものであった。それだけに，第1版の書き出しの独自性が際立ってみえる。

第1版のイントロダクションは，すべての人が科学を学ぶ意味や目的を，生徒に考えさせるようなものであった。しかもそこには，科学の教科書にしては珍しく，この教科書が目指す未来の社会像が表れていたように思われる。それは，私たちの生活に大きな影響を及ぼす課題（たとえば，大気汚染のコントロール）などに対し，人任せ・専門家任せにするのではなく，一人ひとりが市民として判断し，意思決定にかかわれる社会である。このような社会を実現するために，人々の意見を聞く制度的しくみを整えることもさることながら，科学教育ができることとして，市民としての判断を支える科学的リテラシーの育成が目指された。つまり，私たち一人ひとりが，科学者と同等の科学的知識を身につけることは難しいけれども，様々な情報や議論を吟味し，自信を持って意思決定できるスキルを身につけることが目指されたのである。すなわち，『21世紀科学』第1版は，上記のような「未来の社会の概念，それを作り出し維持するためのスキル，知識，姿勢」（Young, 訳書2002，pp.10）を志向して編まれたといえる。

次に，『21世紀科学』が，以上のようなスキル，知識，姿勢を，どんな方法で生徒たちに育もうとしたのかを，教科書の具体的な記述内容をもとに検討する。第1版のイントロダクションで明示された「議論の両サイドからの異なる証拠を比較評価する」「あなたに影響を及ぼす科学に関する諸問題について意思決定する」ためのスキルは，どうすれば育てられるのか。次節では，教科書の上での知識の選択・配列・編成の特徴を，第1版と第2版を比較しながら見ていこう。

4　教科書の上での知識の選択・配列・編成

4.1　教科書の構成

まず，『21世紀科学』第1版と第2版の目次を見ると，いずれも，生物学分野（B1-B3），化学分野（C1-C3），物理学分野（P1-P3）の単元（module）がそれぞれ3つずつ，表5-2に示す順番で交互に配列されている。これにより，各分野の学習内容が関連するものとして認知されやすくなっている。また，二つの版の目次は共通点が多いが，C3とP3に関しては単元名が異なっている。C3は，「食品問題」から「私たちの生活のなかの化学物質：リスクと便益」へ，P3は「放射性物質」から「持続可能なエネルギー」へと変更されている。

次に，総頁数を比較すると，第1版272頁，第2版の296頁と，14頁分増加

表5-2　『21世紀科学』第1版と第2版の目次

	第1版（2006年刊行）	第2版（2011年刊行）
序	イントロダクション， インターナルアセスメント	本書の使い方，評価の構造，言葉の運用，グラフの理解，コントロールドアセスメント
B1	あなたとあなたの遺伝子（You and your genes）	
C1	空気の質（Air quality）	
P1	宇宙の中の地球（The Earth in the Universe）	
B2	健康の維持（Keeping healthy）	
C2	素材の選択（Material choices）	
P2	放射線と生命（Radiation and life）	
B3	地球上の生命（Life on earth）	
C3	食品問題 （Food matters）	私たちの生活の中の化学物質 ：リスクと便益 （Chemicals in our lives: Risks & benefits）
P3	放射性物質 （Radioactive materials）	持続可能なエネルギー （Sustainable energy）

出所：*Twenty First Century Science GCSE Science Higher*, 1st edition, 2006と*Twenty First Century Science GCSE Science Higher* , 2nd edition, 2011をもとに，筆者作成。

した。理由の一つには，科学技術の急速な発展に伴い，新たに登場した問題が第２版に反映されたということがある。たとえば，C2「素材の選択」の中では，ナノテクノロジーなどの項目が加筆されている。そこでは，ナノテクノロジーの科学的説明に加えて，医療分野や生活用品での利用のされ方とともに，ナノ粒子の人体や環境への影響については十分に解明されていないため，さらなる研究の必要性を主張するグループもいることが指摘されている。

このような加筆のみならず，内容が著しく組み替えられた単元もある。特にC3とP3は，単元名が変更されたことからもわかるように，内容が大きく変わった。まず，C3に関しては，第１版では食品問題に焦点を当てることにより，食品の生産，加工，保存，消費の問題をトータルに扱った上で，食品による健康への影響を検討し，食品規制の問題と消費者の選択の問題を批判的に考えさせる構成になっていた。第２版では，食品問題に特化せず，広範囲の化学物質を扱っている。そこでは，リスクと便益が両論併記された上で，社会や個人がどのように判断すべきかという問題については，具体的には立ち入らない姿勢がうかがえる。

4.2 科学についてのアイディア

次に，P3を取り上げて，第１版と第２版の記述の特徴を具体的に見ていこう。まず，『21世紀科学』第１版のP3「放射性物質」の冒頭ページでは，「科学についてのアイディア」が次のように示されている。

> 完全に安全なものは何もない。医療行為において放射性物質を使用する時，医者と患者は注意深くリスクに対する便益を比較評価する。まもなく核廃棄物の処分や，原子力発電所の新規建設にかかわる決定がなされることになる。誰が決めるのか，そして，あなたは自分の意見をどのように言うことができるのか？
>
> (*Twenty First Century Science GCSE Science Higher, 1st edition*, 2006, p.232)

ここでは，核廃棄物の最終処分場や，原子力発電所の新規建設にかかわる問題が，具体的に提示され，これに対して自らの意見を言うことが可能かと生徒に問うている。このような問いに続く，教科書の内容は以下である。まず，放射性物質から放射線が放たれるしくみや，身の回りに存在する放射線の種類と働きに関する科学的説明を取り上げながら，その利用とともに健康へのリスクを伝えている。さらに，原子力の項では，核分裂のしくみとともに，核兵器，原子力発電所，チェルノブイリ原子力発電所の事故について説明される。最後に，核廃棄物問題に4ページが割かれ，その危険性，核崩壊のパターンと半減期，シェラフィールドの核廃棄物処理施設，永久処理の可能性，次項で詳述する「予防原則」についての記述がある。

このうち，身の回りに存在する放射線の項では，イギリス人医師アリス・スチュワート（Alice Stewart）の研究が次のように紹介されている。

> 低線量の放射線がもたらす被害を明らかにすることは難しい。アリス・スチュワートは，アメリカの原子力産業で働いている人々の健康について調査したイギリス人医師だった。彼女の初期の研究成果は，放射線は子どもと高齢者に対してより大きな被害をもたらすことを示唆するものであった。彼女はこのアイディアを攻撃され，雇用者は彼女が医療データにそれ以上アクセスすることを妨げた。
>
> (*Twenty First Century Science GCSE Science Higher, 1st edition*, 2006, p237)

彼女の研究が雇用者によって妨げられたという歴史的事実は，真実を突き止めようとする科学研究の遂行自体が雇用関係の中で規制されうると同時に，いま流通している科学的事実までもが政治／経済／社会的に選択されている一面があることを示唆するものである。だからこそ，市民一人一人のサイエンス・リテラシーの育成が科学教育の課題になるのではないだろうか。このような科学と社会の関係性まで含めて，科学教育の中で教えようとする批判的な姿勢こそ，21CSコースの独自性であり，新しさであった。この教科書は，トピックを絞りこむ一方で，それを様々な角度から科学的・社会的・批判的に生徒が検討することを促した上で，生徒に自らの意見を言うことができるかと問いかけたのである。

これに対し，『21世紀科学』第2版のP3「持続可能なエネルギー」の冒頭ページでは，「科学についてのアイディア」は次のように示されている。

完全に安全なものは何もない。それぞれのエネルギー源の使用には，それぞれ異なるリスクがある。しかし，誰が決定を下すべきか？あなたは自分の意見をどのように言うことができるのか？

(Twenty First Century Science GCSE Science Higher, 2nd edition, 2011, p255*)*

ここでも,「あなたに影響を及ぼす科学に関する諸問題について意思決定する」ことが求められてはいる。しかし,第1版のP3の「科学についてのアイディア」が，切迫した問題を例にとって生徒に具体的に問いかけるスタイルだったのに対し，第2版のそれは，一般的・抽象的な問いかけのスタイルにとどまった。それに続く教科書の内容も大きく変更された。第2版のP3では，エネルギー問題全般がトピックとなり，私たちのエネルギー使用量，エネルギーの節約，エネルギー源，様々な発電のしくみを全般的に解説している。

以上の流れの中で,第2版では,原子力に関して2ページしか割かれていない。「原子力についてはどうか」(What about nuclear power?) と名づけられたその項は，次のような文章で始まっている。

UKでは10基の原子力発電所が操業しているが，いくつかはもうすぐ耐用年数を迎えることになる。政府は2009年，10基の原子力発電所を新規建設して2020年までに操業するという方針を出した。政府は，それが二酸化炭素削減目標の達成にとって不可欠であるという見解を示した。原子力発電を増やしていくことは正しい選択だろうか？

(*Twenty First Century Science GCSE Science Higher, 2nd edition*, 2011, p272)

以上では，まずは国の方針が伝えられた上で，それが正しい選択かどうか問いかけがなされているが，これに続く教科書のなかの情報はわずかである。原子力発電所のしくみに半ページ，核燃料と核廃棄物に半ページ，原子力発電所のリスクと便益の両論併記のために半ページ程度が割かれているに過ぎない。これは，第1版のP3「放射性物質」の内容の多くが，選択履修の追加科学(Additional Science) や，物理学 (Physics) のP6 単元「放射性物質」に移行されたことによるものだが，これによって，生徒が上記の問いかけに科学的および社会的に答えることは難しくなったと考える。21CSが「すべての若い人たち」にサイエンス・リテラシーを身につけさせることを目的としたことを考えると，必修のGCSEサイエンスの内容選択は重要である。また，後述する「予防原則」やALARAに関する記述は，『21世紀科学』第１版に繰り返し出てくるが，同じ教科書の第２版からは取り除かれ，他の科目の教科書の中にも残らなかった[9)]。

4.3 「予防原則」とALARA

「予防原則」とは何か。『21世紀科学』第１版の巻末の用語集では，次のように定義されている。

予防原則 (precautionary principle) ある特定の人間行為に伴うリスクの結果がどれくらい深刻になるか，誰にもわからない時には，そのリスクをとらないでいること。

(*Twenty First Century Science GCSE Science Higher, 1st edition*, 2006, p265)

「予防原則」に関する記述が主に表れるのは，第１版のP2「放射線と生命」，C3「食品問題」，P3「放射性物質」の３つの単元である。重点的な記述箇所から引用する。

＜C3 食品問題，食品によるリスクに関する項目＞

予防的アプローチの採用

英国食品基準局（the Food Standards Agency）のような規制当局は，リスクのレベルについて判断を下さなければならない。新たな証拠が出た時には，リスクを再評価しなければならない時がある。毎年数十の新たな食品問題も生じている。それらのいくつかは遺伝子組み換えのような新たなテクノロジーから生まれている。あるいは，以前からあるもので，科学者らが食品の影響について新たに研究した結果，明らかになった問題もある。

科学はしばしば，とりわけ新しい問題において，不確実 (uncertain) である。科学者たちが入手可能なデータの解釈について合意していない場合もある。予防原則は，科学的確実性の欠如が，起こりうるリスクへの対処が遅れることの言い訳として利用されるべきではないと告げている。この原則に従えば，規制当局等は，公衆の安全を守ることを優先するべきである。新たなテクノロジーにむやみにゴーサインを出すべきではない。その便益がリスクを上回るという十分な証拠があることを確かめなければならないのだ。

(*Twenty First Century Science GCSE Science Higher, 1st edition*, 2006, p229)

< P3 放射性物質，核廃棄物に関する項目>

予防原則

予防原則はこの問題［核廃棄物処分問題］にも関連がある。

もし・・・ある行為によって起こりうる結果がはっきりとわからないならば，そしてもし・・・それによって深刻かつ取り返すことのできない害悪が生じる可能性があるならば，

・・・その時には，それを避けるのが当然である。

「危険を冒してあとで後悔するより，まず安全策でいった方が良い」（'Better safe than sorry ！'）といわれているように。

言い換えれば慎重にせよ。リスクに巻き込まれる可能性を最小限にし，なおかつ，便益がそのリスクを上回ることを確信できたときにはじめて，推進せよ。

(*Twenty First Century Science GCSE Science Higher, 1st edition*, 2006, p252-253)

『21 世紀科学』第 1 版では，科学はしばしば，とりわけ新しい問題において不確実であり，限られたデータしか得られない時は科学者たちが解釈の合意に至っていない場合があるという，科学の本質が伝えられている。その上で，私たちの社会はどのように行動すべきなのかということが問題になる。この教科書の第 1 版は，ある物事や行為の結果が不確実で，しかもそれによって深刻かつ取り返すことのできない害悪が生じる可能性があるならば，公衆の安全を最優先して規制がなされるべきであるという立場に立つ「予防原則」というアプローチを紹介し，それが理にかなっているというメッセージを積極的に伝えていた。

また，「予防原則」とは別に，ALARA（'as low as reasonably achievable'）という原則も示されている。ALARA に関しては，第 1 版の P2「放射線と生命」と P3「放射性物質」の単元のなかで，放射線の人体に及ぼすリスクを合理的に達成可能な限り低くする，という文脈で表れる。たとえば，P3 における記述箇

所は以下である。

＜ P3　放射性物質，放射線と健康に関する項目＞

ALARA 原則（The ALARA principle）

雇用者は，放射線業務従事者が受ける被ばく量を「合理的に達成可能な限り低く」（ 'as low as reasonably achievable'）しなければならない。

ALARA 原則は，より良い設備や手順によって，リスクを減じることができる場合に適用される。これに伴う追加コストは，それによってリスクが低減される量に照らして，バランスがとられなければならない。

被ばく線量を減らすために，医療従事者は多くの予防策をとる。彼らは，

- 防護服やスクリーンを使用する
- 手袋やエプロンを身に着ける
- 被ばく線量をモニターする特殊なバッジをつける

ALARA 原則は，放射線治療を受ける患者にも同様に適用される。もしも，ある病院で，他の病院よりも少ない被ばく量でまったく同じ治療効果が出ていることを健康保護庁（HPA）が発見したならば，他の病院もそれにならうことが奨励される。

(*Twenty First Century Science GCSE Science Higher*, 1st edition, 2006, p.242)

そもそも ALARA は，「国際放射線防護委員会（ICRP）が 1977 年勧告で示した放射線防護の基本的考え方を示す概念であり，『すべての被ばくは社会的，経済的要因を考慮に入れながら合理的に達成可能な限り低く抑えるべきである』という基本精神に則り，被ばく線量を制限することを意味」している[10]。すなわち ALARA は，未知のリスクがわからない場合は公衆の安全を守ることを最優先にすべきとする「予防原則」とは違い，リスクとコストを天秤にかけながら行動することを許容する，より実務的な原則である。したがって，もし未知のリスクが過小評価された場合，現実のコストが不当に優先されることになる。その逆もある。だからこそ，未知のリスク評価には，科学が必要である。しかし前述のように，科学といえども，不確実性を持ち，しかも，それが政治的，社会的，経済的影響を受けるものだとすれば，未知のリスク評価は，科学的のみならず社会的に算出／産出されるということにも，私たちは自覚的／批判的でなければならない。

このような難しい問題圏と密接に関連する「予防原則」やALARAの是非や，これらがGCSEサイエンスの教科書の内容としてふさわしいかどうかを問うことは本稿の守備範囲を超えている。しかし，少なくとも言えるのは，これらは教えられる方法によっては，以上の問題点を含めて，「リスクと便益をどのように科学的に比較評価できるのか。便益は比較的容易に測ることができる一方で，未知のリスクをどこまで想定し測りうるのか。」という難しい課題の存在を，生徒の目前に突きつけるだろうという推測である。もしそれが，切迫した問題を具体的に考える契機を生徒に提供するならば，「科学に関する諸問題について意思決定する」スキルを育成する第一歩になるだろう。

いずれにしても，「予防原則」やALARAは，同時期に刊行された他のコースの教科書では取り上げられていない。GCSEサイエンスの中で最大のシェアを誇るAQAの教科書にも見当たらなかった（*AQA Science GCSE Science* 2006）。すなわち，これらは，『21世紀科学』第1版に独自にみられた内容だったのである。しかしながら，2011年に刊行された第2版を見ると，「予防原則」およびALARAに関する記述はすっかり取り除かれている。それは21CSの追加科学や物理学の教科書にも残らなかった。

4.4 「未来のカリキュラム」が埋め込まれた教科書

本章の冒頭で論じたように，「未来のカリキュラム」の視点からカリキュラムを分析する際に問題となるのは，①それがどのくらい私たちが支持しうる「未来の社会の概念」に基づいているのかという点と，②実際に，そのような未来を作り出し維持するためのスキル，知識，姿勢などが，カリキュラムに含まれているかという，その程度であった。この二つの視点から，21CSの教科書『21世紀科学』第1版を振り返っておきたい。

第一のポイントは，この教科書が目指す未来の社会像である。3節で明らかにしたように，第1版では，私たちの生活に大きな影響を及ぼす課題（たとえば，大気汚染のコントロール）などに対し，人任せ・専門家任せにするのではなく，一人ひとりが市民として判断し，意思決定にかかわれる社会が目指されているといえる。この教科書への評価は，まず，このような社会を支持するか否かによって分かれることになる。

第二のポイントは，教科書における教育的知識の選択・配列・編成が，未来の社会像に対してどう機能するかである。すなわち，この教科書は，それが目指している未来の社会を創りだし維持するためのスキル，知識，姿勢などをどれくらい含んでいるか，あるいは，それとは異なる未来を作り出してはいまいか。これによっても，この教科書への評価は変わってくるだろう。

『21世紀科学』第１版は，すべての生徒が科学者と同等の科学的知識を身につけることは難しいとしても，一人ひとりが様々な情報や議論を吟味し，意思決定するスキルを身につけられるようにと，デザインされている。それはイントロダクションを通して，生徒にも明確に伝えられている。それでは，この目的に向けて，教育的知識はどのように選択・配列・編成されたのだろうか。本節で見てきたように，この教科書では，３つの分野の内容が交互に配列されている。そして，それぞれの単元で扱うトピックを絞りこみ，科学的のみならず，社会的にも検討することを促し，生徒に自らの意見を言うことができるかと繰り返し問いかけてゆく。さらに，「予防原則」やALARAに関する記述が盛り込まれたことで，切迫した問題を具体的に考える契機を生徒に提供したと考えられる。一方で，それらが第２版で取り除かれたのにも理由がある。次に，『21世紀科学』第１版の誕生と第２版への改訂という二つの局面に注目し，誰がカリキュラムを決めたのかという視点から検討していこう。

5 『21世紀科学』第１版はどのようにして具現化したのか

『21世紀科学』第１版には，以上で見てきたような「未来のカリキュラム」が埋め込まれていた。以下では，インタビューデータをもとに，それがどのようなプロセスを経て具現化したのか（5節），5年後に変容を余儀なくされたのはなぜなのか（6節）という問いに答えていく。21CS誕生の経緯については，既に2節で概略的に述べたが，これから扱うのは，「未来のカリキュラム」を構想すること，具現化すること，維持すること（あるいは維持できないこと），それぞれの段階に表れる人々の営みとカリキュラムをめぐる議論である。

5.1 パイロットプロジェクトの開始

21CSコースは，どのようにして生まれたのだろうか。それは，『2000年を超えて』（1998年）から『21世紀科学』第１版（2006年）までの間に，パイロットプロジェクトとして，試験的に開始された。ミラーの論文には，その歴史を簡潔に記した箇所がある（Millar,R.,2006, p.1504）。これによると，それを呼びかけたのは，カリキュラムとGCSE試験に対する規制を包括的に担っていた資格・カリキュラム機構（QCA）である。その目的は，GCSE段階の科学カリキュラムについて，よりフレキシブルな構造を模索することにあった。QCAの委託を受けて，ヨーク大学サイエンス教育グループは，『2000年を超えて』の提言をもとにした新たなカリキュラムモデルと内容構成について，報告書をまとめた。そこで示されたのは，この年齢の生徒の興味関心に効果的に応え，サイエンス・リテラシーを育てることに重点を置いた必修科目を含むカリキュラムモデルである。そこで構想された必修科目が，後にGCSEサイエンスという科目のモデルになった。その後，21CSコースの具体化に向けたパイロットプロジェクトが開始され，教材と教員研修が，ヨーク大学サイエンス教育グループとナフィールド財団によって，3つの大きな慈善団体からの資金提供を受けて開発された。QCAは，学校に対して，2003年9月からの3年間のパイロット研究校の公募を出し，78校がこれに応募し，そのすべてが参加することになった。(Millar,R.,2006, p.1504)

A氏へのインタビューによれば，ヨーク大学サイエンス教育グループは，先のカリキュラムモデルの提示のあと，そのフォローアップ作業として，QCAから21CSのコース内容規定書（specification）の原案を作るよう要請され，その報告書をQCAに提出し，この原案が一部修正されて，21CSのパイロット版のカリキュラムとなった。それをパイロット版の試験の形式にするためには，QCAが一つの試験機関を指名して，学校に提示するための正式なコース内容規定書を作成し，試験問題を作成し，試験を実施し，採点をし，評価をつけるよう指示しなくてはならない。QCAはこれについても入札を行い，最終的にOCRを指名したのだという。

以上のように，21CSは科学教育研究者のイニシアティブによって構想されたのは間違いないが，GCSEサイエンスという必修科目を設け，21CSコースを開発するよう，科学教育研究者に呼びかけ，支援してきたのはQCAであった。同時にQCAは，OCRを試験機関に指名して，試験の実施を監督してきた。QCAが両者の作業を促し，規制するという，蝶つがいのような役割を果たしていたことになる。A氏もインタビューのなかで，「規制機関[QCA]の関与なしには実現できなかったでしょう。彼らは成功させなければならなかったのです。

政策主導の改革をより詳細にわたって協議して詰めていかなければなければならないのです。一筋縄ではいきません。」と述べていた。

さらに特筆すべきは，21CSのパイロット版のコース内容規定書の原案が，科学教育研究者らの手によって書かれたということである。A氏は次のように言う。「パイロット版は試験機関の関与なしに原案が作られました。QCAが入札結果の決定をするのに時間がかかったからです。そのため，試験問題の執筆や試験の実施に関与する可能性のある機関と一切話しあっていなかったのです。私たちは，生徒にとって教えられることが望ましいと思う事柄に基づいて，コース内容規定書を書きました。」

5.2　政府と科学教育関係者の思惑

このように21CSの誕生に積極的な役割を果たしたQCAは，政府からの委託を受けた独立の行政機関だった。それでは，政府自体も21CSに対し，同じように支援的な立場だったのだろうか。21CS誕生時の政府の立場について，当時を知る調査協力者たちは，「労働党政権は，新しい試みを望んだ。」（I氏），「当時，フレキシビリティが政策のキーワードになっていた。」（A氏）と語っている。さらに，ナフィールド財団のG氏が語ってくれたのは，政府と科学教育関係者の異なる思惑が合致したという見立てである。

筆者　21CSの教科書を読みました。2000年頃に科学教育のあり方が変わったと思うのですが，当時のイギリスでなぜそれが起きたのか，背景を聞かせてください。

G氏　『2000年を超えて』が発表された頃，STEM産業の現状を調べた報告書もいくつか出ていました。STEMは，科学（Science），テクノロジー（Technology），エンジニアリング（Engineering），数学（Mathematics）の略語です。その一つ，ロバーツ・レポート[11]では，産業界のニーズが示され，国として科学研究の面ではかなりうまくいっているが，STEM科目の修了者の数を増やしていく必要があると指摘されました。また，特定の産業分野ではスキル不足が生じるだろうということも予想されました。この指摘をイギリス政府は非常に重く受けとめました。というのも，科学教育は国の経済にとって重要視されていたからだと思います。

筆者　経済のため，ということですか？

G氏　政府の視点からはそうだと思います。そのため，政府は科学の勉強を継続してくれる生徒の数を増やす必要があると認識したわけです。これと並行して，教育コミュニティでも，科学教育が何をもたらしているのかということが議論され，『2000年を超えて』の著者たちは，誰もが科学の道に進むわけではないが，科学はすべての人の生活の重要な一部である，と主張しました。科学的リテラシーのある人をもっと増やさなければならない，と。

筆者　科学のためだけではなく，未来の科学者のためだけでもなく…

G氏　そう，人々の生活のためにも大切だということ，その通りです。ワクチンや食物，食事，健康から，エネルギー使用などのかなり大きな政治的決定まで，人々の生活に影響を及ぼすような問題を理解しているということ。それはすべて，科学的リテラシーを持った市民として，積極的な役割を果たすことにつながります。こういうことも重要だと，教育の世界では認識されていたわけです。だけど，私が思うに，政府がこうした教育界の議論に説得されていたとは思いません。彼らのモチベーションは，教育システムのそれと同じではないでしょう。

G氏によれば，『2000年を超えて』の著者らは「すべての人」にとって価値ある科学教育カリキュラムを構想して，一方で政府はSTEM産業を支える人材を増やすための試行（trial）の一つとして，それぞれ異なる思惑を持ちながら，ともに21CSの誕生に期待をかけた。これを可能にした前提条件には，イギリスのGCSE科目をめぐる制度的特徴があったといえよう。複数の試験機関がそれぞれ異なる特徴を持つカリキュラムと試験のコースを提供し，学校はそのなかから選択できる。それゆえ，政府にとっては，伝統的なコースを残したまま，新たなコースを実験的に試行することが可能になるため，カリキュラム改革によるリスクを低減できたのである[12)]。

そして当時，政府と科学教育関係者，この両者の間をつなぎ，カリキュラム改革の方向性を決定づけた組織こそ，学校カリキュラムと試験の公的規制機関であったQCAだった。2000年代半ばまでのQCAは，多くの科学教育関係者を組織内に内包して，21CSコースの具体化を支援したということを，A氏，I氏をはじめとする複数の関係者から聞き取っている。

5.3　第1版の理想主義と実験性

21CSコースは，前述のパイロットプロジェクトを2006年7月に終え，同年9月から全国で正式に導入された。それにあわせて，『21世紀科学』第1版が刊行された。パイロット版と第1版にプロジェクトディレクターの一人として関与し，第2版でも執筆を担当したE氏は，当時の様子を次のように語っている。

筆者　第1版と第2版のイントロダクションの書き方がだいぶ違うようですが……。

E氏　とても興味深いです。このバージョン［第1版］は,『2000年を超えて』の発想に基づいています。とても理想主義的で，ある意味，少なくとも私たちの幾人かはこれを実験として捉えていました。ご存知の通り,『2000年を超えて』には，科学教育というのは，次世代の科学者を育てることに重きを置くべきか，すべての生徒が大人になって自分の人生を歩むための準備をすることに重きを置くべきか，という問題を抱えていると書かれています。私たちは，これこそが私たちが本当にやりたかったことだと思ったのです。あれ［第1版のイントロダクション］は，生徒たちのために非常に簡潔にまとめられていて，私たちはそれが本当に興味深いアィディアだと，多くの教師を説得することができました。

E氏は第1版を指して,「とても理想主義的」であると同時に,自分たちも「実験」と捉えていたところがあると告白している。各試験機関はコースごとに異なる方針に基づくコース内容規定書を作成・公開し，それに基づいたGCSE試験を実施していた。ただし，いずれのコース内容規定書も，国が示すGCSE教科規準（GCSE Subject Criteria）を満たしていなければならない。E氏は，この規準についても言及した。

筆者　第1版と第2版の間では，構成も少し異なり，たとえば，P3が「放射性物質」から「持続可能なエネルギー」に変わっています。

E氏　2006年当時，影響をもたらしたもののひとつはQCAでした。QCAはその後廃止されましたが，当時は資格とカリキュラムを管轄する機関でした。

当時はQCAがいわゆるGCSEの国家規準を作成していました。全てのGCSE試験がこれに適合する必要があります。初版の時の規準には高い柔軟性があり，私たちはやりたいことをやることができました。それがこのP3です。

E氏のいうGCSEの国家規準とは，GCSE教科規準のことである。当時，QCAが作成したそれは，2006年から実施されたキー・ステージ4の科学のナショナルカリキュラムと同様，柔軟性が高かったという。こうした制度的条件のもとで，第1版では「やりたいこと」ができたという。

5.4　セミナーでの議論

それでは，21CSコースの掲げる目的を達成するため，教育的知識の選択や編成はどのように行われたのであろうか。E氏が印象深く語ったのは，プロジェクトの計画段階で，科学者や当該業界の人々，子どもの親などが一堂に会して議論する機会を設け，人々の話に「ただ座って耳を傾け，メモを取」った経験である。

E氏　21CSに影響力を持っていたのは，当時の規制機関のあり方，もう一つは，プロジェクトを主導した人たちの学識，思考，野心が挙げられます。特に［『2000年を超えて』の編者の］ロビン・ミラーとジョナサン・オズボーン，その他大勢の人が考えていました。ロビンのような人たちは，学校を訪問し，伝統的な科学教育を受けている生徒たちを視察し，「私たちは無駄なことをしている。これは，ほとんどの人にとって自分が必要としている科学教育ではない」と感じたのです。

私たちは，ナフィールド財団で21CSのプロジェクトを計画していた時，いくつかこの種のセミナーを開催しました。最も良かったのは，医師や看護師，医療従事者，医学研究者，子どもを持つ親たちを1日招き，部屋に集めて，「若い人たちが現代医学に患者として対応できるようになるためには，科学教育には何が必要か」という質問をしたことです。本当に興味深い質問です。私はただ座って耳を傾け，メモを取りました。数時間の間，彼らは生物学についてはほとんど触れませんでした。参加者が口にしたのは，「科学についてのアイディア」（Ideas about science）ばかりでした。なぜなら，医者に診てもらって血液検査などがあれば，それを解釈しなければならないからです。現代では，医者は患者とこれらについて話し合いをします。患者は，検査の信頼性，偽陽性，偽陰性についての考え方や，診断を受けて治療法の選択肢がある時には，この治療を受けたらどんなリスクと利点があるのかといったことを理解する必要があります。ですから，現代医学に対応するために，若い人たちが科学教育のなかで学ばなければならないことは，以上のようなアイディアだと，その場にいた全員が言いました。心臓や肺など，生物学を少し知る必要がありますが，実際に違いを生むのは，診断の信頼性，リスクと便益，そして治療に関してとるべき決断についての会話に参加できるかどうかです。

さらに，E氏の専門の化学についても，同様のセミナーが開催され，「生徒が大人になって現代の世界に向きあうために，化学について知っておくべきことは何か」について，議論したという。これらは，21CSが掲げた目的を達成するための議論，すなわち，生徒が市民としてサイエンス・リテラシーを持って生きていくためには，どのような教育的知識が必要かという目的を志向した議論である。プロジェクトの計画段階で，21CSの目的は共有され，ぶれていない。

5.5 教師たちの協力

『21世紀科学』第1版の教育的知識の選択や編成は，上記のように，科学教育研究者たちが中心となって，専門家や保護者の声を聴きながら行われた。本項では，第1版のプロジェクトオフィサー・編者・執筆者であったC氏の語りから，カリキュラムの開発に協力した教師たちの存在に目を向けたい。C氏は，物理の教師を24年間続けた後，21CSをプロデュースするため，2003年にナフィールド財団にフルタイムで採用された。その仕事は，教科書の執筆だけでなく，執筆者への依頼，編集，教師たちとの協議，教師のトレーニング，そしてウェブサイトの管理など，多岐にわたるものだった。

インタビューでは，21CSの3つの版への言及があった。2003年のパイロット（=トライアル）版，2006年の第1版，2011年の第2版である[13)]。C氏らは，パイロット版を制作する際，バーミンガムで全国会議を開催し，「私たちがやろうとしていることについて聞きに来るよう，教師たちを招き，何百人もが参加してくれた」という。参加者たちの反応はどうだったか。C氏の語りから確認しよう。

C氏　私たちは,「科学についてのアイディア」や「科学的説明」など, 私たちが何をしているのかを説明し, 彼らは賛同してくれ, 学校に戻って, このトライアルコースを実施することについて許可を取ってくれた人たちもいました。

筆者　科学の先生が校長に頼んでくれたんですね。それは当時, 簡単なことでしたか。学校には様々なプレッシャーがかかっていて, 難しかったのではないですか。

C氏　当時, そういうプレッシャーがかかり始めていて, それ以来, 熾烈になってきました。しかし, 当時はまだいくらかは融通が利きました。そうですね, だから教師たちは, トライアルコースでもなお, 生徒たちが優れたコースで学び, 良い成績をとれて, 良い教材を使えて, Aレベル[義務教育後の2年間の大学進学準備課程]に進んだり, あるいは就職できるようにしなければならないのです。パイロット版のトライアルに参加したからといって, 生徒たちが不利になってはいけないのです。

C氏らの呼びかけに応じ, パイロット版への参加を学校に掛け合ってくれた教師たちもまた, 欠かせない存在であった。「未来のカリキュラム」は, 未来の社会の概念に導かれ,「理想主義的」(E氏) でありながら, 生徒たちの現在の学びと将来の進路においても不利になってはいけない。トライアルに協力してくれた教師たちの存在は, 彼らの生徒の進路形成面での期待を裏切るわけにはいかないということを, カリキュラムの創り手に自覚させるものでもあったのだ。

5.6　試験機関との交渉

21CSをGCSEサイエンスの新しいコースとしてスタートするには, カリキュラムの開発と並行して, 試験方法の検討も不可欠であった。第1版と第2版の物理学分野の執筆者であったD氏は, まず前者について, QCAからの委託内容を教えてくれた。D氏は, 物理学の博士課程を修了後, ポスドク研究員を経て, 中等教育の物理の教師を12年間（うち6年間は大学進学準備課程であるシックスス・フォーム・カレッジで）務めた後, 教科書をはじめとする様々な教材執筆などを生業としてきた。なお，Ｃ氏とＤ氏へのインタビューは，二人一緒に実施した。

Ｄ氏 QCA はヨーク大学のサイエンス教育グループに『2000 年を超えて』のアイディアを広げるよう依頼したのです。一つは「科学についてのアイディア」，そしてもう一つは「科学的説明」というものでした。これらは『2000 年を超えて』が元になっていますが，もっと詳細なものが求められました。そして，科学についてのアイディアでは，リスクについての考え方と意思決定についての内容が盛り込まれることになりました。

続いてＣ氏が，QCA から異なる二つの委託があったと補足してくれた。つまり，21CS のカリキュラム開発はすべてナフィールド財団とヨーク大学に拠点を置く「21 世紀科学チーム」（Twenty First Century Science Team）とよばれるチームにより行われ，それとは別に，GCSE 試験を欠いたままカリキュラムを開発することはできないので，QCA が OCR を試験機関に指名した。Ｃ氏によれば，21 世紀科学チームが OCR を選択したわけではなかった。その後，実質的に OCR との間に立って調整を担ったのは，21CS のプロジェクトオフィサーとして働いていたＣ氏のような人であった。その作業はどのようなものだったのだろうか。

Ｃ氏 当初，OCR との作業には難しいところがありました。試験官らは共感的ではなく，私たちがやろうとしていることを理解していませんでした。そこで私たちは彼らと何度もミーティングを重ね，私たちが何をしているのかを説明し，私たちの目的に賛同してもらえるように努めました。

筆者 教師だけでなく，OCR にも説明しなければならなかったのですね。

Ｃ氏 そうです。それはとても重要なことでした。彼らが書いた試験問題を見て，ああでもないこうでもないという議論をし，質問の書き方を変更するのを手伝い，OCR とのそうした仕事におそらく５年くらいかかったと思います。

21CS コースは，科学教育研究者のイニシアティブで構想されたが，それが GCSE サイエンスのコースの一つとして多くの学校で実施されるためには，教師への説明や試験官との交渉といったプロセスが踏まえられていた。以上より，『21 世紀科学』第 1 版は，科学教育研究者が練り上げた構想，QCA による柔軟な規制と支援的姿勢，試験官や教師とのやりとりを通して，具現化したのである。ただし，ここまでのところでは，カリキュラムを中心的に創った主体は，21 世紀科学チームであったし，教師や試験官らは，21CS への理解と賛同を求められる存在という位置づけであったといえる。

しかしその後，『21 世紀科学』第 2 版になると，2 節や 3 節で見てきたように，教科書の記述がいくつかの点で大きく変更された。この変更は，なぜ加えられたのだろうか。それを主導したのは誰か。次節で検討する。

6　教科書の記述はなぜ変更されたのか

6.1　第 2 版の制作プロセス

上述のように，『21 世紀科学』第 1 版までは，21 世紀科学チームが 21CS の目的を教師や試験官に共有し，広く理解を求める構図であった。また，コース内容規定書についても，同チームがパイロット版の原案を作成したことから，主導権を握っていたといえるだろう。そのことが，第 1 版における教育的知識の選択・配列・編成を決定づけ，「未来のカリキュラム」を成立させたのだと考えらえる。これに対し，第 2 版の制作プロセスはどのようなものだったのだろうか。

まず，第 2 版からはじめて執筆者として加わった F 氏の場合を見ていこう。第 2 版の C2「素材の選択」を一人で執筆したという F 氏に，筆者が「C2 の記述内容に責任を負っているのですね」と確認すると，次のような答えが返ってきた。

F 氏　いいえ，責任は負っていません。私は，初版をベースに第 2 版を執筆しただけですから。コース内容規定書は，ナフィールド財団，ヨーク大学，OCR の間で合意されていて，私はその規定書の制約の中で執筆しなければいけませんでした。外部で設定された条件の範囲内で書いたのです。（中略）
筆者　教科書の内容について，何か議論はされましたか。

Ｆ氏 第２版のプロジェクトの開始時点で，コース内容規定書に何を盛り込むべきかについてヨーク大学で話し合いをしました。私もその話し合いに参加しました。私は規定書に何を盛り込むかの検討に加わり，様々な段階で意見を述べました。（中略）私はC2だけでなく，化学の規定書全体についてコメントを行っていました。

また，オックスフォード大学出版局（OUP）でも，少なくとも１回，会合がありました。OUPは画像の数，見開きページのレイアウトについても条件を設定していました。また，このような箱［要約欄等の枠組み］やキーワードも使いたいと考えていて，教科書の体裁が設定されていました。（中略）大抵は２ページの見開きに質問が盛り込まれることになります。

筆者 記述の変更を求められたことは？

Ｆ氏 特にこれというものはなかったんですが，題材の配列については，議論がありました。（中略）もしも私が自由に書けたら，この順番では書かないでしょう。

筆者 ナノテクノロジーの項目は第１版にはなく，あなたがすべて書きましたか。

Ｆ氏 はい，私が全部書きました。

筆者 執筆者はコース内容規定書を解釈してどの程度まで自由に書けるんでしょう。

Ｆ氏 コース内容規定書の中に，何を書いていいかについての条件が示されています。その範囲を超えることはできません。規定書は教科書と並行して作られていたので，執筆中に規定書のこの部分は少し違った文言にした方がいいなと思えば，ある程度までそれを規定書に反映させることができました。規定書に書かれている範囲を超えることはできません。それを超えると，OCRは教科書にその名前を記すことを許さないのです。OCRは試験機関ですので，OCRが指定した以上のことを書いた場合，OCRはそれを承認し，「はい，これがOCRの教科書です」とは言ってくれないのです。

Ｆ氏は，教科書の第２版の執筆に際して，外部で設定された様々な条件の範囲内で書いたのであり，責任を負っているわけではないと言う。特に，教育的知識の選択についてはコース内容規定書の範囲を超えることはできず，また，その配列やレイアウトについても，細かく決められていたことがわかる。

一方でＦ氏は，「すべての土台になる」（Ｆ氏）と捉えていたコース内容規定書を作成するための検討会議にも，依頼を受けて出席したという[14]。最初の会合はヨーク大学で開催され，参加者はヨーク大学のスタッフ，ナフィールド財団のスタッフ，試験機関のスタッフが中心だったという。Ｆ氏の認識では，コース内容規定書に関しては，試験機関が執筆して責任を負い，ナフィールド財団とヨーク大学，加えてＦ氏も，その内容にコメントを行うという役割分担だった。それでも 21CS では，他のコースに比べれば，科学教育研究者側の意見が反映される余地が残されている方だという。Ｆ氏によると，21CS 以外の「通常の」試験であれば，試験機関が最終的な決定権を持っているが，21CS に限ってはヨーク大学とナフィールド財団にも発言権があり，コース内容規定書は三つの機関の合意によって決まるからだ。

6.2　試験可能（examinable）という規準

それでは，第１版のなかで繰り返し現れた「予防原則」と ALARA は，なぜ削除されたのか。それは直接的には，コース内容規定書から削除されたためだが，コース内容規定書は，教科書制作と並行して上に示したような会議で検討され，合意されたものである。その会議で「予防原則」と ALARA はどうして生き残ることができなかったのか。Ｆ氏は，次のように答えた。

Ｆ氏　試験問題を作るのがとても難しいものであると明らかになったら，［コース内容規定書から］削除される可能性があります。たとえば「予防原則」について，試験問題を作るのがとても難しいと判断されたなら，おそらく削除されるのです。

筆者　それが学校科学（school science）の限界なんでしょうか。

Ｆ氏　そうです。これが試験につながるからです。それが核心なのです。コース内容規定書を書く人たちは，試験問題を作成した経験が豊富なのです。もしもある事柄について毎年異なる試験問題を作ることができなければ，試験可能（examinable）とは言えないのです。もし一つの質問しか書けないのであれば，２年以上は使えないのですから。（中略）

筆者　試験可能な内容しかコース内容規定書に書けない。だから，教科書からも削除されたということですか？

F 氏 そうです。コース内容規定書が軸となり，すべてはそこから出発して，何が盛り込まれるのかが決まるのです。[21CSの] 初版に関する問題のひとつは，素晴らしいアイディアが盛り込まれていたけれども，試験することが極めて難しかったということなのです。

筆者 学校もそのことについて不満を言っていたんでしょうか？

F 氏 気に入らなければ，その試験を受けないでしょう。学校側に選択肢があり，学校が気に入らないと思えば，そのコースをやめてしまいます。ですから，マーケティングの問題でもあり，市場シェアがとても重要です。試験のシェアが大きければ，入ってくるお金も増えるのです。GCSE サイエンスの試験については，AQA が他よりはるかに大きなシェアを獲得しています。

F 氏が言うように，コース内容規定書の改訂には，試験官の声が反映された可能性が高い。しかし，以上のシステムでは，現場で教えている教師の声をすくいとれているとは言い切れない。コース内容規定書の改訂の過程で，教師の代表者等は会議に呼ばれることはなく，検討過程も公開されていない。限られた者たちが決めているのだ。一見すると，試験官は教師の声を代弁しているかのようにみえるが，C 氏によれば，試験官の一部は教師でもあるがそのほとんどは退職した教師だそうだ。だとすると，新しいカリキュラムよりも，伝統的なカリキュラムに慣れ親しんだ者たちが多いと推測される。ゆえに試験官の意見には，「過去のカリキュラム」を尊重したくなるバイアスがあるのではないかと思われる。

C 氏と D 氏にも，「予防原則」と ALARA が削除された理由を聞いてみた。

筆者 第2版では，「予防原則」と ALARA に関する記述がなくなりました。

C 氏 試験機関が試験問題 [の作成や採点] に困難を抱えていたので，教師にとっても [試験対策が] 困難となり，生徒に何を教えようかとなったのです。厄介なことになる，ということで取り下げられたのです。

筆者 誰も反対しなかったのですか。

C 氏 誰も反対しませんでした。決定されたことだったのです。これらの科学についてのアイディアは…

筆者 重要な問題じゃないと思われているのですか。

D 氏 リスクについてのアイディアがどのように示されているかについて関

心を持っている人は多いと思います。「予防原則」ですが，私は今でもすべての人にとってリスクについて議論するための便利な方法だと考えています。

C氏　「合理的に達成可能な限り低く」（as low as reasonably achievable）と呼ばれる原則も削除されました。試験機関と教師たちは，時としてこれら2つについて混乱することがあります。（中略）科学的説明は何十年にもわたって，非常に長い間，考察されてきました。科学教育のコミュニティにおいては，難しいものは何か，難しくないものは何か，簡単なのは何か，成績上位の生徒たちにはこれはできて，平均水準の生徒にはこれはできなくて，成績の良くない生徒たちは…ということについて意見が一致していると思います。一方，科学についてのアイディアには歴史がありません。生徒たちが難しいと感じた試験問題やそれほど難しくないと感じた試験問題に対する生徒たちの解答から，我々は学んでいました。教え方が明確でない場合，ALARAや「予防原則」のような事柄は非常に難しくなります。これらの事柄を明確に説明していないからです。教師自身が違いをわかっていないのです。

筆者　教師も混乱していた……。

C氏　そうです。一部の試験官もそうです。だから，実務的な理由（practical reasons）から削除されたと思います。それで，試験官は自らの仕事ができ，教師たちも自分の仕事ができたのです。

第2版のコース内容規定書は，21CSの目的に基づいて一から作成されたものではなく，第1版のそれに手を入れて改訂された。それは新たな何かを生み出す作業ではなく，むしろ試験の実務を担う試験官らが中心となり，試験問題に困難が生じた記述は，「厄介なことになる」と見なされて削除されていったのだろう。

そもそも21CSの特徴は，第1版のイントロダクションで明示されたように，「科学的説明」（Science explanations）と「科学についてのアイディア」（Ideas about science）という二本柱で，教育的知識が編成されたことにある。教師も試験官も，前者については歴史があるので扱いに慣れているが，後者は教え方も作問の仕方も十分に共有されておらず試行錯誤を要した。結果的に，生徒の能力を正しく公平に測るための試験と評価が難しいと判断された「予防原則」やALARAに関しては，削除の対象となったのである。

要するに，21CSが「未来のカリキュラム」として機能するかどうかよりも，効率的かつ公平に試験を行うという実務的課題が優先されたのである。「未来のカリキュラム」から「過去のカリキュラム」への揺り戻しは，わずか5年でこのようにして起こった。

6.3 相互交渉の減少

21CSのコース内容規定書は，ヨーク大学と試験機関との合意に基づいて決定される慣習になっているため，まだ両者は協議に基づく対等な関係を維持しているといえるだろう。だが，教科書の執筆過程などでは，執筆者と試験官の間の相互交渉は減少していた。C氏とD氏によると，近年では教科書が執筆されると，試験機関はそれを「コンサルタント」のところに持って行き，誰かが読んで「これは気に入らない，あれは気に入らない，変更の必要がある」と言えば，執筆者に教科書が送り返されてきて修正を迫られるのだという。C氏は，教科書に押されている承認印を指差して，「このスタンプをもらうために」と付け加えた。これはいわば試験機関が外注した査読システムを通して，教科書の記述が修正されていくことを意味しているが，昔のやり方はそうではなかったという。

C氏　以前は，執筆者が，批評した人や主席試験官と一緒に部屋に入り，これらの言葉が何を意味するのかとか，何であれ，議論することができて，何らかの合意に及んだものです。そういうやり方のほうが，文字だけのやりとりで終わらず，理解することが必要になるので，うまくいくでしょう。

以上のように，以前は執筆者と試験官らが会って協議するシステムがあったことで，21CSは「未来のカリキュラム」であることを保ちながら，GCSEサイエンスのコースとして実施可能なものへと調整された。しかし，それが査読システムに取って代わられたことで，執筆者の意図が共有される機会はまた一つ減ったのである。こうして科学教育研究者らの当初の意図が現場レベルに伝わる機会が少なくなるとともに，試験機関や出版社内部の商業的論理が優先される土壌が出来上がったのではないか。これにより，教科書の改訂作業は，きわめて実務的に進んだと思われる。こうして，GCSE試験をいかに公平かつ効率的に遂行できるかという実務的課題が，21CSコースのそもそもの目的よりも重要視されていき，試験可能ではないと試験官らに判断された内容は削除されていったのである。

6.4 理想と現実──「未来のカリキュラム」への向かい風

5.3 で取り上げたＥ氏の語りには続きがある。筆者が「第１版と第２版のイントロダクションの書き方がだいぶ違うようですが……。」と問いかけると，Ｅ氏は第１版を「とても理想主義的」と形容した後，Ａ氏らとともに資金を集めた思い出を語り，「ですから，これが理想なのです。では，なぜ変更されたのでしょう。」と自問自答し，その理由について言及した。

Ｅ氏　改訂版で，私はまだ［執筆者として］かかわっていましたが，ナフィールドを引退し，Ｇさんが私の後任を務めていました。（中略）今回，より大きな影響を与えたのは，実際には出版社だったと思います。とても良い出版社だったからです。（中略）しかし，２度目だったので，多くの学校がこのコースをやっており，教科書がもっと売れる潜在的可能性がありました。ですが，それまでの５年間で，試験結果と試験対策に一層重きが置かれるようになっていました。出版社による市場調査は，「ある意味，もっと楽にしなければならない。良い試験の成績を出すためには，教科書だけでなく，教科書よりも重要な他のアクティビティの使い方を，教師と生徒が理解できるように支援する必要がある。」と言っていたかと思います。そこにあった理想が消えたとは思いませんが，あなたが気づかれたことは，出版社による市場調査への反応なのです。「ほら，初版の時よりももっと私たちを助けないといけないよ」という教師もいました。

21 世紀科学チームは，QCA の支援を受けるとともに，複数の慈善団体から資金を得てカリキュラム開発に取り組んだが，そのカリキュラムが実現し実施段階に移ると，試験機関と出版社がそれぞれ試験と教科書販売による商業的利益をもとに事業を続けていく段階となった。こうした状況変化のなかで，出版社が「市場調査」を武器に主導権を握るようになった。「市場調査」の結果は，「ある意味，もっと楽にしなければならない」というものだった。つまり，教師は GCSE 試験で生徒が無理なく良い成績をあげられるようなコースを求めており，教えにくかったり，試験で良い成績が取りにくかったりするコースは敬遠されるリスクがあると見なされた。当時のGCSEサイエンスでは，3つの試験機関が合計4つのコースを出してシェアを競っていたため，少なくとも試験機関と出版社はこれに対応する必要があった。こうして，イントロダクションは，未来の社会への志向性を弱め，目先の試験と成績を志向したものへと改変された。さらに，4節で見たような教科書の内容構成や記述の変化について，筆者が指摘すると，E氏は次のように答えた。

E氏 （第1版と第2版の間の構成や記述面での相違の背景には，）プロジェクトの理想論があり，規制があり，出版社もいました。初版では出版社はこのコースを販売した経験がなかったため，出版社の意見は，私たちが優れた教科書やその他の教材を作成するのを手伝う程度のものでした。しかし第2版になると，規制当局はルールを変更し，出版社はコースを販売した経験があり，教師たちから好きなものと気に入らないものについてのフィードバックを受けていました。ですから出版社の影響力が大きくなったのです。試験官もまた，生徒たちは何ができて何ができないかを，［試験を通して］見てきました。そのため，コース内容規定書やシラバスの改訂にあたって，コースに何を含めるのが賢明で，何が適切でないかについて，試験官としての見解がありました。このような経験に基づいて，初版の理想主義から，第2版では商業的利益にも目を向けて，実務的で地に足のついたものに，規制に合うように，そして教師と生徒の役にも立つようにと，転換されたのだと言えます。

『21世紀科学』の変化の理由に対するE氏の回答は，誰がカリキュラムを決めたのかという点に収斂していった。第1版は，これまでも見てきたように，科学教育研究者たちの手によって創りだされた「未来のカリキュラム」であった。21CSプロジェクトは，ヨーク大学サイエンス教育グループとナフィールド財団がタッグを組んだ21世紀科学チームが進めてきたもので，5.1で述べたように，パイロット版のコース内容規定書の原案を作成したのも，QCAの委託を受けた彼らに他ならなかった。一方，試験機関（OCR）と出版社（OUP）は，後から参加したので，21CSプロジェクトを「理解」することから始めなければならない。したがって，イニシアティブは科学教育研究者側にあり，その他の機関と組織は，21CSコースの実現を助ける役回りを演じたのである。

しかしながら，第2版では，E氏が言うように，新たな規制機関による規制が強まり，試験機関と出版社の発言力が増し，21世紀科学チームのカリキュラム開発理念に基づく一貫したイニシアティブは相対的に低下したといえる。誰がカリキュラムを決めたのかというと，このすべての者たちがそれぞれの意見を（時に「顧客」である教師や生徒の声を代弁しているかのように）言うことで，「みんな」のカリキュラムに近づいた，と言えなくもない。

その一方で，「未来のカリキュラム」は，一つの像を結びにくくなった。E氏が「そこにあった理想が消えたとは思いませんが」と前置きしたように，21CSの目的は人々の中に残っていたと思うのだが，その目的を達成するために編成されたはずの教育的知識は，試験可能性と教師や生徒の負担軽減といった，より実務的な別の規準から精査されることで，掘り崩されていったのではないだろうか。だが，繰り返し試験可能で，かつ，「ある意味，もっと楽に」学べるカリキュラムとは何だろうか。それは，「未来のカリキュラム」というより，むしろ伝統的な「過去のカリキュラム」のほうに近かったのではないだろうか。そうだとすれば，「未来のカリキュラム」は，創られたその瞬間から，恒常的に挑戦を受けてきたように思われる。

6.5　21CSへのバックラッシュ

1節でも触れたように，GCSEサイエンスの受験者全体に占める21CSコースの受験者の割合は，AQAに次ぐ二番目のシェアを保っていたが，2013年のH氏への調査で，やや低下傾向にあると聞いていた。これについてC氏とD氏に尋ねたところ，2つの理由が考えられるという。第一の理由は，学校レベルの実務的問題に関連する。特に都市部では教師の入れ替わりが激しく，臨時の代用教員にも頼らざるを得ない現状がある。このようななか，21CSに取り組む学校では，教師に「科学についてのアイディア」や従来とは異なるアプローチを理解してもらうためのトレーニングが欠かせず，これに時間がかかるという課題があった。新しく赴任してきた教師は，「AQAは知っていても，21CSは知らない」（D氏）からである。

第二の理由は，メディアや政治家たちから，21CSに対するバックラッシュがあったという。本項では，これまで述べてきていない後者の点について，インタビューデータから確認しよう。

C氏　2つ目の理由は，「科学についてのアイディア」が政治家やメディアによって貶められていることです。政治家たちに攻撃されているというべきかもしれません。（中略）彼らは，21CSをパブサイエンス（pub science）だというのです。居酒屋談義のサイエンスという意味です。（中略）

D氏　生徒たちが原子力とか何かについて考えを議論したいと望むことがあったとしても，政治家たちは，そんなことについて生徒は議論できないと言うんです。

C氏　政治家たちは，それは本当のサイエンスではないし，生徒たちは何も知らないのだから議論などできるわけがない，と。

筆者　そのような反発は，2006年当初からあったのですか？

C氏　そうです。2006年から今に至るまでです。

D氏　時折，だれかが本の中の一つの段落や試験の中の一つの問題を見て，これは本当のサイエンスではない，本当のサイエンスとは陽子，中性子，電子のことだ，などと言います。一方，リスクの負担について考えたり，リスクを評価したり，公衆の議論に対して意見を表明したり，そんなものは受け入れられないと言うのです。

筆者　それは政治的だからでしょうか………

C氏　いや，政治家たちが関心を持っているのは主に将来科学者になる生徒たちなのです。科学の道に進まない大部分の生徒たちのことはどうでもいいのです。そして，科学者になったりエンジニアになったりする生徒たちは，ハードサイエンスを学んでいなければならないと言うのです。（中略）政府は，厳密な，ハードサイエンスを求めています。

D氏　それは，まるで不確実性（uncertainty）などないかのような，事実と理論からの直接的な演繹を意味しています。（中略）生徒に対して科学の法則と結果について語っても，その歴史的背景や，その知識がどのようにして発展してきたかなどは知る必要がないと言うのです。

C氏　サイエンスにおける不確実性，これについても話すなと言わんばかりです。（中略）しかし，不確実性は科学の核心にあるものです。ゴーヴは科学を理解していない………

一部の政治家やメディアによる以上のようなバックラッシュが，各学校におけるGCSEサイエンスのコース選択に，直接的に影響を及ぼしたとは考えにくい。とはいえ，C氏が名前を挙げた保守党の政治家ゴーヴ（Michael Gove）は，2010年5月に労働党政権が倒れ，保守党のキャメロンを首相とする連立政権が誕生すると，2010～14年に教育大臣（Secretary of State for Education）を務めていたため，その影響は看過できない。イギリス政府は，教科書の制作や採択に介入してくるようなことはないが，ナショナルカリキュラムやGCSE教科規準の変更，あるいは，規制機関の改組などを通して，カリキュラムの構造を統制してきたといえる。次項では，21CSのその後について触れておきたい。

6.6　21CSのその後

そもそも，21CSプロジェクトは，労働党政権時代に，柔軟性の高いナショナルカリキュラムのもとで，QCAによって積極的に支援され始まったものであった。2010年5月の政権交代が，イギリスの科学教育に与えた影響は否定できない。まず，現行のナショナルカリキュラムが2016年から実施に移されるのを前にして，GCSE教科規準(GCSE subject criteria)がその名称や作成母体を含め，大幅に変わった。それまでのGCSE教科規準の発行者は，2005年発行版はQCA，2009年発行版はQCAの一部としてのOfqual（奥付にはOfqualはQCAの一部であると記載されている），2011年発行版はOfqualと変遷してきた[15]。

これが現在は，GCSE教科内容（GCSE subject content）と名称も改められ，発行母体は教育省（Department for Education）となった。その発行年は教科ごとに前後するが，科学に関しては2015年に発行され，2016年から運用されている[16]。これにより，GCSE段階での科学教育は，二つの異なるルートで行われることになった。一つは，生物学，化学，物理学を別々に学んでいく個別科学（single science）であり，これは科目別科学（separate science）と呼ばれることもある。もう一つは，三つの分野が複合された複合科学（Combined Science）である。市民のためのサイエンス・リテラシーをすべての生徒に身につけさせようとしたGCSEサイエンスという必修科目は，今はもうない。

以上の変化を受けて，21CSコースの科学関連の教科書は，2016年に第3版が発行された。そのラインナップは，科目別科学用の『GCSE生物学』『GCSE化学』『GCSE物理学』のほか，複合科学用についても『GCSE複合科学のための生物学』『GCSE複合科学のための化学』『GCSE複合科学のための物理学』

というように，分野ごとに別々の教科書として作られるようになっている[17]。イギリスの科学教育は，再び分化を伴いながら，伝統的なスタイルに回帰したといえるだろう。

7 「未来の社会」をめぐる論争へ

7.1 「未来のカリキュラム」をどう創るか――21CSというモデル

以上では，イギリスの科学の教科書を事例に，「未来のカリキュラム」が構想され，具現化され，変容していった社会的プロセスを追ってきた。本節では，以上を振り返りながら，「未来のカリキュラム」を維持することが困難な社会的文脈を，学校の社会的機能の面から検討する。最後に，それでもなお，「未来のカリキュラム」が必要な理由を示し，カリキュラム論争への提言を試みる。

はじめに押さえておきたいのは，教科書の上での知識の選択・配列・編成において，「未来のカリキュラム」が具現化されたことの意味についてである。それがいかに難しいことかは，序章で取り上げたアップルらの研究からも想像できよう。すなわち，学校カリキュラムは，未来の社会ではなく，むしろ過去の社会を表現する度合いが高く，社会秩序を維持するように構成されやすい。それゆえ，カリキュラム変革の主戦場は，教師がカリキュラムを創りかえる，あるいは，デザインし実践するプロセスにあるとみなされてきた。これにくらべて，個々の教師，学校，地域を超えたより大きなユニットで，学校カリキュラムに変革がもたらされる契機は，国家が主導する場合を除いて少ないように思われる。

こうした現状をかんがみると，21CSは，教科書の上に「未来のカリキュラム」を具現化した希有な事例である。それは，科学を志そうとする一握りの生徒のための準備教育のような科学教育ではなく，すべての生徒のための科学的リテラシーの育成を目的に掲げて構想された。その背後にある社会観は，一人一人が市民として判断し，意思決定にかかわれる社会であり，『21世紀科学』第１版は，この目的に向けて教育的知識を選択・配列・編成した，目的志向型の「未来のカリキュラム」であったといえる。このようなカリキュラム変革が，数学，英語と並ぶ中核教科の一つとされていた科学において展開されたのである。

それでは，教科書の上に，このような「未来のカリキュラム」を具現化することができたのはなぜなのだろうか。21CS は，科学教育研究者らのイニシアティブによって構想されたが，それが「未来のカリキュラム」であることを保ち，かつ，GCSE サイエンスのコースの一つとして広く実施に移されていくまでには，様々なアクターとの交渉が不可欠であった。まず，独立の行政機関だった QCA が 21CS プロジェクトの始動を促し，支援してきたことが挙げられる。そして 21 世紀科学チームが，パイロット版のコース内容規定書の原案を作成したこと，科学の専門家や保護者を招いて議論したこと，教師たちに説明して賛同と協力を得たこと，試験官と交渉を重ねたこと，こうしたやりとりを経て，第 1 版は刊行された。重要なのは，そのすべての過程で 21 世紀科学チームが主導権を握っていたことである。これにより，『2000 年を超えて』から 21CS に継承された目的を見失うことなく，教育的知識を選択・配列・編成していくことができたと思われる。

ここにおいて，「未来のカリキュラム」を構想し実現するための一つのモデルを提示できる。「未来のカリキュラム」の実現にとって特に重要なファクターとしては，①カリキュラム開発チームの一貫したイニシアティブ，②規制機関による支援態勢，③カリキュラム開発チームと試験官との交渉過程があった。21CS の場合，これらが「未来のカリキュラム」を支える幸運な基盤＝足場だったのである。

7.2 「未来のカリキュラム」の変容――ぐらつく足場

上述の①～③を幸運な，と形容したのは，それが様々な社会的文脈が重なって可能になったと同時に，そこで働いた人々の専門性と労力によって支えられていたものだったからである。これらが安定した制度になるには人材と資金が継続的に必要だが，政治も行政もこれに反してコストや効率性を重視する傾向が年々高まっている。こうして，『21 世紀科学』第 2 版が出る頃には，21CS が「未来のカリキュラム」であることを支えてきた以上の足場は，いずれも維持することが難しくなっていた。これが「未来のカリキュラム」が変容した要因と考えられる。①および③の変化については，6 節で述べた通りだが，②の変化について若干の補足をしておこう。

21CS プロジェクトの開始から教科書の第 1 版の刊行にかけて，資格・カリキュラム機構（Qualifications and Curriculum Authority：QCA）が21CSコースの実現を支援したことは，既に述べてきた通りである。A氏によると，当時のQCAは，「科目ごとに特定の専門的知識をもったチーム」を設けており，I氏をはじめ，科学教育に対する深い知識を持った人材が複数いたという。ただし，それが第2版の改訂準備に入る頃から人が入れ替わり，チームの弱体化が進んだそうだ。その後，2011年の第2版刊行時には，QCAは既に解体されていた。その経緯は以下の通りである。

QCAは，1997年の教育法によって，政府からの委託を受けた独立の行政機関として設立され，GCSE試験に対する規制やナショナルカリキュラムの開発などを包括的に担っていた。前者の機能は，2007年に設置された独立の行政機関である資格・試験規制官事務所（Office of Examinations and Qualifications Regulator: Ofqual）に移され，後者の機能も教育省の行政機関として設置された資格・カリキュラム開発機関（Qualification and Curriculum Development Agency: QCDA）へと順次移管された。そしてこの二つの機関が法定の地位を獲得した2010年に，QCAは正式に解散した。しかし，QCDAも政権交代により2012年に廃止された。その後，QCAやQCDAが担っていたカリキュラム開発機能は，そのかなりの部分が教育大臣の権限とされ，教育大臣が専門家に委嘱して開発を進める方式をとることになった。（勝野頼彦研究代表2013, p.57,65，ヨーク大学国立STEM学習センターのウェブサイト[18]）

A氏によると，『21世紀科学』第2版に影響を与えた2009年のGCSE教科規準の発行元のOfqualは，その組織のなかに科目ごとのチームを持たずに規制業務をしていたという。すなわち，第2版の改訂準備段階で，以前のQCAと同じ役割を代替する組織はなかった。なお，その後，2015年に出された「GCSE教科内容」は，6.6で記した通り，教育省から発行されている。

7.3　学校の社会的機能と「未来のカリキュラム」をめぐる論争

ヤングは，「カリキュラム論争は，異なる目的をめぐるものであり，私たちが21世紀に期待する各々に多様な社会観をめぐるものであり，またそれらがいかに多様なカリキュラム概念に埋め込まれるのかということについての論争となる」と述べていた（Young，訳書2002，p.11）。6.5で触れた21CSに対するバックラッシュなどは，異なる目的をめぐる論争だった可能性があるが，このことはまた別の機会に慎重に検討したい。一方で，21CSの第1版から第2版への変化のプロセスから見えてきたのは，カリキュラムに対するもう一つの／別の側面からの論争である。すなわち，「未来のカリキュラム」を汎用化しようとすれば，そこに埋め込まれた社会観をめぐって論争が起こるだけでなく，仮に人々がその社会観を支持していたとしても，より実務的な理由，たとえば，生徒が選抜・配分の文脈で有利になるように，あるいは，試験官や教師が自分たちの仕事をできるように，といった理由で，そのカリキュラムが論争の対象となり，検証と批判の目にさらされるということである。

このことは，そもそも学校が複数の社会的機能を担っているための必然的な反応といえる。序章でも述べたように，近代以降の社会では，学校は，その社会の普遍的価値を伝達することによって生徒をその社会にふさわしい成員に育てるという「社会化機能」と，教育を通して生徒を選抜し社会的地位や役割に配分してゆくという「選抜・配分機能」を担ってきた。これらの過程はすべて，カリキュラムによって統制されている。しかし，本章が扱ってきた「未来のカリキュラム」という概念は，学校の選抜・配分機能よりも，明らかに社会化機能に重きを置く概念である。しかも，その目的は，今の社会にふさわしい成員を育てることではない。そうではなくて，私たちが支持しうる「未来の社会」を作り出し維持するためのスキル，知識，姿勢などを育てることにあった。したがって，学校の社会化機能だけを取り出して見るならば，カリキュラム論争の種は，ヤングの言うように，「私たちが21世紀に期待する各々に多様な社会観」をめぐる論争になるだろう。しかしながら，21CSへの批判の矢は，学校が負わされているもう一つの機能，すなわち，選抜･配分機能の文脈からも飛んできた。それは，「ある意味，もっと楽に」「もっと良い成績がとれるように」というプレッシャーとなって表れたものである。

このような問題はまさに，序章で言及したドーアがかねてより見抜いていた事態といえるだろう。「学校にこの社会的選別の機能と教育の機能との一人二役を負わせたままにしておいて，選別機能が教育機能を圧倒することを防げると信じている点で教育改革者の考えが甘すぎる」と。（Dore 訳書 2008，p.xix）

7.4　目的をめぐる議論を取り戻す

「未来のカリキュラム」を創ることは難しいが，それを汎用化するには，さらに多くの手間暇がかかる。ようやくそれが実現して，「未来のカリキュラム」を創りあげた人々の手を離れていった時，これを維持し続けることは，もっと難しい。学校にはもともと社会的に構成されたカリキュラムがある。それは，未来の社会よりも，むしろ過去の社会を表現している度合いの高い「過去のカリキュラム」であり，教師や試験官もこれに慣れていて，生徒たちを選抜・配分するものさしとしてあたりまえのように使われてきたものである。そこへ「未来のカリキュラム」が新しく導入されるとすれば，その目的や内容がいかに意義深いものであったとしても，それまでそこにあった社会的諸力，とりわけ学校の選抜・配分機能との関係のなかで，変容してゆくリスクにさらされるからである。

実際，こうした文脈では，21CSに多くの実務的課題が認められたのも確かである。だから「未来のカリキュラム」は，向かい風――それは「過去のカリキュラム」への追い風でもある――に対し，もちこたえることが難しい側面がある。しかし，だからといって，「過去のカリキュラム」にも問題がないわけではない。一部の政治家やメディアが，21CSを「パブサイエンス」と呼び，そうではない厳密なハードサイエンスへの回帰を訴えたが（6.5），そうした「過去のカリキュラム」にも問題があるからこそ，『2000年を超えて』が注目を浴び，21CSが構想されたのではなかったか。

それなのに，21CSの改訂作業において優先されたのは，21CSがその目的を果たせるかどうかよりも，効率的かつ公平に試験を行えるかどうかという実務的課題であった。これにより，第2版に教育的知識として生き残れるかどうかは，試験可能か否かが分水嶺になっていったのである。こうした状況に対しC氏とD氏は，あらためてその問題性を指摘している。

D氏　教師たちにとっての主なプレッシャーの一つは，自分の生徒たちの成績についての懸念です。そして，それは彼らがどのカリキュラムを選ぶか，どの教科書を選ぶかに影響します。また，試験機関は商業的組織であり，改訂によって市場シェアを失いたくないので，「心配するな。私たちは物事をあまり変えませんよ。」と言いたくなるものです。そして教師にとっても，試験官が書いた教科書を選びたいという誘惑があるのです。科学は科学者たちがするものという世界に落ち着いていられるからです。しかし，別の種類の科学もあって，それはこの［21CSの］教科書の中にあるのですが，それももう一部に過ぎず……

筆者　でも実際は，科学がすべて正しいとは限らないし，科学にも不確実性が……

D 氏　その通りです。だから，学校科学（school science）は，それ自体，固有の定義を持った別の世界になっていくのです。ですから，もしも私が教科書のなかで使用する言葉が，試験官がその言葉を定義するのと同じように定義されていないならば，教師は動揺し，なぜ私の生徒たちはこういうことを書き，試験官はそれを間違っていると言ったのかと，言ってくるでしょう。

C 氏　そうです，その通りです。［21CS の教科書を指さして］だから OCR［のスタンプ］がこの本についているのです。OCR がこの教科書を［公式出版パートナーとして］承認したからです。

1 節で言及したように，各試験機関から公式出版パートナーとして認定・推奨される教科書は，各コースに準拠した教科書の中から通常一つである。『21世紀科学』の表紙の印は，多くの学校に選ばれるためには外すことができない証である。二人はこのことを，「それ自体，固有の定義を持った別の世界」の本であることの証明なのだと，このようにパラフレーズしたのである。すると，これまで明らかにしてきた第 1 版から第 2 版への変化は，「学校科学」（school science）の強化として捉えられる。これにより，学校カリキュラムにおける科学は，試験可能な知識で覆い尽くされる一方で，科学の本質からはかけ離れていくというのである。D 氏は，しかもそれがすべての科目で起こっていて，生徒の学びを歪めているのではないかと言う。

D 氏　教師たちは試験の成績を心配しているので，生徒たちがとる成績全てを気にしなければならず，試験官は全てを非常に明確に定義しなければならないのです。コース内容規定書は教科書とほぼ同じ長さになります。そして教師たちは試験官の言う通りに生徒たちが答えを書くことができるように，多くの時間を割くのです。しかしそのようなもの，そのような学問はないのです。［筆者に対しあなたの専門の］社会学においても様々な見方があるように。

C 氏　英語，歴史，地理……

D 氏　そうです，すべての科目，そして生徒です。もう一つ危険なこととしては，この教科書を暗記することに全ての時間を費やすのに，それを活用しないということです。それは次の段階に進む準備をするためで，さもなければ次に進むことができなかったりすると思われていて，得意でない事柄もあるかもしれないが他に得意な事柄があるかもしれないということを認識できないことになるのです。特定の様式などの質問に答えるという極めて小さなレベルに全ての焦点が当てられているのです。それが［学校］教育というものだと私は思います。生徒たちの頭の中で知識がどう発展していくかを考慮していないのです。これをしなければならない，そしてあれも，そしてこれもというように……。一歩進む前にこれら全てを確立しなくてはいけないということなのですが，学ぶということは，頭の中でそんな風に起こることではないのです。

D氏は，21CSも学校カリキュラムとして導入されると，学校科学の衣を着せられてしまう現状を鋭く突く。そしてたたみかけるように，生徒はそれでいったい何を学び，どのような社会に向けて社会化されていくのか，という問題の存在を突きつける。

そう，私たちがしなければならないことは，実務的課題に対処することだけではないはずである。本章の分析からも，「未来のカリキュラム」が汎用化されると，学校の選抜・配分機能との関係で調整を迫られることや，様々な実務的課題が生じることがわかった。「未来のカリキュラム」を現場に根づかせ，維持していくためにも，これらの問題はけっして無視できるものではない。一方で，実務的課題に対処することに囚われて，カリキュラムの目的を見失うと，たらいの水と一緒に赤子を流してしまいかねないことになる。そうならないために，私たちが忘れてはならないのは，そして立ち返るべきは，やはり，目的をめぐる議論ではないだろうか。21CSをめぐって，これまで実務的レベルへとずらされ続けてきた，カリキュラム論争の焦点を，「私たちが21世紀に期待する各々に多様な社会観」（Young, 訳書2002, p.11）をめぐる論争へと戻すのである。

最後に，本研究の今後の課題を記して稿を閉じよう。本章では，21CSを事例に，その誕生と汎用化のプロセスを明らかにしたが，これを維持していくための社会的プロセスは未知である。「未来のカリキュラム」を維持していくためには，どのようなしくみや足場が必要なのだろうか。これについては，今回は使用できなかったデータを追加しながら，理論的に考察していく必要がある。

また，21CSで起こったことは，「未来のカリキュラム」が学校カリキュラムとして導入される時，多かれ少なかれ起こりうることではないだろうか。ただし，文化や制度的条件が異なる社会では，「未来のカリキュラム」が汎用化される方法も，そもそもその可能性も，異なるだろう。今後，比較社会学的な分析を進めることで，持続的で実効性のあるカリキュラム変革とその基盤について検討していきたい。

記

(1) 調査協力者の皆様に，心より感謝申し上げる。
(2) 本研究はJSPS科研費JP26381123，18K02411の助成を受けたものである。
(2) 3節と4節は，金子（2013）の一部に加筆修正を加えたものである。

注

1) 本章では，主にイングランドとウェールズをイギリスと呼ぶことにする。
2) 難易度によって高度（Higher）と基礎（Foundation）に分かれており，本章で取り上げるのは前者である。
3) ただし，筆者が2013年5月にインタビューしたA氏（後述の表5-1参照）は，21CSのシェアについて「最も大きかった時」で「およそ22%」と語っており，当時の21CSのシェアは22%以下だった可能性がある。笠によると，2008年7月のGCSEサイエンスの総受験者数は約54万名，そのうち21CSコースの受験者数は約12万名で，この時のシェアが22%だったことがわかる。
4) ただし，イギリスの教科書は，民間会社による自由発行であり，試験機関から公式出版パートナーとして認定・推奨されていなくても，21CSに準拠した教科書は他の出版社からも刊行されており，準拠の承認は得ていたりする。したがって，21CSを採用しているすべての学校で，同じ教科書が使われているとは限らない。新井によれば，イギリスの教師は授業を行う際に個人の裁量で様々な教科書や教材を使用する文化が根強く，また，教科書が貸与制で教室に備え付けであることから旧い教科書も残っており，それらが同時に活用されることもある（新井2009，pp.35-36.）。なお，筆者が2012年に訪問したA校では，予算の都合で当時としては旧版の『21世紀科学』第1版を使い続けていた。
5) ただし，ナショナルカリキュラムに必ずしも従う必要のない私立学校等では，以上のカリキュラム構造を採用せず，伝統的な枠組みである「生物学」(GCSE Biology)，「化学」(GCSE Chemistry)，「物理学」(GCSE Physics) のうち2科目を生徒に履修させるところが多く，また，一部の選抜的な公立校のなかにもこの伝統的な履修方法を採用する学校があった。ただし，公立学校がそうする場合は，ナショナルカリキュラムの規

定上，3科目を履修させることになる。（Millar2011, p.171）

6）現行のキー・ステージ4の科学のナショナルカリキュラムは，2014年12月に改訂され，第10学年は2016年9月から，第11学年は2017年9月から実施に移されている。イギリス政府のウェブサイト参照。https://assets.publishing.service.gov.uk/media/5a7efc65ed915d74e33f3ac9/Science_KS4_PoS_7_November_2014.pdf（2023年12月25日閲覧）

7）前回のキー・ステージ4の科学のナショナルカリキュラムは，2004年に改訂され，2006年から実施された。政府のアーカイブサイト参照。https://webarchive. nationalarchives.gov.uk/ukgwa/20130123124929/http://www.education.gov.uk/publications/eOrderingDownload/DfES-0303-2004.pdf（2023年12月9日閲覧）

8）1999年改訂版の科学のナショナルカリキュラムは，ヨーク大学国立STEM学習センター（National STEM Learning Centre, University of York）のウェブサイトから入手可能である。https://www.stem.org.uk/resources/elibrary/resource/27768/science-national-curriculum-1999（2023年12月25日閲覧）

9）21CSのGCSE Science，GCSE Additional Science，GCSE Physicsの2011年のコース内容規定書は，OCRのウェブサイト（http://www.ocr.org.uk）で検索できる（2024年1月15日閲覧）。2006年当時のコース内容規定書は，筆者が収集した手元の文書資料で確認した。あわせて，これらの教科書の現物も確認している。

10）日本の原子力規制を担う原子力規制委員会のウェブサイトの用語集による。ただし現在は，用語集が「準備中」とされ，閲覧できなくなっている。

11）2001年3月，ガレス・ロバーツ卿は，財務大臣と教育大臣から，イギリスにおける科学と工学のスキルの供給に関するレビューを行うよう委託された。ロバーツ・レポートは，2002年にその最終レポートとして公表されたRoberts, G.（2002）の通称である。https://webarchive.nationalarchives.gov.uk/ukgwa/+/http:/www.hm-treasury.gov.uk/ent_res_roberts.htm（2024年1月15日閲覧）

12）ただし，この制度的特徴は，後述するように，21CSに変容をもたらす一因にもなった。

13）C氏自身は，2009年にナフィールド財団を退職したため，第2版に関しては，OCRのコース内容規定書までかかわり，教科書執筆や編集はしていない。

14）F氏は，規定書にコメントすることは好きな仕事だったと言う。ナノテクノロジーの項目にリスクに関する記述が盛り込まれたのは，自分の提案によるものだったかは覚えていないものの，いかにも自分が書きたいことだったそうだ。

15）2005年発行版と2009年発行版の「GCSE教科規準」は、ヨーク大学国立STEM学習センター（National STEM Learning Centre, University of York）のウェブサイトで、2011年発行版は，IOEのデジタルアーカイブ（The IOE UK Digital Education Repository Archive (DERA)）で確認可能である。

2005年発行版：GCSE Criteria for Science，https://www.stem.org.uk/resources/elibrary/resource/29197/gcse-criteria-science-2006（2024年1月15日閲覧）

2009年発行版：GCSE subject criteria for science, https://www.stem.org.uk/resources/elibrary/resource/30549/gcse-criteria-science-2011（2024年1月15日閲覧）
2011年発行版：GCSE Subject Criteria for Science, https://dera.ioe.ac.uk/id/eprint/12499/7/11-10-19-gcse-subject-criteria-science.pdf（2024年1月15日閲覧）

16）「GCSE教科内容」は、政府のウェブサイトで科目ごとに入手できる。GCSE subject content, https://www.gov.uk/government/collections/gcse-subject-content（2024年1月15日閲覧）

17）オックスフォード大学出版会（Oxford University Press）のウェブサイト'Course Guide of Twenty First Century Science Third Edition from OCR's Publishing Partner for Science' 参照。https://fdslive.oup.com/www.oup.com/oxed/secondary/science/Twenty_First_Century_Science_3e_Course_Guide.pdf?region=international（2023年12月25日閲覧）

18）ヨーク大学国立STEM学習センターのウェブサイトの'QCA, QCDA and Ofqual'の項目を参照。National STEM Learning Centre, University of York, https://www.stem.org.uk/resources/collection/3431/qca-qcda-and-ofqual（2023年12月25日閲覧））

引用文献

Apple, M.W.1979, *Ideology and Curriculum*, Routledge & Kegan Paul Ltd. (=1986, 門倉正美・宮崎充保・植村高久訳『学校幻想とカリキュラム』日本エディタースクール出版部)

新井浅浩 2009「Ⅱ.教科書制度と教育事情　5. イギリス」国立教育政策研究所『第３期科学技術基本計画のフォローアップ「理数教育部分」に係る調査研究［理数教科書に関する国際比較調査結果報告］』pp.33-37

Breithaupt, J., Fullick, P., Fullick, A. 2006, *AQA Science GCSE Science*, Nelson Thornes Ltd.

Dore, R. P. 1976, *The Diploma Disease*, George Allen & Unwin Ltd. (= 2008, 松居弘道訳『学歴社会―新しい文明病』岩波書店)

金子真理子 2013「カリキュラムの社会学序説―イングランドにおけるサイエンスの教科書に注目して―」『子ども社会研究』19号, ハーベスト社, pp.145-160.

勝野頼彦研究代表 2013『諸外国における教育課程の基準（改訂版）―近年の動向を踏まえて―』国立教育政策研究所

教育科学研究会・臼井嘉一・三石初雄編 1992『生活科を創りかえる』国土社

松本美津枝 1992「生活の中の問題を自分で見, 手で調べる―八月三日のあさ, ぼくとおかあさんは―」教育科学研究会・臼井嘉一・三石初雄編『生活科を創りかえる』国土社, pp.20-34.

Millar, R. 2006, "Twenty First Century Science: Insights from the Design and Implementation of a Scientific Literacy Approach in School Science" , *International*

Journal of Science Education, Vol.28, No.13, pp.1499–1521.

Millar, R. 2011, "Reviewing the National Curriculum for science: opportunities and challenges", *The Curriculum Journal*, Vol.22, No.2. pp.167-185.

Millar, R. and Osborne, J. eds. 1998, Beyond 2000*: Science education for the future. A report with ten recommendations*. London: School of Education, King' s College London. http://www.nuffieldfoundation.org/sites/default/files/files/Beyond%202000.pdf（2023年12月8日閲覧）

三石初雄 1992「生活科の教科書は，画一的？」教育科学研究会・臼井嘉一・三石初雄編『生活科を創りかえる』国土社，pp.93-111.

Roberts, G. 2002, *SET for success: The supply of people with science, technology, engineering and mathematics skills: The report of Sir Gareth Roberts' Review*, HM Treasury, London. https://dera.ioe.ac.uk/id/eprint/4511/（2024年1月15日閲覧）

笠潤平 2013『原子力と理科教育—次世代の科学的リテラシーのために』岩波書店

高根正昭 1979『創造の方法学』講談社

佐藤学 2006「カリキュラムをデザインする」秋田喜代美・佐藤学『新しい時代の教職入門』有斐閣，pp.67-79.

University of York on behalf of UYSEG and the Nuffield Foundation 2006, *Twenty First Century Science GCSE Science Higher, first edition*, Oxford University Press

University of York and the Nuffield Foundation 2011, *Twenty First Century Science GCSE Science Higher, second edition*, Oxford University Press

Young, M.F.D. 2002，*The Curriculum of the Future : From the 'New Sociology of Education' to a Critical Theory of Learning*,（= 2002，大田直子監訳『過去のカリキュラム・未来のカリキュラム—学習の批判理論に向けて—』東京都立大学出版会）

<執筆者紹介>　執筆順，＊は編著者

＊金子真理子（かねこ・まりこ）・序章・5章
東京学芸大学先端教育人材育成推進機構・教授
専門は教育社会学
主著
『教員評価の社会学』（共編著）岩波書店，2010年
「教職という仕事の社会的特質――『教職のメリトクラシー化』をめぐる教師の攻防に注目して」『教育社会学研究』86，2010年
『現場で使える教育社会学』（共著）ミネルヴァ書房，2021年

小林晋平（こばやし・しんぺい）1章
東京学芸大学自然科学系物理科学分野・准教授
専門は宇宙物理学，素粒子物理学，物理教育
主著
「万人に効果的な教授法はあり得るか」『工学教育』61, 2013年
『ブラックホールと時空の方程式：15歳からの一般相対論』森北出版, 2018年
『宇宙の見え方が変わる物理学入門』ベレ出版, 2021年

坂井俊樹（さかい・としき）2章
開智国際大学教育学部・教授，第26期・日本学術会議連携会員
専門は歴史教育，韓国教育，教師教育
主著
『現代韓国における歴史教育の成立と葛藤』御茶ノ水書房，2003年
「市民育成と社会科授業の課題――最近の学級・公共圏の変質にどう向き合うか――」『社会科授業研究』（韓国）No2，2015年
「歴史教育実践と教科書――授業をめぐる相克――」『日本歴史学協会年報』第38号，2023年

三石初雄（みついし・はつお）3章
東京学芸大学・名誉教授
専門は教育内容・方法論，教師教育
主著
『教師教育改革のゆくえ――現状・課題・提言』（共著）創風社，2006年
『理科教育』（共編著）一藝社，2016年
『校内研究を育てる』(共編著)創風社，2022年
『新しい時代の教育課程　第五版』（共著）有斐閣，2023年

原子栄一郎（はらこ・えいいちろう）4章
東京学芸大学環境教育研究センター・教授（執筆時）
専門は環境教育
主著
「ESDの自己省察的アプローチ：2000年代半ばの環境教育に関する『個人的な体験』を手掛かりとして」『環境教育学研究』29, 2020年
『公害スタディーズ：悶え，哀しみ，闘い，語りつぐ』（共著）ころから,2021年
「2000年代後半からの私の環境教育の歩みに関する自己省察：緒方正人さんとの出会いを通して」『環境教育学研究』33, 2024年

「未来のカリキュラム」をどう創るか

2024年 3月15日　第1版第1刷印刷
2024年 3月25日　第1版第1刷発行

編著者　金　子　真理子
発行者　千　田　顯　史

〒113 - 0033　東京都文京区本郷4丁目17 - 2
発行所　（株）創風社　電話（03）3818 － 4161　FAX（03）3818 － 4173
振替 00120 － 1 － 129648
http://www.soufusha.co.jp

落丁本・乱丁本はおとりかえいたします　　印刷・製本　協友

ISBN978－4－ 88352－280－4